3억으로 돈 걱정 없는 노후 30년

초판 1쇄 인쇄 2011년 11월 25일 초판 4쇄 발행 2012년 5월 18일

지은이 홍사황 **기획** 박신철 **펴낸이** 연준혁

출판 2분사 분사장 이부연

편집장 김연숙

책임편집 박경순 **디자인** 이세호

제작 이재승

펴낸곳 (주)위즈덤하우스 **출판등록** 2000년 5월 23일 제13-1071호
주소 경기도 고양시 일산동구 장항동 846번지 센트럴프라자 6층
전화 031)936-4000 **팩스** 031)903-3893 **홈페이지** www.wisdomhouse.co.kr
출력 엔터 **종이** 화인페이퍼 **인쇄 · 제본** 현문인쇄

값 14,000원 ISBN 978-89-6086-500-6 [13320]

* 잘못된 책은 바꿔드립니다.
* 이 책의 전부 또는 일부 내용을 재사용하려면
  사전에 저작권자와 (주)위즈덤하우스의 동의를 받아야 합니다.

국립중앙도서관 출판시도서목록(CIP)

3억으로 돈 걱정 없는 노후 30년 / 지은이: 홍사황 지음. ─ 고양 : 위즈덤하우스, 2011 p. ; cm
ISBN 978-89-6086-500-6 13320 : ₩14000
노후생활[老後生活] 노후자금[老後資金] 327.04-KDC5 332.024-DDC21
CIP2011004951

3억으로 돈 걱정 없는 노후 30년

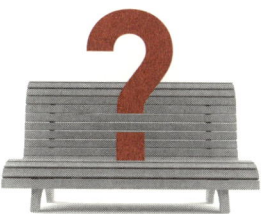

홍사황 지음

집자산 2억, 연금자산 1억으로
지금 당장 시작하는 노후 전략

위즈덤하우스

| 프롤로그 |

노후는 우리 생애 최고의 선물이다

 삶을 전·후반으로 나눈다면 몇 살부터가 후반일까요? 예전에는 30세 초반으로 보았는데 평균수명이 길어져서 요즘은 40세 정도를 후반의 시작으로 보는 듯합니다. 그러나 그런 사실들이 큰 의미는 없습니다. 나이를 나타내는 숫자보다는 각 개인이 느끼는 감정이 더 중요하니까요. 당신은 지금 어디쯤에 서 있다고 느끼고 있나요?
 이 책은 당신의 후반 전략에 관한 책입니다. 인생의 후반전을 어떻게 만들어갈 것인지 그리고 어떻게 빛나는 승리를 거둘 수 있는지에 대한 가이드이며, 특히 후반의 삶에서 가장 중요한 노후를 준비하기 위한 구체적인 전략을 담고 있습니다. 분명한 사실은 후반은 전반과는 다른 경기가 펼쳐진다는 점입니다. 다른 규칙, 다른 조건이 당신 앞에 펼쳐질 것입니다. 전혀 다른 전략이 필요하며 준비가 부족하면 이기기는커녕 제대로 기량을 펼쳐 보이지도 못할 수 있습니다. 그러나 너무 걱정할 필요는 없습니다. 더 분명한 것은 당신은 승리자가 될 것이라는 사실입니다. 당신에겐 예리한 직관과 의지력 그리고 강력한 실행력이 있으니까요(이 책을 골랐다는 사실만으로도 그것을 알 수 있습니다).

언제부터인가 노후의 삶에 대한 부정적인 인식이 돌림병처럼 확산되고 있습니다. 심각한 노인 문제, 버림받은 노인들, 세계 최고의 노인 자살률 등의 기사들을 자주 접하게 됩니다. 노후를 위해 10억 원이 있어야 한다는 경고에 덧붙여 금융상품 투자나 임대부동산은 필수이고 근사한 전원주택을 마련하는 것이 최고의 노후 준비라는 주장이 더욱 실감 납니다. 하지만 그럴수록 마음은 더 불안해지기만 합니다.

그럴까요? 과연 노후를 보내는데 그렇게 많은 돈이 필요할까요? 아니 그런 큰돈을 준비할 수 있는 사람이 얼마나 있을까요? 전원주택은 과연 행복을 줄까요? 귀농이 답이 될까요? 투자를 권하는 각종 금융상품들이 과연 광고한 대로 수익률을 보장해줄까요? 노후 준비가 젊은 시절부터 집중해야 할 만큼 그렇게 중대하고 거창한 이벤트일까요? 의문이 생기는 부분이 한두 가지가 아닙니다. 노후 준비라는 주제가 우리의 삶에 너무 큰 그늘을 드리우고 있는 현실에서 이 문제는 나이를 떠나 매우 중대하며 민감한 주제일 수밖에 없습니다.

그러나 신중하게 노후의 삶을 전망하고 최적의 계획을 세우고 싶어도 올바른 도움을 받기가 쉽지 않습니다. 일단 부모님 세대의 방법론은 현시대의 상황과 맞지 않고, 전문가들의 조언은 자칫 반쪽짜리 조언이 되기도 합니다. 예를 들어 은퇴를 대비해 몇 억을 모아 두어야 한다는 식의 단편적인 논리는 인생 후반전이 갖는 심오함에 거의 도움이 되지 않습니다. 노후의 삶에서 돈이 전부도 아니고 자금 준비가 생각만큼 어려운 일도 아니기 때문입니다.

이제 밝혀 나가겠지만 사람들이 노후에 대해 가지고 있는 불안감이나 편견은 대부분 근거가 없습니다. 노후의 삶은 오히려 전반의 삶보다 보람 있고 더욱 아름다울 수 있습니다. 경쟁과 책임에 얽매여 있던 전반과 달리 내 삶에 온전히 집중할 수 있는 노후의 삶이야말로 생애 최고의 선물이라는 사실을 우리는 깨달아야 합니다. 최고의 선물인 노후를 불행하고 어둡게 묘사하거나, 노후 준비를 조급하게 서두르게끔 부추기는 온갖 기사, 주장, 통계는 무시해야 합니다.

노후의 삶을 위해서 10억 혹은 5억의 현금자산이 필요하지 않습니다. 내 집 하나와 약간의 연금, 그리고 작더라도 수입이 나오는 일만 있으면 충분합니다. 돈은 결코 문제의 본질이 아닙니다.

늙음이란 단어는 허구입니다. 인간 본질은 결코 늙지 않습니다. 오래된 포도주를 늙었다 하지 않습니다. 하물며 시간과 함께 지혜가 깊어지는 인간을 늙는다고 표현하는 것은 인간 존재에 대한 모독입니다.

삶에서 은퇴란 단어는 불필요한 단어입니다. 야자수가 서 있는 해변의 안락의자가 인생의 목표가 될 수는 없습니다. 새로울 것도, 열정을 불러일으킬 것도 없는 무료한 소모적 일상은 죽은 삶입니다.

우리는 죽을 때까지 젊게 살 수 있습니다.

내가 삶의 중심이 되어야 합니다. 누구에게도 의존하지 않는 주체적인 노후를 만들어가야 합니다. 우리는 매일의 삶에서 내가 존재하는 목적, 내가 사회에 기여할 것, 소중한 꿈을 이루어가는 보람이 가득한 삶을 충분히 만들 수 있습니다. 그것이 당신이 바라는 것이고, 지금 이 순간 잠시의 휴식시간에 당신이 찾는 전략이며 당신이 만들어갈 미래입니다.

불가능해 보이는 꿈을, 대담한 목표를 가지세요. 그리고 어떤 의심이나 두려움도 떨치고 무소의 뿔처럼 나아가세요. 당신이 꿈꾸는 모든 것을 이루지 못할지는 몰라도 꿈꾸지 않는 것은 이룰 수 없습니다. 그러니 더욱 많은 꿈을 가지세요.

이 책이 당신의 가치 있고 흥미진진한 후반부 삶의 여정에 작은 도움이 되기를 소망합니다.

더욱 삶을 사랑하게 되고, 나 자신을 찾아가는 가슴 벅찬 후반의 여정이 되기를, 매일이 가슴 설레는 아침이고, 열정의 한나절이며, 미소 짓는 저녁이 되기를 소망합니다.

그리고 어느 날 인생에 노을처럼 막이 내려지는 그 순간까지 당신의 삶, 당신의 역사, 당신의 드라마가 후회도 미련도 없는 빛나는 아름다움으로 가득하기를 소망합니다.

이 책을 사랑하는 사람들에게 바칩니다.
자, 이제 출발할까요?

 차례

프롤로그 004

1장 :: 노후 불안감, 어디에서 오는가

- 노후가 두려운 사람들 015
- 은퇴 후 최소 10억 필요하다? 021
- 연금 가입으로 노후 준비 끝? 026
- 주택연금과 농지연금은 믿을 만한가 033
- 임대사업이 노후의 로망이 될 수 있을까 039
- 귀농, 전원주택, 시니어타운의 허와 실 046
- 베이비부머 은퇴가 경제 침체 원인이다? 057
- 평균수명 증가는 재앙인가, 축복인가 063
- 지나친 건강 관리가 화를 부른다 070
- 노년에 대한 잘못된 고정관념 076
- 선진국 노인들은 어떻게 살까 085
- 인생의 황금기를 준비하자 091

2장 :: 3억으로 충분하다

- 모든 문제는 마음에서 비롯된다 101
- 재무상태와 현금흐름을 파악하라 104
- 은퇴 후 자금계획을 세웠는가 110
- 3억 원이면 충분하다 114
- 투자와 일이 노후를 자유롭게 한다 119
- 돈에 관한 잘못된 상식들 123
- 삶은 길게, 재무목표는 짧게 136
- 새로운 시작을 위한 사명선언서 140
- 돈도 소유도 관계도 모두 단순화시켜라 144

3장 :: 행복한 노후를 위한 투자 전략

- 2억짜리 내 집으로 순자산 3억 만들기 155
- 연금자산 1억으로 순자산 3억 만들기 162
- 잉여자산에 직접 투자하는 원칙 171
- 90%는 안전하게, 10%는 과감하게 178
- 간접투자에도 위험은 있다 181
- 유산, 어떻게 남길 것인가 190
- 노후에 영향을 미치는 인생의 5대 자금 전략 193
- 인생 후반 재무관리의 핵심은 지출 관리다 212
- 돈, 어떻게 다루고 쓸 것인가 222

4장 :: 은퇴는 없다

- 평생 일하기는 단순히 돈 문제가 아니다 231
- 지속적인 수입을 창출할 수 있는 일을 하라 235
- 나의 가치와 직업을 재평가하라 239
- 경험이 최고의 무기다 246

- 전략만 제대로 세우면 귀농도 멋진 삶이다 253
- 새롭게 배우지 못하는 사람이 문맹이다 260
- 사업에 필요한 유일한 능력은 용기다 263
- 나이를 이유로 창의력을 죽이지 마라 270

5장 :: 인생 후반전을 위한 다섯 가지 원칙

- 은퇴에 대한 미련을 버리자 283
- 10년 더 젊고 당당하게 산다 290
- 나를 중심에 놓고 자립적으로 산다 301
- 평생 벌고 다 쓰고 떠난다 316
- 순환식 목표관리가 답이다 322

에필로그 330

1장

노후 불안감, 어디에서 오는가

그대의 마음이 있는 곳에 그대의 보물이 있다는 사실을 잊지 말게.

그대가 여행길에서 모든 것들이 의미를 가질 수 있을 때

그대의 보물은 발견되는 걸세.

– 파울로 코엘료, 『연금술사』 중에서

노후가 두려운
사람들

재능 있는 영화감독 코엔 형제가 만들어 제80회 아카데미상 최다 부문에 노미네이트되었던 〈노인을 위한 나라는 없다〉는 개성 넘치는 등장인물과 의미심장한 대사들로 가득한 뛰어난 작품이다. 그 영화는 폭력이 가득한 세상 앞에서 노인의 지혜로운 가르침이 별다른 영향력을 발휘할 수 없음을 관조해내고 있다. 모든 노인이 반드시 지혜로운 것은 아니지만 시간의 자양분을 충분히 먹은 노인들이야말로 인간 세계에서 가장 지혜로울 수 있는 존재일 것이다. 그런데 긴 인생의 여정 끝에 세상의 이치를 통달해가는 그들의 말에 세상은 귀를 닫고 그들에게 시들어가는 삶을 강요한다.

"노인에겐 힘든 세상이야. 세월을 막을 수 없어. 아무도 기다려주지 않아. 그러기를 바라는 건 부질없는 짓이지." 연쇄 살인범을 쫓는 노(老)보안관에게 한 노인이 건넨 말이다. 그렇게 '노인이 없는 나라'

에서는 더욱 어리석은 행위와 폭력적 혼란이 가중되고, 세상은 더욱 무책임하고 파괴적인 결말로 치닫게 될 수밖에 없다.

노인과 공존하는 패러다임

이 영화는 현대 사회에서의 노인의 소외 문제를 리얼하게 고발한 작품이라 할 수 있다. 그러나 이 영화는 삶과 세상에 대해 비관적으로 바라본 작품은 아니다. 오히려 그런 치명적인 악의 세상을 구원할 수 있는 방법을 분명히 제시하고 있다. 그것은 너무도 쉬운 방법이다. 노인의 지혜를 충분히 활용하는 것이다. '노인을 위한 나라'까지는 아니더라도 노인과 공존하는 패러다임이 만들어지면 우리가 안고 있는 거의 대부분의 문제들은 해결될 것이다.

하지만 우리나라의 패러다임 시계는 오히려 거꾸로 가고 있다. 경제협력개발기구(OECD) 국가 중 가장 빠른 은퇴 연령은, 한창 능력을 발휘할 시기인 60세 이전의 노동자 대다수를 현업에서 내몰고 있다. 그들이 가지고 있는 일에 대한 욕구나 노화의 정도 차이는 전혀 고려하지 않는다. 노년층을 배제하는 사회 분위기는 그들을 공원으로, 산으로, 무의미한 유희로 배회하도록 만든다.

위태로운 연금제도는 생활의 여유를 빼앗고 있고, 자식이나 사회에 대한 의존도를 심화시키고 있다. 시혜적인 노년층 복지 프로그램들은 그런 흐름에 어떤 긍정적 영향도 주지 못하고 있다. 예를 들어 지하철 무임승차제도나 노약자 전용석처럼 사회적 부담을 키우고 있다. 이제 노후 문제는 사회적으로 매우 긴급하고 중대한 과제가 되었다. 만약 노년층에 대한 사회적 부담 문제가 젊은 층이 부담할 수 없는 수준이 되면 갈등의 정도는 매우 심각해질 것이다. 특히 과거 세대와 분명히 다른 가치관과 능력을 지닌 베이비부머들은 그런 세태에 대해 더 적극적인 의견을 개진하거나 집단적 행동으로 나설 수도 있다.

중요한 점은 심각한 상태까지 끌고 간 후에 만들어내는 개선은 더 큰 사회적 비용과 희생을 필요로 한다는 점이다. 지금부터라도 근본적인 패러다임의 변화가 필요하며 이미 그 변화가 시작되었음이 사회 곳곳에서 감지되고 있다.

한번 생각해보자. 노년기라는 것이 과연 인생에서 덤으로 주어진 기간일까? 죽음을 기다리며 시들어가는 기간인가? 노년기의 삶이 청년기나 장년기에 비해 가치가 떨어지는 것일까? 결코 그렇지 않다. 삶이란 모든 순간순간이 다 소중하며 오히려 죽음에 가까울수록 그 가치는 강렬한 빛을 발한다. 삶의 완성을 향한 마무리의 여정은 인간에게 주어진 가장 가치 있는 시간이다.

이런 진리를 이해해야 인간 전체의 삶이 한 단계 도약할 수 있다. 고령자의 희생을 통해서 이루어내는 사회적 발전이란 모래 위에 세우는 성에 불과하다. 나이와 무관하게 서로 공존하는 사회가 필요한 것이다.

가만히 돌이켜보면 산업화 이전에는 늙는다는 것에 대해 요즘처럼 큰 두려움을 가지고 있지 않았다. 다들 노인을 존경하고 대우해

주었을 뿐만 아니라, 노인 스스로도 자신을 무기력한 존재로 폄하하거나 자신의 목소리를 낮추며 소극적으로 살지는 않았다. 그런데 본격적인 산업화가 이루어지면서 은퇴라는 개념이 생겨났고, 사회구조적으로 노인을 소외시키고 무기력하게 만드는 환경이 조성되면서 일부 활동하는 사람들을 제외하고는 대부분 주변부로 밀려나게 되었다. 다시 말해 탈농촌과 핵가족화, 과도한 자녀 양육비, 가족중심주의 해체, 치열한 경쟁 환경 등의 문제가 노년층을 사회의 주류에서 밀어내면서 본격적인 사회문제를 만들어왔고 그러한 사회 현상이 일반화되었다.

금융권 마케팅의 허상

노후에 대해 무책임한 불안감을 조성하는 세태도 문제가 있다. 매스컴에서는 노년에 대한 준비가 부족해 힘들게 살아가는 모습과 이와 반대로 철저한 준비로 여유롭고 한가한 노후생활을 즐기는 모습을 동시에 보여주면서 사람들의 불안감을 조성한다. 그러나 현실적으로 그렇게 살아가기엔 우리의 현실은 너무나 팍팍하다. 어느 날 갑자기 은퇴를 하고 그때 가서 허둥대면서 조급한 마음에 무리한 투자를 하거나 창업을 해 엄청난 손해를 보고 더 힘든 나락으로 떨어지기도 한다.

그런데도 금융기관이나 소위 금융 전문가들은 10억 원의 은퇴자금이 필요하니 서둘러 부동산이나 주식 혹은 금융상품에 투자해서 수익률을 극대화해야 한다고 말한다. 마치 전쟁의 두려움 앞에서 사람들이 유순해지는 것처럼, 미래에 대한 불안감은 사람들을 위축시키고 정치가의 공약이나 금융기관의 광고, 마케팅 활동과 같은 해결책이 제시되면 사람들은 이에 대해 높은 호응을 보이게 마련이다.

또한 결과에 대한 책임을 개인에게 전가하기 위한 좋은 방편이 된다. 하루하루를 살아가기에도 힘든 대부분의 보통 사람들은 노후를 위한 충분한 자금을 준비할 수 없으므로 암담한 상황에서 노후를 맞게 된다. 그럴 때 이들은 이렇게 말한다. "봐라! 준비가 필요하다 했지 않는가? 당신이 지금 이렇게 힘든 이유는 전적으로 당신 책임이다!"라고.

노후에 대한 두려움 때문에 은퇴자금 준비를 삶의 주된 목표로 삼아서는 안 된다. 부디 그런 흐름에 흔들리지 말기 바란다. 두려움은 당신을 감옥에 가둔다. 당신에게는 충분한 능력이 있다. 나이가 든다는 것은 초원에 버려진 상처 입은 늙은 사자가 되는 것이 아니라, 세월 속에 경륜과 지식이 더욱 강해지는 인간 존재의 완성을 의미한다.

우리나라는 노인 자살률 또한 매우 높다. OECD 국가 중 자살률 1위라는 불명예를 안고 있다. 분명 우울한 통계자료이지만, 한편으론 우리가 가진 노후에 대한 가치관과 원칙을 근본적으로 다시 세울 필요가 있다는 결정적 의미를 품고 있다.

2004년 1월부터 2005년 3월까지 서울 지역 자살 노인 883명을 분석한 결과, 경제적 고통 때문에 자살한 비율은 3.7%에 불과했다. 결국 노후 문제에 있어 핵심적인 문제가 '돈'이 아님을 알 수 있다.

그러므로 노후 문제를 금전적인 준비 문제로만 몰아가는 것은 금융권 마케팅이 만든 허상이라 할 수 있다. 어느 정도의 노후복지 정책은 필요하지만 근본적인 대책 없이 노년층을 그저 떠먹여주는 밥만을 기다리는 무기력한 존재로 치부하는 정책은 정책의 이름을 빌린 마약 처방에 지나지 않는다.

이제는 인생 후반전에 발생하는 문제의 본질을 함께 고민해보고 해결책을 찾아야 한다. 그 고민들의 중심에는 노년층을 더 이상 과거의 잣대로 보아서는 안 되며, 돈보다 철학과 원칙의 관점에서 보아야 한다는 명제가 자리 잡고 있다. 노년의 삶을 진정으로 가치 있고 창의적인 시간으로 만들어나가려면 노후에 대한 패러다임을 바꿔야 한다.

우리는 죽음과 노화가 필연적으로 다가올 것을 알면서도 대부분은 자신이 늙지 않을 것처럼, 영원히 죽지 않을 것처럼 생각하고 행동한다. 오래 살길 바라면서도 그만큼 늘어날 노년기에 대해서는 크게 관심을 두지 않는다. 그러다가 나이가 들고 갑작스레 주변부로 밀려나면 분노하고 좌절한다. 그 결과 사회가 자신에게 아무런 관심을 갖고 있지 않음을 느끼게 되고 마침내는 길고 긴 체념의 시간을 보내는 것이다.

사회적으로 노인을 혐오하고 단지 나이가 많다는 이유 하나로 무시하는 분위기에서 인간이 100세를 살든 200세를 살든 무슨 의미가 있겠는가. 결국 나이가 중요하지 않은 사회를 만드는 열쇠는 인식의 전환에 달려 있다. 그러한 인식의 전환은 누구에서 시작되는가? 결국 내 마음속에서 시작되는 것이다.

은퇴 후 최소
10억 필요하다?

우리가 노후에 대해 고민할 때 가장 먼저 떠올리는 요소는 노후자금일 것이다. 금융기관 혹은 금융 전문가들은 여유 있는 노후를 위해 필요한 자금의 규모를 대략 10억 원으로 보고 있다. 10억! 10억 원이라는 돈은 은행에 5% 복리이자 적금으로 계산해도 매월 240만 원씩 20년간 저축해야 겨우 만들 수 있는 금액이다. 물론 약간의 위험을 안고 고수익상품에 투자할 수도 있겠지만 보통 사람에겐 현금 10억 원이라는 돈은 꿈에서나 만져볼 수 있는 규모다.

10억 원이란 계산법의 오류

〈표 1-1〉은 노후자금으로 10억 원이 필요한 근거로 언급되는 계산표이다. 현재 35세인 사람이 은퇴 후 생활비가 현재 가치로 월

표 1-1 **노후자금 10억**

현재연령	연간생활비	물가상승률	투자수익률
35	1,800	4%	6%

(단위 : 만 원)

연령	환산생활비	60세 기준	연령	은퇴자금	생활비 지출	은퇴자금 잔액
60	4,799	4,799	60	99,333	4,799	94,535
61	4,900	4,708	61	100,207	4,990	95,217
62	5,190	4,619	62	100,930	5,190	95,740
63	5,398	4,532	63	100,484	5,398	96,086
64	5,614	4,446	64	101,851	5,614	96,238
65	5,838	4,363	65	102,012	5,838	96,174
66	6,072	4,280	66	101,944	6,072	95,873
67	6,315	4,200	67	101,625	6,315	95,311
68	6,567	4,120	68	101,029	6,567	94,468
69	6,830	4,043	69	100,130	6,830	93,300
70	7,103	3,966	70	98,898	7,103	91,795
71	7,387	3,891	71	97,303	7,387	89,916
72	7,683	3,818	72	95,311	7,683	87,628
73	7,990	3,746	73	93,886	7,990	84,896
74	8,309	3,675	74	89,990	8,309	81,680
75	8,642	3,606	75	86,581	8,642	77,939
76	8,988	3,538	76	82,616	8,988	73,628
77	9,347	3,471	77	78,046	9,347	68,699
78	9,721	3,406	78	72,821	9,721	63,100
79	10,110	3,341	79	66,886	10,110	56,776
80	10,514	3,278	80	60,183	10,514	49,669
81	10,935	3,216	81	52,649	10,935	41,714
82	11,372	3,156	82	44,217	11,372	32,845
83	11,827	3,096	83	34,816	11,827	22,989
84	12,300	3,038	84	24,368	12,300	12,068
85	12,792	2,981	85	12,792	12,792	0
일시금	212,630	99,333	86	0		

150만 원, 연간 1,800만 원이 필요하다고 하면, 물가상승률을 4%라고 가정하고 은퇴하는 60세 시점으로 환산하면 4,799만 원이 필요하다.

각 연령별 환산 연생활비를 다시 60세 기준으로 계산한 뒤 그 금액을 모두 더하면 9억 9,333만 원(약 10억 원)이 나온다. 그렇게 준비된 금액을 표의 오른쪽 수식처럼 해당 연도에 생활비로 쓰고 남은 금액을 6% 수익률로 투자하는 과정을 반복하다 보면, 86세가 되면 전액 소진되고 '0'원이 된다. 그다음에는 어떻게 될까? 글쎄? 아무튼 정밀하면서도 다소 두려운 계산식이다.

노후가 코앞에 닥친 중년들은 이런 숫자들을 보면 일단은 당황하고 그다음에 앞으로 일할 수 있는 날로 10억 원을 나누어본 뒤 도저히 마련할 수 없음을 깨닫고 기막혀하거나 아예 무시하게 된다. 40대 가장이라면 자녀 교육비와 생활비로 저축 여력도 거의 없을 것이고, 심리적인 은퇴 연령을 50대 후반으로 잡고 있다면 길어야 10여 년 수입이 있을 텐데 10여 년 동안 무슨 재간으로 10억 원을 모으겠는가? 1억 원도 쉽지 않을 텐데.

이와 같은 셈법이 갖는 문제는 두 가지이다. 첫째, 매월 필요한 150만 원을 전적으로 현금으로 준비했다고 가정한 것과 출발시점을 35세로 잡았다는 사실이다. 일단 국민연금 지급액이 감안되어야 하고, 현실적으로 45세 이후로 준비시점을 잡아야 한다. 국민연금공단은 2011년 4월 기준 국민연금 월 평균 수급액은 49만 원이고 부부합산 최고 수령액은 208만 원이라고 밝혔다. 150만 원에서 49만 원을 빼면 실제 생활비로 준비해야 할 자금은 100만 원 수준으로 떨어진다. 필요금액을 월 100만 원으로, 출발시점을 45세로 보고 〈표 1-1〉과 똑같은 방식으로 계산하면 필요 노후 준비자금 총액은 3억 7,000만 원 수준이다. 다시 말해 3억 원 정도만 준비해두면 60세부터 25년간 어렵지 않게 살아갈 수 있다. 현명하게 지출 관리를 한다면 더 적은 금액으로도 충분히 살아갈 수 있다는 사실도 기억해야 한다.

또 하나 이 계산의 근원적인 오류는 60세 이후 25년 이상을 무위도식하는 삶으로 계산했다는 점이다. 큰 병이 걸리지 않는다면 지금의 중년 세대는 결코 60세가 되었다고 일을 손에서 놓지 않을 것이다. 아마 70대에도 일하는 사람이 상당수일 것이다. 돌봐야 할 자식이 없고 부부가 일정기간 일을 한다고 가정하면 1인당 수입이 현재 가치로 80만 원은 될 것이다. 그렇다면 부부 합산 160만 원이고 여기에 국민연금 50만 원을 합하면 210만 원이나 된다. 그 정도면 충분히 즐겁고 풍요롭고 의미 있는 생활이 가능하지 않겠는가?

노후에 진짜로 필요한 것은

금융 전문가들이 10억 원을 강조하는 속셈은 쉽게 짐작할 수 있다. 우리를 초조하게 만들어 금융상품에 가입하고, 펀드에 투자하도록 만들고 싶은 것이다. 보통의 수익률로는 원하는 금액을 만들기 어려우니 약간의 위험을 안고 투자하라는 것이다. 또한 젊은 나이라면 지금부터 노후자금 준비를 위한 저축이나 투자를 즉시 실행에 옮기라는 얘기이다. 현재의 가계구조는 문제없으니 투자는 우리에게 맡기고 열심히 신용카드도 쓰고 대출도 받아쓰고 돈을 벌어 갚으라는 것이다. 결국 그런 마케팅에 넘어간 사람들은 끝없이 소비하고 겁 없이 투자하고 위험을 선택한다. 그리고 그 결말은 비참하다.

2011년 6월 현재 가계 부채 1,000조 원은 그렇게 만들어진 것이다. 금융기관이나 전문가들이 그런 현실에 책임감을 느끼고 있을까? 잘 모르겠다. 그러나 결국 개인이 그 책임을 떠안아야 한다는 사실은 분명하다. 이것이 대표적으로 잘못된 상식이다.

노후에 진짜로 필요한 것들은 무엇일까? 그저 살기에 불편하지 않은 내 집이 있고, 건강한 몸으로 일할 수 있고, 그리고 사랑하는 사람이 함께한다면 부러울 게 없지 않겠는가. 물론 젊은 시절 축적한 부를 누리며 살 수도 있고, 60~70대에도 얼마든지 새로운 도전에서 큰 성취를 얻을 수도 있다. 그러나 두 번째 새롭게 만드는 인생에서 큰 굴곡 없이 가치 있는 날들을 살아가기 위해 10억 원이 넘는 돈이 꼭 필요한 것은 아니다. 적은 소유로도 더 큰 행복을 만들 수 있다. 그리고 충분히 해낼 수 있다.

연금 가입으로
노후 준비 끝?

노후 준비 방법으로 가장 먼저 떠오르는 수단은 무엇일까? 빌딩으로 임대수입을 얻는 것? 우량주식을 사놓고 배당금 받기? 펀드에 투자하기? 은행이나 보험사가 강조하는 연금보험 가입하기? 그중 가장 확실하고 매력적인 방법은 일하지 않아도 지속적인 연금수입이 발생하는 것이다.

연금에 올인하라고?

여러 매체에서 3층 보장으로 노후를 준비해야 한다고 말한다. 1층은 국민연금이다. 이것으로 기본 생계비를 보장한다. 2층은 기업보장이다. 퇴직연금으로 표준적인 생활을 보장한다. 3층은 개인보장으로 연금보험에 가입함으로써 풍요로운 삶을 준비한다. 매우 의미 있는 지적

그림 1-1 은퇴 설계를 위한 3층 보장제도

이다.

일단 사회보장인 국민연금을 준비하는 것은 일리가 있다. 국민연금은 개인의 최저생활을 가능케 하기 위한 최후의 보루이다. 국가가 부도나지 않는 한 국민연금을 안 주는 경우는 없을 것이다. 많은 사람들이 우려하고 있지만 유권자를 의식하는 정치권에서 국민연금의 파탄을 수수방관할 가능성은 거의 없다고 봐야 한다. 국민연금공단 자료에 따르면 2010년 3월 현재 국민연금 가입자 수는 1,875만 명이며 임의가입(소득은 없지만 본인의 의사에 따라 국민연금 가입해서 납부하는 제도)자가 2008년 이후 급격하게 늘어 41,997명이다.

임의가입자가 늘어나고 있다는 점만 보아도 국민연금에 대한 사회적 인식이 매우 긍정적으로 변했음을 알 수 있다. 국민연금의 필요성에 대해서는 특별히 문제 삼을 것은 없다. 하지만 국민연금을 전적으로 믿어서는 안 된다. 최저생계 보장 수단으로만 생각해야 한다. 무조건 안전하고 높은 수익성이 보장된다고 믿을 근거는 없다.

그림 1-2 **국민연금 가입자 현황과 임의가입자 증가 추이**

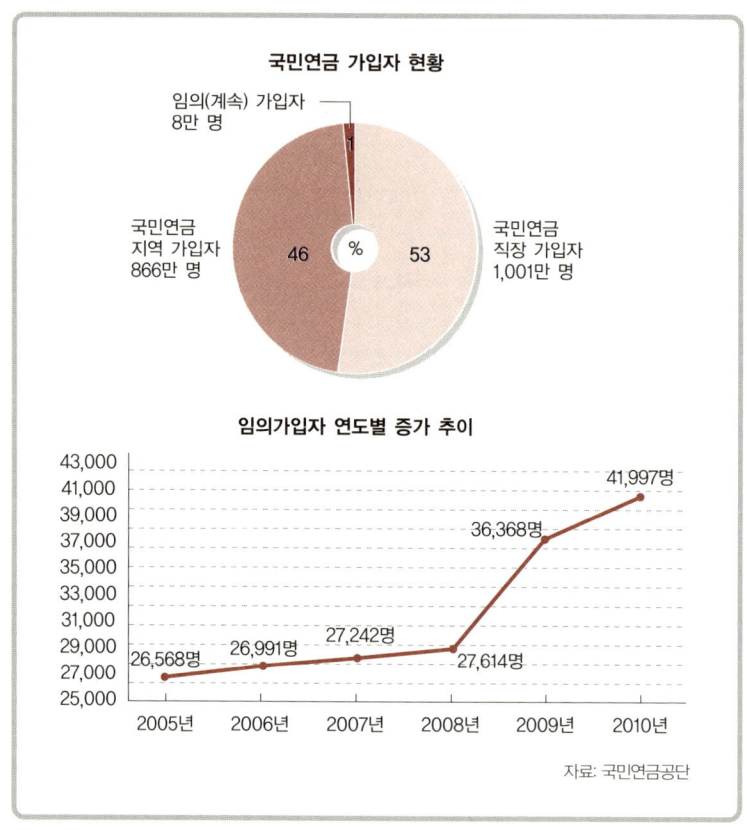

그러나 기업보장이라고 하는 퇴직연금은 생각할 부분이 많다. 일단 퇴직연금은 우리나라에 도입된 지 5년밖에 안 된 걸음마 단계인 제도로 아직 제대로 자리 잡고 있지 않은 상태이다. 미가입 사업장도 많다(80% 이상이 미가입이다). 가입 사업장의 대부분은 계열금융사를 끼고 있는 대형 그룹사나 가입이 강제화된 공기업, 주거래은행의 눈치를 봐야 하는 중소기업 등이다. 빈번한 직장 이동과 비정규직 근로자 증가 현상, 퇴직금 중간정산제, 연봉제와의 충돌 등 넘어야 할 산도 많다.

재벌그룹들이 계열금융사(증권, 보험사)에 퇴직연금을 노골적으로 몰아주는 경우가 대부분이라서 마치 금융권 배불리기용 제도처럼 활용된다는 점도 문제이다. 몰아주기로 인해 근로자의 선택권이 제한되고 있다. 운용관리 기관이 자산을 분산투자해야 하는데 자기 상품에 몰빵투자함으로써 리스크도 크고, 가입자로서는 투자 수익을 얻을 기회를 상실하는 문제 등이 있다. 대개 원금 보장을 약속하고 있지만 겨우 원금 건지려고 투자하는 것은 아니지 않겠는가? 거기에 더해서 단기 계약이 너무 횡행한다는 점과 중소기업과 대기업 간의 보장 금리의 격차가 크다는 점, 운용사 전환 시 수급권 보장이 미흡하다는 점 등 적지 않은 문제점이 있다.

퇴직연금 재원 마련이 부담스러운 기업 입장에서는 고용 확대 기피, 임금 비용 삭감, 비정규직 확대와 같은 처방을 내릴 수도 있기 때문에 근로자에게 꼭 유리한 제도도 아니다. 게다가 2011년 4월 현재 564만 명에 이르는 자영업자와 프리랜서들에게는 전혀 해당되지 않는 이야기다. 결국 퇴직연금이 노후보장의 한 축을 담당하기에는 아직 한참 미흡하다.

마지막으로 개인연금이다. 우리나라의 개인연금 시장은 2011년 4월 현재 155조 원 규모에 이른다. 금융기관들은 2015년에는 280조 원, 2020년에는 500조 원까지 성장할 중요한 시장으로 보고 있다. 퇴직연금 시장 규모가 지난 2011년 3월 말 기준으로 31조 7,000억 원 규모이고 최대 200조 원까지 성장할 것으로 보면 개인연금 시장이 퇴직연금보다 현재는 5배, 장기적으로는 3배 정도 큰 규모라 할 수 있다. 우리나라 개인연금 시장은 매년 15% 이상 고성장을 실현하고 있는, 말 그대로 황금시장이다. 퇴직연금이 아직 질적으로나 양적으로 충분히 제 기능을 발휘하지 못하는 현실에서 개인의 노후 준비를 위해 개인연금은 매우 필요한 제도라고 볼 수도 있다. 그러나 개인연금은 우리가 생각하는 만큼 무조건 장밋빛 미래를 보장해주는 것은 아니다.

그 이유는 첫째, 현재 대다수 가입자들이 가입하고 있는 연금 상품이 세제 적격 상품(납입 기간 중 소득공제를 해주는 상품)이기 때문이다. 눈앞의 소득공제가 큰 혜택 같아 보이지만 전혀 그렇지 않다. 정작 연금을 받는 시기에 근로소득, 퇴직연금 등과 합산하여 종합소득세가 과세되며, 화폐가치 상승으로 지금 소득공제로 돌려받은 금액의 몇 배를 세금으로 지출하게 된다. 또 연간 30만 원 남짓의 소득공제를 위해 20~30년 간 종자돈을 묶이는 것은 개인에겐 손해다.

둘째, 수익률의 문제이다. 연금 상품들의 실수익률은 물가상승률 정도인 경우가 대부분이다. 계속적인 경험생명표 조정으로 보험료도 매우 비싸졌고, 웬만한 금액을 납입하지 않고는 원하는 수준의 연금 수입을 보장받을 수 없다. 물가는 복리로 오르는데 연금보험은 단리로 저축되면 그 차이만큼 힘든 결과를 감내해야 한다. 보험사가 연금 판매 시에 예정이율을 제시하는데 이것을 이자율로 착각하면 안 된다. 예정이율이란 보험료 운용에 따른 수익을 고려해서 납입보험료에 적용하는 할인율로, 절대로 수익을 보장해주는 수치가 아니다. 많은 상품이 최저 보증을 해주는 것도 아니고, 투자수익률 보장도 없으니 확정된 미래에 대한 보장 대책이라 할 수는 없다.

셋째, 개인연금보험 자체가 묶인 돈이라는 사실이다. 중도 인출 기능이 없는 대부분의 보험상품은 긴급하게 목돈이 필요하면 큰 손해를 보고 해지해야만 한다. 약관대출 기능이 있지만 이자율이 매우 높아 보험사의 이익 창출 수단 측면이 강하다. 원금에 손을 대면 원하는 자금이 모이지도 못하고 정작 연금이 필요한 시기에 쓸 돈이 없다. 특히 수익률이 기대에 못 미치면 큰 낭패를 볼 수 있다.

그래서 요즘 각광받는 상품이 변액연금 또는 변액유니버설보험이다. 이 상품은 고객이 납입한 보험료를 주식 또는 채권형 펀드로 투자하여 시장 이자율 이상의 수익을 만들 수 있다. 세제 비적격 상품으로 납입 기간 중 소득공제 혜택은 없지만 나중에 연금을 받을 때는 연금소득에 대해 비과세이다. 펀드를 잘 선택하면 안정적으로 물가상승률을 상회하는 수익률을 올릴 수 있다. 추가 납입이나 중도 인출 기능을 활용하면 수익률도 더 높일 수 있고, 현금을 유동적으로 활용할 수 있다. 결국 변액연금이나 변액유니버설이 노후 준비에는 매우 이상적인 금융상품으로 인정받는 추세이다.

연금이 아닌 미래를 위한 경쟁력에 투자하라

진정으로 다시 생각해볼 문제는 따로 있다. 즉 연금 가입이 노후 준비의 전부인가 하는 것이다. 충분한 현금만 있다면 행복한 노후가 보장되는 것일까? 이 책에서 계속 다룰 문제지만 돈은 제2의 인생인 후반전을 살아가는 데 필요한 요소 중 아주 일부분일 뿐이다. 그동안 살아오면서 돈이 그렇게 중요한 것이 아니었는데 공연히 주인행세를 했을 뿐이라는 사실을 깨닫고 있을 것이다. 하물며 후반전에는 경제적 짐도 많이 줄어들었고 돈보다 훨씬 중요한 가치를 추구하게 될 것이기에 더욱 그렇다. 그저 연금이나 받으며 아무런 생산적인 활동을 하지 못하면 그 자체로 죽은 삶이다. 연금이란 젊은 시절 노동의 대가라 할 수 있지만, 놀고 있어도 꼬박꼬박 나오는 수입은 그 자체가 불로소득처럼 중독성이 있고, 사람들을 무기력하게 만들어버릴 수 있다.

게다가 많은 경험과 학습 그리고 다양한 시도들을 경험해야 하는 젊은 시절에 수입의 상당한 부분을 연금에 투자하는 것은 문제가 있다. 장기투자의 장점을 말하며 20~30대 젊은이에게 노후 준비에 전력하도록 만드는 것은 그 젊은이의 가능성을 차단하는 행위일 수 있다. 차라리 연금에 들기보다 그 돈을 모아 자신의 미래를 위한 경쟁력에 투자하거나 사업에 투자하는 것이 본인의 노후나 앞으로의 삶에 더 좋은 자양분이 될 수 있다. 나이가 들었다고 일을 쉴 이유도 없고, 또 그렇게 많은 돈도 필요치 않으니 과하게 연금에 가입하거나 연금보험이 노후 준비의 전부라고 믿지 말아야 한다.

주택연금과 농지연금은 믿을 만한가

주택 경기가 살아날 기미가 안 보인다. 그동안 아파트 등 주거용 부동산 가격의 상승으로 대다수 국민들이 자산 가격 상승이라는 기분 좋은 경험을 했다. 특히 강남 등 주요 지역의 주거용 부동산 폭등은 몇 년 사이에 많은 부자들을 만들어냈다. 높은 가격에도 불구하고 주택을 구입하는 동기는 사람마다 다르겠지만 많은 사람들이 주택을 노후 준비의 한 수단으로 생각하는 경향이 많은 것도 현실이다. 충분한 현금자산을 준비하지 못한 사람에게 주택연금(역모기지론)이나 농지연금은 어느 정도 매력적인 대안이다.

먼저 주택연금에 대해 알아보자.

주택연금의 허와 실

주택연금은 부부 모두 만 60세가 넘어야 하며 주택을 1채만 소유하고 실거주하고 있어야 한다. 그리고 신청일 현재 시가 9억 원 이하의 단독주택과 공동주택이 대상이다. 실버주택, 오피스텔, 상가주택, 임대 중인 주택, 재건축이나 재개발 진행 중인 주택은 대상에서 제외된다. 또한 저당권, 전세권, 임대차 계약이 되어 있거나 선순위 대출이 있어도 안 된다. 주택이 담보 대상이므로 신청자의 신용도나 소득은 무관하다. 재건축, 재개발 등으로 주택이 멸실되는 경우 계약은 해지된다.

주택연금의 취지는 종신거주, 종신연금 지급을 원칙으로 하기 때문에 사망 시점까지 연금은 변동 없이 계속 지급된다. 연금액수는 신청 당시의 수급자(배우자 포함) 나이와 주택 가격 그리고 당시 금리 수준(CD금리+1.1%)에 따라 결정된다. 현재 기준으로 수급자의 나이가 65세이고 시가 3억 원 주택으로 연금을 신청하면 매월 약 86만 4,000원의 연금을 종신까지 받을 수 있다. 이는 3억 원에 대해 연 3.5% 수준의 이자를 받는 것과 같다.

〈표 1-2〉를 보면 계산방식을 알 수 있는데, 결론적으로 시가 3억 원의 주택으로 평균수명(현재는 87세) 시점의 주택 가격 예측치를 연금액, 이자 및 보증료 상당액을 합친 금액과 일치시키는 방식으로 결정한다고 보면 된다.

연금액수의 크기는 주택 가격의 장기 추세가 중요한 변수가 될 텐데 이는 예측이 쉽지 않다. 또 이용 도중에 주택 가격 상승 등을 이유로 지급액이나 지급방식을 바꿀 수도 없다. 즉 이미 발생한 대출 원리금을

표 1-2 주택연금 산정 예시

(단위: 천 원)

연도	나이	월 지급액	당기초 잔액	당기 이자	당기말 잔액	선납 보증료 (2%)	월 보증료 (0.5%)	총 부담액	주택 가격
2011-01	65	864	864	3	867	6,000	4	6,872	300,000
2012-01	66	864	11,497	45	11,542		58	17,943	300,000
2013-01	67	864	22,637	88	22,725		114	30,179	310,953
2014-01	68	864	34,307	133	34,440		172	43,636	322,306
2015-01	69	864	46,533	181	46,714		234	58,372	334,073
2016-01	70	864	58,250	226	58,477		292	73,055	346,270
2017-01	71	864	71,616	278	71,894		359	90,414	358,913
2018-01	72	864	85,618	332	85,950		430	109,297	372,017
2019-01	73	864	100,286	389	100,676		503	129,595	385,599
2020-01	74	864	115,653	449	116,102		581	151,560	399,677
2021-01	75	864	130,381	506	130,887		654	173,758	414,269
2022-01	76	864	147,181	572	147,752		739	199,020	429,394
2023-01	77	864	164,780	640	165,420		827	226,123	445,071
2024-01	78	864	183,217	711	183,929		920	255,155	461,321
2025-01	79	864	202,532	786	203,319		1,017	286,206	478,164
2026-01	80	864	221,044	858	221,903		1,110	316,527	495,622
2027-01	81	864	242,160	940	243,101		1,216	351,723	513,717
2028-01	82	864	264,281	1,026	265,308		1,327	389,232	532,473
2029-01	83	864	287,456	1,116	288,572		1,443	429,166	551,913
2030-01	84	864	311,733	1,211	312,944		1,565	471,638	572,063
2031-01	85	864	335,002	1,301	336,303		1,682	512,906	592,949
2032-01	86	864	361,543	1,404	362,947		1,815	560,588	614,598
2033-01	87	864	389,348	1,512	390,860		1,954	611,178	637,037
2033-12	87	864	415,997	1,615	417,612		2,088	660,225	660,295
87세까지 금총액		235,872							

- 대상자 연령: 65세(2011년 기준 1946년생)
- 월 연금액: 864,000원(종신연금, 정액형-한국 주택금융공사 예시액)
- 적용이율: 4.67%(CD금리+1.1%, 2011년 6월 CD금리 3.56%)
- 주택가격 상승률: 3.7%(예측치)

일시에 모두 상환하고 신규 절차를 다시 밟아야 변경이 가능하다.

만약 주택 가격이 떨어진다면 처음에 정했던 월 지급금을 변동 없이 받는다. 그래서 주택가격 하락 위험을 대비해 보증료를 부담하는 것이다. 또 이혼을 한 경우는 주택 소유자가 정해진 주택연금을 계속 받게 된다. 주택 소유자가 사망하면 지급이 중단된다. 재혼을 하더라도 마찬가지다. 이용자 사망 후 주택 처분 가격으로 일시 상환하며 부담 한도(대출금 상환액)는 담보주택 처분 가격 범위 내로 한정한다. 주택 가격이 대출 잔액보다 작을 경우에는 주택 가격의 부족한 부분을 가입자(상속인)에게 청구하지 않는다. 그러나 주택 가격이 대출 잔액보다 클 경우에는 대출 잔액이 남은 부분을 가입자(상속인)가 가져간다. 대출금은 언제든지 별도의 중도상환 수수료 없이 전액 또는 일부 상환이 가능하다. 다만 초기보증료는 환급되지 않는다.

농지연금도 기본적인 내용은 비슷하다. 가격 경쟁력이 없는 농가주택 대신 실제 영농 중인 토지(전, 답, 과수원)를 대상으로 하는 것과 시가가 아닌 공시지가를 기준으로 한다는 점이 다르다. 그리고 신청자가 5년 이상 영농 경력이 있어야 하며 총소유농지가 3만m^2 이하여야 한다.

집이 노후를 보장하진 않는다

 많은 사람들이 주택연금에 대해서 관심이 있어 다소 길게 설명했는데, 그렇다면 주택연금은 노후준비에 얼마나 도움이 될 것인가? 아마도 개인마다의 상황과 가치관에 따라 다를 것이다. 일단 9억 원 수준의 주택이라면 260만 원 정도의 주택연금을 받을 수 있다. 노후에 부부가 살기에 과하다고 느끼는 사람이 있기도 하고, 적당하다는 사람도 있을 것이다. 또한 주택연금에서 발생하는 수입이 충분한지는 개인마다 다를 것이다. 그런 가치 판단의 문제는 제쳐두고 투자의 관점에서만 살펴보자.

 위에서 주택연금이 결국 3.5% 이자 수입을 받는 정기예금과 다를 바 없다고 했다. 작은 집으로 옮기고 차액으로 정기예금이나 채권을 선택해도 그 이상의 수익률이 가능하다. 정기예금 대신 즉시연금보험을 가입해도 연간 5.5% 수준의 연금을 종신토록 받을 수 있다. 예금, 채권, 보험 등은 원금이 어디 달아나는 것도 아니고 나중에 상속할 수도 있으며 유동성도 높다. 결국 주택연금이 최상의 대안은 아니라는 의미이다.

 그리고 간과하면 안 되는 점은 주택연금의 조건이다. 신청자가 1가구 1주택이고, 아무런 대출도 없고, 30년 이상의 기간 동안 재개발, 재건축 대상도 되지 않는 주택을 소유하고 있기란 쉬운 문제가 아니다. 그리고 연금지급액이 너무 작다고 느낄 것이다. 달랑 집 한 채 믿고 노후준비가 끝났다고 생각하다가는 큰 낭패를 볼 수 있다. 그리고 앞에서도 언급했지만 연금만으로 생활하는 소극적이고 비생산적인 삶은 사람을 더욱 힘들고 지치게 할 것이라는 사실을 잊어서는 안 된다.

임대사업이 노후의
로망이 될 수 있을까

서울 명동은 세계에서 아홉 번째로 임대료가 비싼 상권이다. 2010년 6월부터 2011년 6월까지의 임대료 조사 결과, 명동의 $1m^2$당 월평균 임대료가 60만 8,100원이었다. 강남역과 압구정 상권은 각각 50만 9,920원, 13만 8,566원으로 나타났다. 참고로 세계에서 가장 비싼 임대료는 뉴욕 5번가로 월 평균 214만 원 수준이다. 명동 핵심 상권에 $33m^2$(10평)짜리 가두 점포 하나만 소유하고 있어도 월 2,000만 원 정도 임대료 수입이 생기고 덤으로 매년 물가상승률을 초과하는 자산 가치 상승효과도 누릴 수 있으니 환상적이라 할 수밖에 없다.

임대소득으로 안락한 노후를 보내는 것이 꿈인 사람은 명동이 아니더라도 유망한 상권에 임대용 부동산을 가지고 있으면 큰 노력 없이도 적절한 수입이 보장된다고 생각한다. 명동의 핵심 상권의 땅값이 3.3㎡(1평)당 2억 원 수준이라서 웬만한 자산가가 아니라면 엄두를 못 내겠지만, 서울 외곽 지역은 충분히 시도해볼 수 있기 때문이다. 중규모 빌딩 내 상가나 아파트 상가, 임대주택 등은 몇 억 정도의 자금이면 충분히 임대사업자가 될 수도 있기에 임대부동산에 대한 관심은 식을 줄을 모른다. 특히 서울시내 중소형 상가는 그동안 투자수익률이 지속적으로 상승해왔기에 항상 수요가 공급을 초과했다. 은행 이자율은 연 4% 정도에 불과하지만 임대수익률은 보통 연 6.5% 내외다. 그리고 주택 시장에 아직도 소형 평수가 많이 부족한 실정이라서 앞으로 2~3년간은 소형주택과 유망지역의 상가는 투자자에게는 매력적인 투자 대상이 될 것이다.

그런데 실제로 임대사업을 해보면 생각처럼 쉽지도 않고 수익률이 높은 분야가 아니라는 사실을 금세 깨닫게 된다. 임대사업의 장점은 일단 진입장벽이 없어 누구나 등록만으로도 쉽게 시작할 수 있다. 사업자등록 없이 임대사업을 하는 사람도 꽤 많다. 그런데 간단한 절차만으로 사업을 시작할 수 있다는 점은 임대사업이 가진 약점이기도 하다. 사업성이 좋을 때는 누구나 쉽게 뛰어들 수 있기 때문에 언제든 공급초과로 수익률이 떨어질 소지가 많다. 지금은 열기가 많이 수그러들었지만, 몇 년 전까지만 해도 아파트 상가는 분양만 받아두면 돈이 되는 최고로 전망 있는 투자수단이라 여겼고 경쟁에 대해서는 신경 쓰지 않는 분위기였다.

그런데 요즘은 아파트 상가들 가운데 찬밥 신세가 된 곳이 적지 않다. 일반 상가도 비슷한 양상을 보인다. 상권은 흐름을 타게 마련이다. 공급이 넘치는데 수요가 뒷받침되지 않으면 수익률은 떨어질 수밖에 없다. 소규모 음식업의 수익률이 날로 악화되고 있는 상황은 임대사업자에게도 심각한 위협이다.

오피스텔 임대사업 괜찮은가

주택임대업을 생각하는 사람들은 대개 세제 혜택 때문에 국민주택 규모 이하의 주택을 선호하고, 역세권이나 아파트 밀집지역 등 전·월세 수요가 많은 곳에 위치한 소형아파트, 오피스텔, 다세대주택 등을 주로 대상으로 삼는다. 그 결과 요즘 역세권 오피스텔이나 소형주택의 공급이 계속 늘어나고 분양가도 오르고 있다. 물론 분양가에 대한 규제가 없기 때문이기도 하지만 이는 매우 우려스러운 현상이다.

최근 부동산 관련 기사에 따르면 서울 지역 오피스텔 분양가는 $33m^2$ 당 2008년 839만 원, 2009년 930만 원에서 2010년 1,315만 원으로 껑충 뛰었고, 2011년 들어 1,600만 원대 분양 물량까지 나오고 있는 실정이다. 과연 이 정도 가격에 매입해서 경쟁력 있는 임대료를 제시할 수 있을지 의문이다. 임대수익이 아닌 가치 상승에 따른 투자가 목적이라면 이 또한 매우 위험한 선택이 될 수 있다.

그리고 오피스텔을 매입하여 주거용 임대사업을 할 경우 분양이 아니라면 부가세 환급 혜택도 없고 취·등록세를 내야 한다. 만약 세입자가 전입신고라도 하면 주택 소유로 간주되어 다주택자로 분류되기 때문에 주의가 필요하다. 재산이 늘어났으므로 연간 수십만 원에 달하는 재산세를 내게 될 것이고 종합소득세 계산 시 반영될 것이다. 또 보유재산 증가로 건강보험료와 국민연금 납입액도 늘어난다. 거기에다 세입자가 들고날 때 중개수수료도 부담해야 한다. 시설 보수비용도 임대인의 몫이며 내부가 낡고 지저분해지면 도배, 장판 비용도 부담해야 한다. 게다가 대출이자까지 물고 있다면 이런저런 비용을 감안해보면 은행 정기예금 이자율보다 훨씬 못한 수준의 수익률이 나온다.

2011년 1분기 현재 서울 지역 오피스 빌딩의 평균 임대수익률은 연 6.27%로 직전 분기 6.42%보다 0.15%포인트 낮아졌다. 6.27%라면 은행이자보다 높다고 볼 수 있지만, 오피스빌딩은 공실률을 감안해야 한다. 만약 입주자를 한 달만 구하지 못하게 되어 못 받은 임대료 수입에 관리비용까지 감안한다면 수익률은 은행이자율과 별반 다르지 않다.

2011년 1분기 서울 지역 오피스 빌딩 공실률은 평균 5.7%로 지난해 같은 기간의 4.1%보다 1.5%포인트 높아졌으며 계속 증가세를 보이고 있다. 특히 대형 오피스 공실률이 5.6%로 전기 대비 0.3%포인트 오른 반면, 중소형 오피스는 전기 대비 1.2%포인트나 오르며 7.3%를 나타냈다. 핵심 상권이나 역세권이 아니라면 1년 중 1개월은 공실이 될 것을 감안해야 한다. 보통 강남 일대의 중소형 상가빌딩의 임대수익률을 계산하면 평균 4% 내외로 타 지역에 비해 매우 낮은 수준이다. 그동안은 자산가치가 계속 상승해서 이런 차이가 극복되었지만 만약 부동산이 계속 침체 또는 하락한다면 은행 이자율에 못 미치는 수익률 때문에 괴로울 것이다.

상가 임대사업은 괜찮은가

만약 근린상가, 단지 내 상가, 복합 상가, 테마 상가, 쇼핑몰 등으로 임대사업을 한다면 어떨까? 우선 상가는 경기 상황에 매우 민감한 투자수단이면서 위험에 대한 대비책은 거의 세울 수 없는 부동산이다. 모든 책임이 투자자의 몫이다. 신문지상을 떠들썩하게 만들었던 사기 분양 사건들에 얼마나 많은 서민들이 피눈물을 흘렸는지 모른다. 시행업체가 부실해지면 분양받은 당사자들이 고스란히 그 피해를 떠안게 되므로 사전에 해당 관공서도 방문하고 관련 서류들을 꼼꼼히 확인해야 하는데 그렇게 하는 사람이 많지 않다.

우리가 흔히 거래하는 아파트와 달리 상가는 분양가 규제 수단이 전혀 없는 '부르는 게 값'이다. 일반 경쟁 입찰 방식으로 내정가를 정한 뒤 경쟁 입찰을 시켜 가장 높은 가격을 써내는 사람에게 낙찰하는 경우가 대부분이다. 분양 바가지를 씌워도 할 말이 없는 것이다. 아파트 상권은 주변에 상업시설이 들어서지 않아야 의미가 있다. 만약 주변에 할인점이나 쇼핑몰이라도 생기면 단지 내에서 해결해야 하는 부동산중개업소, 세탁소 등을 제외하면 모두 큰 타격을 받는다. 특별히 뜨는 황금상권을 제외하면 임대수익률은 은행이자 수준에 그친다는 점도 문제지만, 상가야말로 노후화가 가장 빠른 부동산이라는 점을 명심해야 한다. 입주 후 10년 정도 된 아파트 단지의 상가 모습을 떠올리면 된다.

철저한 조사와 학습이 필요하다

결국 돈과 시간, 노력이 적잖이 필요한 일이므로 임대사업이 그렇게 만만한 게 아니다. 특히 주거용 부동산은 처음에는 수익이 날듯하지만 시간이 갈수록 가치가 하락하여 투자비용을 회수하지 못할 가능성이 많다. 이런 문제를 충분히 검토한 후 결정해야 하는데 덜컥 사놓고 나중에 비용을 따져보곤 후회하는 사람들이 많다.

부동산 임대사업에서 가장 중요한 점은 발로 뛰면서 확인하는 것이다. 광고나 분양 담당자, 중개사 말만 믿는다거나 남을 따라하는 투자는 실패할 확률이 높다. 안전성과 수익률을 철저하게 따져보고 시간과 노력을 많이 투입해야 하며 공부도 많이 해야 한다. 과거에는 계속 부동산 가격이 상승해서 자산이득을 가져다주었기 때문에 그나마 투자의 이점이 있었지만, 앞으로 부동산 시장이 약세를 유지한다면 임대부동산 시장도 찬바람이 불 것이고 임대사업자의 로망도 빛을 잃을 것이다.

임대업에 대해 부정적인 전망만을 얘기한 것 같아 덧붙이자면, 어느 정도 지식과 경험을 쌓은 사람이라면 충분히 해볼 만한 사업이다. 상권의 흐름과 사회적 트렌드를 미리 읽을 줄 아는 혜안을 키우면 된다. 예를 들어 계속 상권이 확대되는 지역이나 향후에 개발이 예상되는 지역을 선점해서 기다리면 기대하는 수익을 보상받을 수 있다. 물론 충분히 기다릴 수 있을 만큼 재정적으로 여유가 있어야 한다.

앞에서도 여러 번 강조했지만 자신이 지닌 능력과 열정을 지나치게 소극적인 일에 매몰시키지 말기 바란다. 임대사업이 거저먹는 업종은 아니지만, 몸 건강하고 에너지가 넘치는 사람이 도전할 만한 일이라고 보기는 힘들다. 한가한 임대업을 삶의 종착역으로 삼기에는 아직 젊고 재능이 많으며 열정적이라 생각하지 않는가?

귀농, 전원주택, 시니어타운의 허와 실

은퇴 이후 도시를 떠나 시골에서 여생을 보내고 싶어 하는 사람들이 많다. 예전에 시골에 살아본 경험이 있다거나, 전원생활을 동경하는 마음을 가진 사람이 아니라도 귀농은 은퇴한 사람들의 로망이다. 특히 환경 파괴와 과소비 문화, 안전한 먹거리에 대한 관심 등 생태적 삶에 대한 고민을 가진 사람이라면 도시생활에서 겪는 많은 문제를 일거에 정리해낼 수 있는 최고의 대안이라 할 수 있다.

그래서 많은 사람들이 귀농이나 전원주택 등에 대해 큰 관심을 보이고 있고 실제로 귀농 인구도 증가하고 있다. 은퇴 이후 여유로운 노년기를 보내려는 사람에게는 귀농과 귀촌은 더욱 피부로 와 닿는 주제이며, 특히 40대 전후의 세대들 중 상당수는 전원생활에 대한 향수가 각별할 것이다.

그림 1-3 **귀농·귀촌 현황**

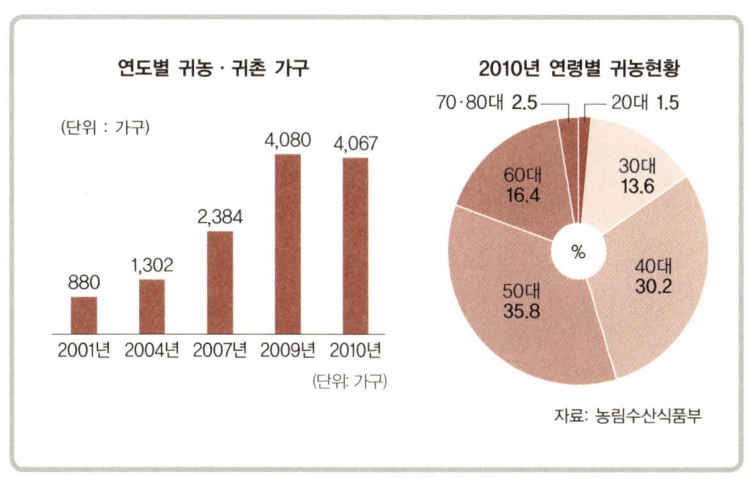

전원주택, 타운하우스가 귀농?

최근 정부 통계에 따르면 2010년 한 해 동안 4,067가구(인구로는 9,732명)가 귀농·귀촌했는데, 2009년 4,080가구에 이어 두 해 연속으로 4,000가구를 넘겼다. 귀농·귀촌이 하나의 사회적 현상으로 뚜렷하게 자리 잡고 있음을 보여주는 일면이다. 그런데 흥미로운 사실은 귀농자의 81%가 60세 미만이고, 66%가 40~50대라는 사실이며, 20~30대도 15%나 된다. 이들은 과거 IMF 때 실직이나 사업 실패로 도피하듯 도시를 떠났던 사람들과는 달리 대부분 자발적이고 계획적으로 귀농한 사람들이다. 이들은 정보화시대를 겪으며 교육도 많이 받았고 다양한 사회경험도 했으며 경제적으로도 여유가 있는 계층이다. 이들은 여생을 보내기 위한 정착수단이 아닌 새로운 인생 2막을 여는 도전으로 귀농을 인식하고 있다. 현재 700만 가구의 베이비부머 중 많은 수가 귀농 의향을 가지고 있다고 하니 앞으로 사회적으로 큰 변수가 될 것임에 틀림없다.

하지만 도시의 각박함을 털어버리고 농촌으로 돌아가고 싶다는 이상은 현실이라는 벽에 부딪치게 되면서 어려움에 직면한다. 전국의 귀농 지원단체에서 다양한 귀농·귀촌 교육이 이루어지는데, 교육을 받은 도시민 가운데 실행에 옮기는 사람은 10% 정도에 불과하다고 한다. 보통 1~2개월간 교육이 진행되고 대부분 귀농을 다짐하고 참석할 텐데도 10% 정도만이 실행에 옮긴다는 것은 현실적인 어려움이 적지 않다는 반증이다. 실제 영농 준비와 토지 구입 시 어려움에 부딪치고 농촌의 상대적으로 부족한 교육, 의료, 복지 문제 때문에 주저하게 된다. 귀농·귀촌에 성공한 사람들은 올바른 철학과 철저한 준비만이 시행착오를 줄이고 제대로 정착하는 비결이라 입을 모은다.

그런데 당신이 생각하는 귀농은 어떤 것인가? 도심 근교에 그림 같은 전원주택이나 타운하우스를 구입한 뒤 소일거리로 텃밭 농사를 지으며 사는 것인가? 저녁이 되면 정원에서 바비큐를 굽고 와인을 마시며 노을을 즐기는 것인가? 도시에서 누렸던 편리함과 취향은 유지한 채 거기에 전원생활의 낭만을 더하는 것인가? 아니면 아무런 연고도 없는 시골마을에서 농사로 생계를 해결하며 시골사람으로 살아가는 것인가?

사람마다 귀농·귀촌에 대한 의식이 매우 다르고, 접근방식도 다양해서 딱 잘라 얘기하긴 어렵다. 하지만 그렇다고 집을 팔고 교외의 전원주택을 구입하여 별도의 수입으로 생계를 해결하면서 텃밭을 가꾸는 것을 귀농이라 부르기에는 약간 어색한 면이 있다. 그저 주거지를 도심이 아닌 근교로 옮겼을 뿐이지 달라진 것은 없기 때문이다. 가치관, 사회적 관계, 생활수준 등은 그대로인 채 텃밭 딸린 지붕 있는 집이 생긴 것은 그저 주거지 이전이라 부르는 것이 맞다. 매스컴이나 건설사들은 고가의 타운하우스를 분양하면서 귀농 정서를 자극하는 사진과 문구로 현혹하고 있지만 현실은 한참 다르다. 그렇게 도시를 떠나 화려한 전원생활로 떠난 사람들은 다시 도시로 돌아오고 있는 것이 현실이다.

이러한 현상이 벌어지는 데는 충분한 이유가 있다. 우선 전원주택 가격이 너무 비싸다. 요즘 서울 근교 민간 건설사들의 분양가가 3.3m^2(1평)당 2,000만 원 안팎이다. 50평 정도 규모만 되어도 10억 원이다. 최근 판교 지역에서 분양한 타운하우스는 500m^2 규모가 30억 원선에 분양되기도 했다. 이름만 '타운'이지 가격은 '호화 도심 주택'이라 불러야 마땅하다.

특별한 부유층을 제외하면 과연 이 정도의 자금을 평생 깔고 앉아 있을 사람이 얼마나 될까? 앞에서 주택연금 수익률이 연 3.5% 수준으로 그다지 효용성이 높지 않다고 했던 것처럼, 한 푼이 귀한 노후에는 잠자는 돈이 아깝다 느낄 수 있다. 매월 관리비, 수리비도 적잖이 필요하고 재산세와 의료보험료도 상승하고, 문화적 생활을 누리기 위해 추가로 들어가는 돈까지 계산하면 웬만큼 수입이 뒷받침되지 않고는 버티기 힘들다. 게다가 매각할 때 제값을 받기도 어려울 것이다.

최근에 과도한 분양가와 소비자의 외면으로 1억 원 이상 깎아서 재분양하는 전원주택들이 많지만 실정은 차갑게 외면받고 있다. 결국 전원주택은 나중에 환금성 문제가 많이 발생한다(물건을 내놔도 몇 달간 팔리지 않는 경우가 많다). 펜션처럼 고정적인 임대수입이 나오는 수익형 부동산이 아닌 돈 먹는 소비형 부동산에 불과하다. 고유가 시대를 극복하기에는 도심에서 거리가 너무 멀고 유지비용도 부담스럽고, 교통도 매우 불편하다. 생각 없이 구입하면 나중에 큰 낭패를 볼 여지가 크다.

흥미로운 사실은 노령화에 따른 주택 시장의 변화 중 도심지역 선호 현상이 강화되고 있다는 사실이다. 은퇴 세대 증가와 주 5일 근무제가 정착되면서 향후 주택 시장에서 전원주택의 인기가 높아질 것으로 예상한 사람이 많았지만 결과는 반대이다. 은퇴 이후 전원주택으로 돌아가기보다는 병원, 생활편의시설이 잘 갖추어진 도심지 주택을 더 선호하는 것으로 나타났다. 왜 그런 현상이 나타날까?

첫째, 불편함 때문이다. 대중교통이 부족하고 대형 시장, 마트도 없고 학교, 병원, 문화·복지시설 등을 이용하기에도 불편하다. 전기, 수도, 인터넷, 가스, 유선방송, 하수도 등을 사용하는 데도 도시보다 더 큰 비용을 치르는 경우가 많다. 사소한 고장이나 수리는 직접 해결해야 하거나 참고 살아야 한다. 게다가 폭설, 태풍, 홍수 등의 천재지변으로 언제 고립될지 몰라 냉장고와 창고에 많은 양의 식품을 보관해두어야 한다.

둘째, 보안 문제이다. 첨단 보안 시설을 하면 비용이 너무 많이 든다. 경찰서나 파출소 같은 치안 시설이 멀어 항상 범죄, 도난 등에 대한 두려움을 안고 살아야 한다.

셋째, 인간적 고립감도 문제다. 물론 이웃 사람들과 사귀면 되지만, 그동안 살아오면서 이제까지 소중하게 맺어온 인적 네트워크를 잃어버릴 가능성이 크다.

넷째, 일거리가 없다. 도심에서는 하다못해 전단지 돌리는 아르바이트라도 있겠지만 전원주택에 살면 돈 벌 일이 거의 없다.

결국 전원주택을 구입해서 생활하는 것은 귀농도 아니고, 노후 준비도 아닌 것이 되어버린다. 차라리 도심 소형주택에 살며 문화적 혜택도 누리고 친구도 만나고 일하며 사는 것이 훨씬 유리할 것이다.

시니어타운의 명암

시니어타운은 고령자를 위한 거주 개념에 의료 서비스, 레크리에이션, 보유 자금 위탁운영 등 다양한 서비스를 원스톱으로 제공하고 있다. 병원 시설이 강화된 요양원 등도 시니어타운으로 볼 수 있다. 시니어타운은 일반적으로 분양가 외에 입주비나 보증금을 내며 매월 관리비를 납부한다.

서울 근교와 각 지방도시에 시니어타운이 많이 운영되고 있다. 대표적으로 삼성노블카운티, 서울시니어스타워, 수동시니어타운, 분당 헤리티지 등 웅장한 외관과 호텔급 서비스를 자랑하는 고품격 시설들이 있다. 이 중에는 195㎡(59평형) 분양가가 무려 14억 원가량 되는 시설도 있다. 요즘 건설사들은 침체된 아파트 분양 시장의 대안으로 전원주택과 함께 시니어타운 사업에 공을 들이고 있다.

누구나 여유롭고 편안한 생활을 꿈꾼다. 은퇴 이후는 자식 눈치 안 보고 건강 챙기며 내가 하고 싶은 것 하며 살고 싶어 한다. 많은 사람들이 시니어타운을, 그런 삶을 가능하게 해주는 시설로 보는 듯하다. 전원에 둘러싸인 품위 있는 건물, 쾌적한 주거 공간, 기본적 의료 서비스는 물론이고 청소, 식사, 세탁도 모두 해준다니 말 그대로 놀고먹으며 인생을 즐기기에 최적의 장소다. 그런데 현실은 많이 다르다는 것이 문제이다.

대개의 시니어타운은 도심에서 한참 떨어진 곳에 외딴섬처럼 자리 잡고 있다. 그러다 보니 대중교통 이용, 쇼핑, 가족이나 친구와의 교류, 문화생활 등에 많은 제약이 따른다. 말 그대로 섬에 귀양 가 있는 꼴이다. 훌륭한 시설 안에서 텔레비전 보고, 포켓볼 치고, 소소한 레크리에이션만 하며 살아도 되겠지만 열정이 넘치는 60대에겐 감옥이나 마찬가지다. 또 하나의 문제는 운영 주체의 장기적인 신뢰성이다. 분양이 제대로 되지 않아 부도나는 회사도 많고, 수익성에 열중하면서 입주자들을 고통에 빠지게 하는 경우까지 있으니 주의가 필요하다. 비싼 보증금을 예치했지만 운영 업체가 부실해지면 보증금을 날리거나 서비스의 질이 급격하게 떨어질 수 있다.

가장 큰 문제가 비용 문제이다. 일단 분양가가 너무 비싸다. 3.3 ㎡(1평)당 2,000만 원이면 150㎡(45평, 실평수 23평)의 분양가가 9억 원

표 1-3 노블카운티 2011년 기준(식사 재료비는 별도 부과)

평형(면적, m²)	1인 입주 시		2인 입주 시	
	입주보증금	월 생활비	입주보증금	월 생활비
30평(99)	3.0~3.4억 원	113만 원	3.8~4.2억 원	180만 원
36평(119)	3.4~4.3억 원	125만 원	4.2~5.1억 원	193만 원
46평(152)	4.8~5.7억 원	150만 원	5.6~6.5억 원	218만 원
50평(165)	4.4억 원	157만 원	5.2억 원	225만 원
56평(185)	5.1억 원	166만 원	5.9억 원	234만 원
72평(238)	7.0~8.0억 원	194만 원	7.8~8.8억 원	261만 원

※ 노블카운티 타워 A동 기준, 타워 B은 보증금이 더 높다. 자료: 노블카운티

이나 된다. 이 돈이 잠자는 돈이 되는 것이다. 매월 지불하는 생활비도 적지 않다. 예를 들어 부부가 '노블카운티'에 입주한다면 185m^2(실평수 28평) 규모가 가장 보편적인 사이즈인데, 이를 기준으로 했을 때 보증금은 6억 원 수준이고 월 생활비는 2인일 경우 식비(재료비)를 빼고도 234만 원이 필요하다. 매월 234만 원의 기본 관리비를 내고, 세 끼 식사비, 차량, 통신, 의류, 문화, 의료보험료, 인간관계 등을 위한 생활비도 따로 쓰면서 여행도 다니려면 도대체 매월 얼마 정도의 고정적인 수입이 있어야 하겠는가?

과연 그렇게 부유하게 사는 것만이 최고의 노후일까? 아직 충분히 활동할 수 있는 60대가 아무런 직업도 없이 노인들 집단 거주시설에 정착하는 것보다 사회적으로나 개인적으로 젊은이들 속에서 함께 호흡하며 어울려 살아가야 훨씬 더 건강하게 살 수 있다. 원거리의 외딴 시설에서 아무런 자극도 새로움도 없이 쓸쓸히 노인들과

늙어 가느니 그 돈으로 도심에서 도우미를 쓰며 활기차게 생활하는 것이 훨씬 낫지 않겠는가?

막연한 기대나 화려한 건물 외관 혹은 부정확한 정보에 의지해 섣부르게 판단했다가는 후회막급일 수 있는 것이 시니어타운이다. 비용, 운영 주체 신뢰성, 지원 서비스, 입지 조건 등 신중하게 따져봐야 한다. 그리고 무엇보다 어떤 삶을 살고 싶은지를 먼저 생각해보고 결정해야 한다.

귀농의 선결 요건

진정한 귀농이란 단순히 주거지를 옮기거나 직업을 바꾸는 문제가 아니다. 삶의 방식과 자연을 바라보는 자세를 바꾸는 일이다. 도회적 삶이 가져오는 한계를 깨닫고 자연과 어우러지는 생태적 삶을 실천하는 것이다. 무한 경쟁과 소비 문화를 탈피해 상생하는 삶, 비소비적인 느린 삶을 실천하는 일이다. 또한 농촌의 어려운 현실에 대해 함께 공감하고 고민하는 것이다.

이런 자세를 갖는 것이 귀농의 참된 의미이며 기본적 준비이다. 그런 철학을 제대로 갖추기 전에 땅부터 사고, 집부터 짓는 일은 절대 피해야 한다. 귀농은 쉬운 문제가 아니며 의견도 뒷받침되어야 하고 가족의 협조도 필요하며 무엇보다도 많은 준비가 필요한 일이다. 우선 다음 과제들이 해결되어야만 실행할 수 있다.

첫째, 어느 정도의 농사 경험이 필요하다. 무슨 일이든 경험이 최고의 스승이다. 생전 호미질 한 번 제대로 안 해본 사람이 농사를 제대로 지을 수 없다. 귀농을 원한다면 주말마다 관광지 나들이를 다닐 것이 아니라 작은 텃밭부터 일궈보자. 또한 지식과 정보가 충분해야 한다. 귀농 전 교육은 필수이다. 귀농학교 등 깊이 있는 교육에 참여해서 정착에 성공한 선배들의 살아 있는 경험담을 내 것으로 만들어야 한다. 부지런히 책도 읽고, 인적 네트워크도 만들고 정보도 모아두어야 한다. 물론 농촌에서 산다고 꼭 농사꾼이 되어야 하는 것은 아니다. 그러나 땅을 이해하는 것은 생각만큼 만만한 일이 아니다.

둘째, 귀농은 자금 준비의 문제가 아니라는 점을 이해해야 한다. 귀농이란 경제력에 맞추어 땅 사고, 집 짓고, 도시와 비슷한 생활수준을 유지하며 도시적 삶을 그대로 농촌에서 풀어내는 것이 아니다. 그런 시도는 매우 부질없는 일이며 불가능한 일임을 알아야 한다. 산과 들에 깔린 것이 먹거리라 생각하고, 부족하면 부족한 대로 참아내고, 남으면 아낌없이 나누는 삶의 모습을 가지지 않고는 귀농해서 정착하기 힘들다. 사실 귀농은 작은 집 한 칸과 몇 십 평의 땅으로도 할 수 있다. 모두 마음자세의 문제이다.

농촌에서 큰돈 벌겠다거나 일부 성공사례를 보고서 나도 가능하리라 여기는 우를 범해서는 안 된다. 큰 성공을 거두는 일은 거의 드물고 돈벌 만한 아이템이나 기회가 그리 쉽게 찾아오는 것이 아니다. 귀농은 뿌린 대로 땀 흘린 대로 거두는 삶이기에 대박하고는 거리가 멀다. 사실 제철에 남들만큼 생산해내고 제값만 받아도 엄청나게 성공했다고 볼 수 있는 것이 농업이란 분야이다.

셋째, 농촌 사람들과 어울리는 것이다. 농업은 절대 혼자 할 수 있는 일이 아니다. 농사는 하늘이 짓지만 농업은 이웃과 함께 만든다. 사람이 싫어 도시를 떠났다 해도 어쩔 수 없다. 그 마을사람이 되지 않는 한 귀농은 고달픔의 연속이고 성공했다 해도 반쪽짜리밖에 안 된다. 텃세를 인정해야 하고 겸손해야 한다. 완전히 남남관계로 이루어진 아파트 생활을 하다가 시시콜콜 참견하고, 숟가락 숫자까지 헤아리는 사람들을 만나면 당혹스럽고 적응이 안 될 것이다. 그렇다 하더라도 각종 모임과 조직에서 적극적으로 유대관계를 만들어야 한다. 경조사나 공동 행사도 많아서 여기저기 쫓아다니다 보면 일은 언제 하나 싶을 수도 있고 잘못하면 동네 머슴 되기 십상이다. 그러나 제대로 정착하기 전까지는 시간을 쪼개서라도 챙겨야 한다. 귀농에 성공한 이들도 한결같이 이 부분이 가장 어렵다고 말한다.

귀농은 개인의 철학적 태도 문제이고 결단의 문제이다. 전원 혹은 농촌생활에 대해 지나친 환상을 갖는 것도 문제지만, 평생 꿈만 꾸며 아쉬워하는 것도 불행한 일이다. 실행 가능성을 알아보는 가장 올바른 방법은 지식과 정보를 쌓는 것이다. 좋은 책도 많고 교육기관도 많다. 작은 발걸음이라도 떼어보기 바란다. 또 다른 세상이 펼쳐질 것이다.

베이비부머 은퇴가
경제 침체 원인이다?

한국의 베이비부머들은 헌신적인 부모의 희생 속에 교육의 혜택을 받았고, 대학 시절 사회 변혁을 위한 치열한 활동을 경험했고, 이전 세대가 경험하지 못한 물질문명의 혜택과 함께 정신적 황폐를 동시에 경험하였으며, 거대한 소비 주체로 마케팅의 주요 타깃이 되어왔다.

베이비부머가 은퇴하는 시기와 관련하여 여러 조사 기관과 매체는 경기 침체의 단초를 만드는 것이 아닐까 우려하고 있다. 거기에 더해서 출산율까지 급속하게 저하됨으로써 경제활동인구 1인당 부양해야 하는 노인의 수가 급속하게 증가되는 부작용도 발생되며, 이는 필연적으로 소비 감소, 부동산 침체와 함께 경기 침체를 가져온다고 본다.

베이비부머 은퇴와 경기 침체

그런 주장을 하는 근거로 일본의 통계치를 언급한다. 일본은 세계에서 가장 빠르게 초고령화 시대를 맞았고 '단카이 세대'라 불린 베이비부머들이 은퇴하는 시기와 부동산이 폭락하고 경기 침체가 맞물리면서 '은퇴 인구 증가=경기 침체'라는 등식이 만들어졌다.

〈그림 1-4〉는 통계청이 2009년 발표했던 자료로 일본과 미국의 35~54세 인구가 정점을 지나는 시기와 주택가격 지수가 하향 추세가 일치함을 보여준다. 우리나라 추이를 보면 주택 핵심 구매 연령층인 35~54세 인구가 2011년에 1,657만 명으로 정점을 찍고 매년 10만 명씩 감소해, 2020년경 이후에는 매년 20만 명이 감소하는 상황에 이를 것으로 추정된다.

사람마다 보는 관점이 다르겠지만 부동산 거품 붕괴 자체를 경기 침체와 연결 지어 부정적으로 보는 견해는 무리가 있다. 거품이 사라지는 것은 경제의 건전화를 위해 필요한 과정으로 볼 수 있기 때문이다. 단순히 기존 부동산 가격이 상승하는 것은 새로운 개발에 의한 공급 증가가 아니라면 유동성이 증가했다는 것 외에 사회에 거의 실익이 없다. 부동산은 제조업과 달리 특별한 가치를 만들어내는 것이 아니기 때문이다. 특히 사회 전체적으로 자산 거품을 키우기 때문에 매우 해롭다. 일본의 거품 붕괴는 은퇴 인구 증가뿐 아니라 과도한 유동성과 투기적 수요 그리고 과소비 문화가 만들어낸 합작품이다. 결국 정신을 차린 단카이 세대가 지갑을 닫음으로써 일본의 경제는 제자리를 찾아가고 있는 것으로 볼 수도 있다.

그림 1-4 **인구 변동과 주택 가격 추이(일본·미국·대한민국)**

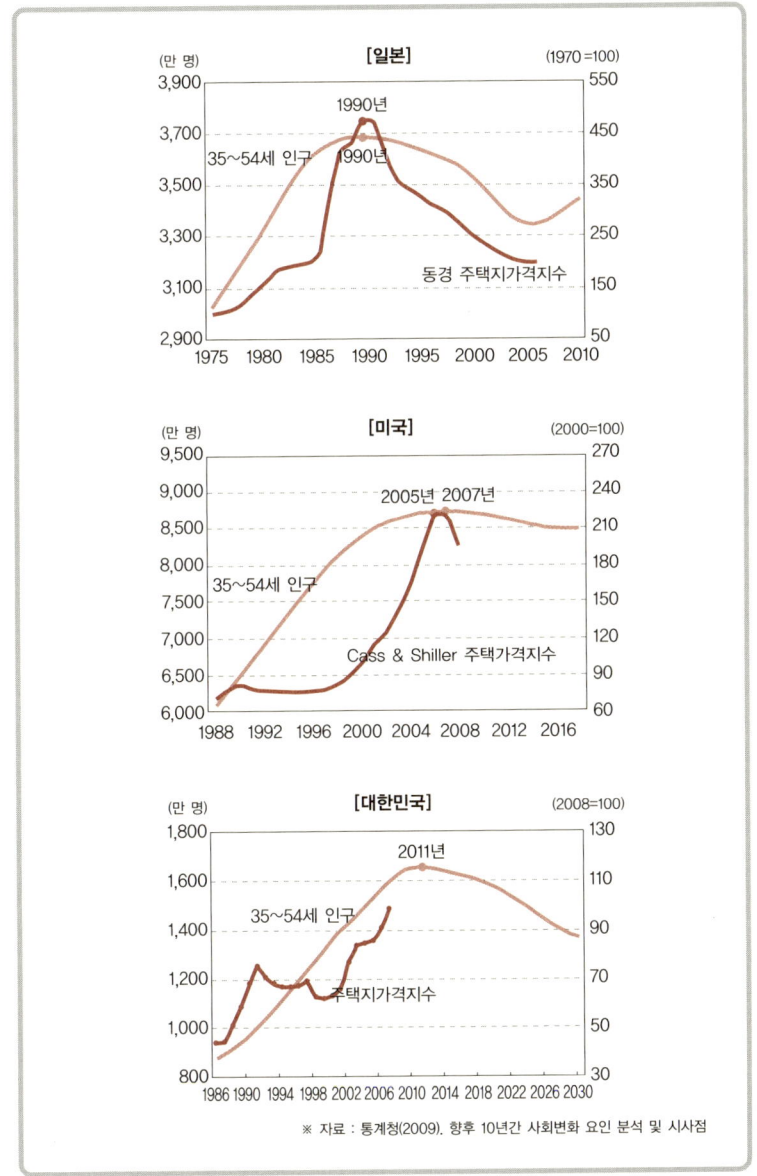

※ 자료: 통계청(2009), 향후 10년간 사회변화 요인 분석 및 시사점

1장 • 노후 불안감, 어디에서 오는가

특히 우리나라의 부동산 열기는 세계적으로도 심각하기 때문에 부동산 실구매층이 줄어들면서 주택 가격이 하락하는 것을 경기 침체로 바라보는 것은 지나친 왜곡이다. 전체적인 부동산 가격 하락이 예견된다면 대출을 갚거나 부동산 자산 비중을 줄이고, 슬림화를 실행함으로써 충격을 최소화해야 한다. 집값이 오른다는 것은 단순히 대출 여력이 늘어나고 심리적인 만족감이 생긴다는 사실을 제하면 결국 재산세만 늘어나고, 거기다 인플레 효과를 고려하면 이익이 아닌 손해가 되는 것이다. 물론 건설업체나 부동산을 많이 보유한 사람들은 입장이 다르겠지만 대다수 서민들로서는 부동산 가격의 추이에 따라 가계경제가 일희일비하지 않도록 일정 정도의 구조조정이 필요하다.

그리고 가계의 가처분소득이 줄어들면 씀씀이가 줄어들고, 전체 수요량이 감소하면 기업의 매출 감소에 이어 사회 전반적인 경기가 하락하는 효과를 보일 수 있다고 하는데, 물론 일리 있는 예측이다. 그러나 이런 현상은 경기순환 사이클상 언제든 존재할 수 있는 상황이다. 경제학적으로 보면 소비 감소에 의한 경기 후퇴는 자산 거품, 초과 생산 및 유동성 증가로 발생하는 인플레이션보다는 훨씬 양호하다. 특히 과소비는 필연적으로 저축을 감소시키고 저축의 감소는 투자 재원의 감소를 통해 기업의 투자 활동과 일자리를 줄이고 결국 경기 침체에 이르는 악영향을 끼치게 되는데 이런 종류의 침체가 더 위험하고 회복도 더디다.

그에 반해 노년층의 소비 감소는 저축 증가와 기업 투자 증가를 유발할 수 있기 때문에 무조건 우려할 문제가 아니다. 특히 고령자가 적극적으로 일한다면 그로 인해 만들어지는 부가가치는 아무 일도 안 하는 경우와 비교하면 엄청난 경제적 효과가 생기며 덩달아 소비도 늘어날 수 있다.

소비가 미덕인 세상에 살고 있다지만, 우리는 필요 이상으로 구매하고 소비하고 있으며 사회적 자원이 소모적인 부문에 너무 많이 쓰이고 있다. 이런 파괴적인 소비는 결국 가계 경제를 불건전하게 만들 것이다. 가계 경제가 튼튼해야 나라 경제도 건강한 법이다. 은퇴로 인해 경기가 침체될 것이라는 주장은 우리 경제가 영원히 거품 속에 갇혀 빠져나오지 않기를 바란다는 것과 마찬가지다.

출산율과 경제력 저하

인구가 곧 국력의 척도이며 출산율 저하가 경제력 저하를 가져온다는 것은 어처구니없는 논리이다. 물론 국내총생산(GDP)은 인구가 많아야 높게 나오고, 군사력을 따질 때도 군인의 수가 중요하다. 그러나 인구수는 경제력이나 국민의 삶에 대한 만족도와는 비례하지 않는다. 우리보다 월등히 앞선 북유럽 선진국이나 반대로 인구만 넘쳐나는 저개발국의 사례를 보더라도 인구수에 집착하는 사고방식은 문제가 있다는 걸 쉽게 확인할 수 있다. 또한 무인 자동화 생산시스템과 군사 분야의 첨단화가 진행되는 지금 머릿수만으로 국력을 계산하는 방식 역시 시대에 뒤떨어진 사고이다. 더구나 실업률이 높다고 아우성인데 인구가 많은 것이 무슨 이점이겠는가? 자본주 입장은 다르겠지만 일자리는 한정되어 있는데 필요 이상으로 노동력이 공급되면 노동의 가격은 저하되고 효율성만 떨어질 뿐이다.

인간은 동물과 달리 인위적으로 개체수를 조절할 수 있다. 사회적인 합의가 없어도 주어진 가용자원의 양에 맞게 적절하게 인구를 조정할 수 있다는 뜻이다. 우리나라에 적정한 인구수는 시대에 따라 다르다. 지금도 서울은 미어터진다. 2010년 9월 현재 서울의 인구는 10,437,326명이며 인구밀도는 17,244.65명/km^2으로 뉴욕의 8배, 도쿄의 3배이고, 중국 선전에 이어 세계 6위이다. 인구의 도시 집중화에 따른 폐해들을 원천적으로 감소시킬 대책도 만들지 못한 상황에서 아이를 적게 낳는다고 푸념할 일이 아니다. 인구수는 사회 구성원들의 행복한 삶과는 아무 관계가 없는 무책임한 숫자놀음에 불과하다.

출산율이 떨어지고 베이비부머가 은퇴하기 때문에 경제가 침체하는 것이 아니다. 정치권이나 사회구조가 그러한 사회적 환경 변화를 제대로 대응하지 못하고 그 속에서 큰 가치를 찾아내지 못하고 있기 때문에 경제가 힘들어질 뿐이다. 제대로만 준비하면 큰 기회로 삼을 수 있다. 근거 없는 논리로 국민들만 불안하게 만들고 있는 정치가 한심할 뿐이다.

평균수명 증가는
재앙인가, 축복인가

1930년대만 해도 우리의 평균수명은 33.7세였다. 평균수명이 60세를 돌파한 때는 지금으로부터 채 40년밖에 안 된 1970년대였다. 우리의 조부모 세대는 60세를 넘겨 환갑을 맞으면 장수를 축하하기 위해 온 동네 사람을 불러 잔치를 했다. 아마도 대개 50대에 사망하던 그 당시에는 건강하게 환갑을 맞는다는 것은 대단한 행운이자 모든 사람들로부터 마땅히 축복을 받을 만한 사건이었을 것이다.

그때와 비교하면 우리는 너무나 긴 삶을 선물받았다고 하겠다. 무려 40년 정도의 삶이 추가로 주어진 것이다. 요즘처럼 변화가 빠른 시대에는 40년은 정말 엄청난 기간이다. 더구나 의학 및 생명 연장 기술 발달과 효율적 건강관리 방법으로 평균수명은 계속 늘어나고 있으며, 매년 과거의 예측치를 훨씬 뛰어넘는 통계치가 발표되고 있다. 이러다가 일부 과학자들이 예견한 150세 시대가 올지도 모른다. 시황제(始皇帝, 진시황, BC 259 ~ BC 210)가 끝내 찾지 못한 불로장생의 명약을 현대인이 발견한 셈이다. 인류가 이룩한 진보의 혜택을 우리가 보고 있는 것이다.

표 1-4 **대한민국 평균수명 추이 및 예측**

연도	1930	1940	1950	1960	1970	1980	1990	2000	2010	2020	2030
수명	33.7	37.1	42.6	52.6	61.9	65.6	71.2	75.9	78.8	80.7	81.5

자료: 통계청

장수를 재앙으로 여기는 사회

그런데 어느 순간부터 장수가 더 이상 축복받지 못하는 상황이 되었다. 환갑은 고사하고 칠순잔치도 눈치가 보여 가족끼리만 간단히 끝내는 경우가 많아졌다. 연로한 부모를 부양하는 일이 대단한 인내심을 필요로 하는 일이 되었고, 행여 아프기라도 하면 짐스럽게 여기는 풍조가 만연하다. 그나마 상속해줄 재산이 있는 부모는 자식들로부터 대접을 받지만, 그렇지 못한 대다수의 부모들은 눈칫밥을 먹으며 인고의 세월을 보내야만 한다. 결국 장수가 '축복'이 아니라 '재앙'이 되어버린 것이다. 이러한 변화가 특히 우리나라에서 사회문제로 크게 부각된 이유는 그 속도 때문이다. 우리나라의 고령화 속도는 세계 최고 수준이다. 사회 혹은 개인이 심리적으로 적응하며 준비를 충분히 갖추기도 전에 고령화 사회가 도래한 것이다.

지나치게 빠른 고령화 속도가 준 폐해는 만만치 않다. 우리의 전통적 가치관인 효(孝)라는 개념이 흔적도 없이 토대를 상실하고 있고 아직 그것을 대체할 뚜렷한 이념이 만들어지지 못했다. 효를 성리학적인 사회 통제 이데올로기가 아닌 세대 간의 '공존의 패러다임'으로 정의한다면 지금은 그런 이념이 전혀 없는 것이다. 그런 공존의 패러다임이 공유되지 않은 상태에서는 자립 능력이 없는 노년층은 젊은이들에겐 부담이고, 취업을 시도하는 노인들이 고용시장의 경쟁자로 비쳐질 수밖에 없다. 무엇보다도 세대 간의 의식과 문화가 단절되어 이질성이 커지고 고령자는 사회 속에서 더욱 소외된다. 그 결과 긴 수명을 재앙으로 보는 현실에까지 이른 것이다.

아무리 귀한 시간도 제대로 활용하지 못하면 손가락 사이로 흩어지는 모래알처럼 쉽사리 흩어져버리는 법이다. 인류가 만들어낸 가장 빛나고 가치 있는 유산인 '생명'을 더 얻어내는 데는 성공했지만, 정작 그 시간들을 가치 있게 쓰지 못한다면 얼마나 허무한가?

50대에 은퇴하여 남은 삶 동안 과거를 곱씹으며 후회와 미련 속에 지낸다면 그 시간들은 너무도 아까운 자산이 아니겠는가. 어떻게 하든 그렇게 주어진 시간들을 가장 가치 있게 활용할 계획을 적극적으로 세워야 한다. 늘어난 수명은 분명 우리에게는 커다란 선물이지만 그 앞에서 당황하는 어린아이처럼 우리 사회는 갈피를 못 잡고 있고 그 선물의 가치를 제대로 인식조차 못하고 있다.

여기서 재앙으로 보는 세태를 비판하는 것은 중요하지 않다. 진정 의미 있는 태도는 늘어난 수명을 가치 있게 사용함으로써 축복의 기간으로 만들겠다는 자세이다. 삶이라는 선물을 받은 인간으로서는 그 선물의 크기가 커졌다는 사실에 고마워해야 한다. 더군다나 인간은 시간의 흐름 속에서 지혜의 곳간을 더욱 풍요롭게 만들 수 있는 놀라운 능력이 있으니 늘어난 수명을 어떻게 활용하는가에 따라 과거 세대가 이루지 못한 더 큰 진보를 이룰 수 있다.

위기는 또 다른 기회이다. 다시 말해 후반전의 삶을 위기가 아닌 훌륭한 기회로 봐야 한다. 그런 인식의 틀에서 늘어난 평균수명에 대한 새로운 원칙과 활용방법을 세워야 한다.

평균수명 증가를 바라보는 자세

영화 〈벤자민 버튼의 시간은 거꾸로 흐른다〉에 나오는 대사를 잘 음미해보자.

"가치 있는 것을 하는 데 있어서 늦었다는 건 없단다. 하고 싶은 것을 시작하는 데 있어서 시간의 제약은 없단다. 넌 변할 수도 있고, 그 자리에 머물러 있을 수도 있지. 규칙은 없는 거니까? 최고가 될 수 있는 거고, 꼴찌가 될 수도 있는 거란다."

"난 네가 최고가 되길 바란단다. 그리고 너를 자극시키는 뭔가를 발견해내기를 바란단다. 전에는 미처 느끼지 못했던 것들을 느껴보길 바란단다. 서로 다른 시각을 가진 많은 사람들을 만나보기를 바란단다. 네가 자랑스러워하는 인생을 살기 바란단다."

"그리고 이게 아니다 싶으면 다시 처음부터 다시 시작할 수 있는 용기를 갖길 바란단다."

이 영화는 나이가 어떻게 흐르든지 벤자민은 벤자민이고 중요한 것은 그 순간에 최선을 다하는 것임을 말하고 있다. 윌리엄 워즈워드의 명시 「무지개」에서 "어린이는 모든 사람의 아버지"라고 노래한 것처럼 벤자민은 가장 어린아이이면서 동시에 노인으로서 죽음을 맞는다. 결국 나이라는 것은 인간이 만들어낸 숫자에 불과하며, 의식하지 않는 한 자신이 몇 살인가는 정말 아무런 의미가 없는 숫자일 뿐이다.

나이를 의식하지 않는다면 길어진 인생은 정말 굉장한 시간이다. 자신의 수입을 만들어낼 수 있는 약간의 능력과 건강만 있다면 자녀 양육에 대한 책임에서 자유로워지고 온전히 자신의 삶에 집중할 수 있으니 멋지게 살아갈 수 있다. 더구나 살아가는 데 필요한 지혜가 넘쳐나고, 삶의 노하우 또한 충분하니 무슨 걱정이 있겠는가. 앞에 말한 영화 대사처럼 가치 있는 것을 하는 데 늦었다는 건 없을 뿐 아니라, 우리에겐 정말로 충분히 긴 시간이 주어져 있다.

우리에게 주어진 50~60대 이후 40여 년에 이르는 긴 시간들을 개인의 삶에 얹힌 덤으로 혹은 사회의 짐이 아닌 축복이자 선물로 봐야 한다. 그러기 위해서는 평균수명 증가라는 선물을 기쁘게 받을 준비를 갖춰야 한다. 우선 평균수명 증가가 왜 우리에게 주어진 굉장한 선물인지부터 제대로 평가해보자.

첫째, 우리에게 스스로의 삶에 집중할 수 있는 날들이 주어졌다. 노년기 이전의 삶의 초점은 대개 가족, 특히 자녀들이었을 것이다. 내가 원하는 삶의 모습이 아닌 가족이 기대하는 삶을 살았을 것이다. 아니 어쩌면 먹고사는 문제에 집중하느라 내 자신이 어떤 삶을 원하는지 잊었을 수도 있다. 하지만 이제 주어질 긴 인생은 우리에게 이런 질문을 하고 있다. "당신은 어떤 삶을 꿈꾸고 있는가, 내가 가진 특별한 재능을 어떻게 찾아내고 활용할 것인가, 당신은 이 세상에 왜 왔으며 무엇을 얻고 떠날 것인가?" 공자는 "아침에 도를 들어 얻으면 저녁에 죽어도 좋다(子曰 朝聞道 夕死可矣)"라고 했다. 스스로의 삶에 집중함으로써 깨달음을 얻는 것은 대단한 삶의 선물이다. 우리는 길고 긴 인생의 후반에서 답을 찾을 수 있다.

둘째, 노후는 이제 당당하게 '아니오'를 말할 수 있는 시기이다. 어린 시절 부모에게 의존해 살아오는 동안에는 본인의 의지대로 행동하기가 쉽지 않았다. 행여 부모의 눈 밖에 나면 안락한 의식주를 포함하여 많은 희생이 따르기 때문에 부모와 가족의 의지를 거스를 수 없는 것이다. 또 사회에 나가서는 처한 위치 혹은 인간관계에 해가 될까봐 '아니오'라는 말을 차마 꺼내지 못한다. 또한 거절하지 못하는 성격 때문에 금전적 피해를 입기도 한다. 그러나 노년기에는 단호한 거절이 나를 위해서뿐만 아니라 좋은 인간관계 유지를 위해서도 더 유익한 선택임을 알고 있기 때문에 주체적으로 살아갈 수 있다. 다시 말해 나의 삶이 의존적이지 않으면 거절할 수 있는 힘이 생기게 된다.

셋째, 능력자가 된 것을 의미한다. 노년기에는 높은 수준의 지식과 경험, 판단력, 재산, 다양한 직업 분야에 적응할 수 있는 능력을 갖는다. 보유한 네트워크 능력을 포함해서 충분히 변화무쌍한 세상에서 승리할 수 있는 생존력을 갖추게 된 것이다. 인격적으로도 이제 원숙함의 완성을 눈앞에 두고 있다. 노년기에 할 일은 그동안 쌓아온 능력을 미래를 위해 활용하는 것이며, 자신이 무엇을 이루고 싶은가를 찾는 것뿐이다.

인생 후반전은 진정 나의, 나에 의한, 나를 위한 삶이다. 나에겐 분명 잘해낼 수 있는 능력과 의지력이 있다. 어떻게 하겠는가?

지나친 건강 관리가
화를 부른다

나이가 들면 질병에 대한 두려움이 큰 부분을 차지할 것이다. 질병은 육체적, 정신적 고통과 함께 경제적인 어려움을 동반하기에 두려움이 클 수밖에 없다. 보험연구원의 보고 자료를 보면 2009년 건강보험 기준 65세 이상 노인 의료비 규모가 12조 391억 원으로, 전체 의료비 39조 4,300억 원의 30.5%를 차지했으며 2008년 대비 14.8%나 증가하였다. 이는 노령화 속도보다 의료비 증가 속도가 더 가파르다는 것을 의미한다.

또한 2011년 2월 한국보건사회연구원이 발표한 자료에 따르면 우리나라 국민은 1인당 평생 의료비로 약 8,000만 원을 지출하는데, 절반에 해당하는 4,000만 원은 65세 이후 노년기에 쓰는 것으로 나타났다. 남성의 경우 40~64세 25년간 연평균 90만 원 정도를 지출하다가 65~84세까지 20년 동안 연평균 158만 원을 지출하여 1.7배

그림 1-5 **생애주기별 1인당 의료비**

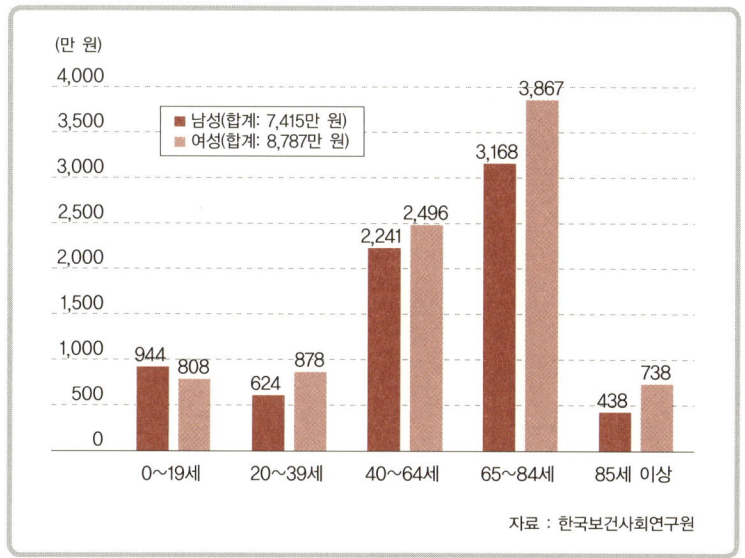

자료: 한국보건사회연구원

나 더 지출하게 된다. 즉 노인이 되면 의료비 지출이 늘어나고 이는 경제적 부담으로 돌아올 수밖에 없다.

의료비 증가와 건강

사람들은 중년기를 넘어서면서 여러 가지 건강상의 문제를 많이 겪게 된다. 특히 60대 이후에는 신체적·정신적 기능의 저하와 노인성 질환 등의 원인으로 병원을 찾는 경우가 빈번해진다. 노인들이 겪는 어려움 중 건강문제가 30% 이상의 비중을 차지다. 현재 65세 인구 540만 명 중 약 14.5% 정도인 79만 명이 타인의 도움을 받지 않으면 일상생활이 어려운 요양보호 대상자이며, 앞으로 고령화의 진전에 따라 요양보호 대상 노인은 2020년에는 114만여 명으로 늘어날 전망이다. 특히 75세 이상의 노인에게 높게 나타나는 노인 치매 출현율은 2001년 7.6%에서 2004년 8.3%, 2010년에는 10.6%로 증가하였다.

이러한 기사와 통계를 접하면 민영건강보험이나 실손보험을 하루빨리 들어야겠다고 생각한다. 아니면 노후를 위해 좀 더 많은 액수의 저축을 해야겠다고 다짐하게 된다. 물론 나쁜 선택은 아니다. 특히 보험 가입으로 혜택을 본 경험이 있는 사람이라면 충분히 의미 있는 선택이라 할 수 있다. 그런데 의료비 지출에 대해 걱정하기에 앞서 우리의 문화를 되짚어 보아야 하지 않을까?

우리나라는 작은 질병에도 병원을 찾거나 약을 복용하는 의료 의존도가 매우 심하며, 동시에 병원들의 과잉진료도 다반사이다. 의료비용 자체가 선진국보다 싼 편인 데다가 주치의제가 도입되지 않아 비슷한 증상으로 여러 군데 의료 기관을 도는 '의료 쇼핑'이 적지 않기 때문이다. 국민건강보험공단의 '2010년 상반기 계층별 급여비 지출 현황'을 보면 1인당 연평균 투약일수가 96일이나 됐고 1인당 외래진료를 받은 평균 횟수는 16.07회로 경제협력개발기구(OECD) 회원국의 평균 횟수(6.8회)보다 2배 이상 많은 것으로 나타났다.

한국인의 항생제 남용은 세계 1위이다. 사소한 속쓰림에도 내시경검사를 받는다. 건강보험에서 검사 횟수를 제한하지 않고 1회 검사비용의 본인부담금이 1만 8,000원밖에 안 되기 때문이다. 대신 보험 재정에서는 2배인 3만~4만 원이 지출된다. 노년층이 대부분인 척

추질환 환자들의 경우 자연 치유 가능성이 있음에도 고가의 수술을 권하는 과잉진료가 많다. 종합병원에 가기 전에 꼭 1, 2차 의료 기관을 들르게 하는 제도적 모순점도 의료비 지출 증가에 한몫을 하고 있다.

또 하나 공공의료기관 비중이 너무 낮은 것도 높은 민간 의료비 지출 증가의 원인이다. OECD 국가 중 우리나라의 공공병상 비중은 11% 수준으로 최하위권이다. 유럽 국가들은 공공병상이 90%에 이른다. 일본도 한국의 3배 수준이다. 반대로 민간 의료시장은 급팽창하고 있다. 병원은 2004년에서 2009년 사이에 2배 정도 늘었고 1인당 병상수도 인구 1,000명당 9.3개로 OECD 평균치인 5.4개 대비 2배 가까이 된다. 보통 경쟁이 심해지면 가격이 낮아지는 것이 시장 논리이지만 의료 시장은 전혀 아니다. 고가장비와 새로운 진료방법을 내세우며 더욱 값비싼 진료비를 청구하고 있는 것이 현실이다.

목표를 잃으면 마음의 병이 생긴다

노인이 되면 질병이 갑자기 많아지고 덩달아 의료비가 급증할 것이라고 지레 겁먹기 전에, 이런 현실을 이해하고 대처법을 세워둔다면 지나치게 걱정할 이유가 없다.

우선 건강보험 제도를 믿어야 한다. 다른 복지 서비스와 비교하여 우리나라 건강보험은 세계적으로 양호한 편이다. 〈표 1-5〉를 보면 '암 걸리면 패가망신'이라는 얘기는 옛날이야기가 되었다는 사실

표 1-5 **의료비 본인 부담률**

입원 시		외래				조제비		
일반 질병	암 등 중대질병	일반 의원	일반 병원	종합 병원	대학 병원	의원	일반 병원	대학 병원
20%	5%	30%	35~40%	45~50%	60%	30%	40%	50%

※ 희귀 난치성 질환의 경우 입원, 외래 모두 본인 부담률은 10%.

을 알 수 있다. 물론 직장을 다니다가 병에 걸리면 수입이 끊기기 때문에 타격이 심하다. 그래서 현 직장에 모든 것을 거는 일을 위험한 도박이라 하는 것이다.

또한 과잉 진료 세태에 휩쓸리지 않으면 지출도 줄고 건강도 지킬 수 있다. 대학병원이나 비싼 수술을 맹신하는 일은 없어야 한다. 공연히 병을 키울 필요는 없지만 조금만 아프면 병원으로 달려가는 것 역시 그다지 좋은 습관은 아니다. 적절한 건강관리와 정기적인 건강검진으로 큰 병 없이 노후를 보낼 수 있을 것이다.

가능하면 공공의료 기관을 적극 이용하는 것도 좋은 방법이다. 국공립의료원, 국립·시립·도립병원, 국립대학교 부속병원, 보훈병원, 적십자병원 등 수준 높은 의료 서비스를 좀 더 저렴한 비용으로 받을 수 있는 의료기관들이 많다. 보건복지부 홈페이지의 시설법인 단체자료를 보면 2009년 8월 31일 기준으로 전국에 181개의 공공의료 기관이 있으니 참고하면 도움이 될 것이다.

사실 지금의 60~70대는 예전 세대에 비해 건강하며 스스로 건강 관리에 힘쓰고 있어 의료비보다 건강 관리비용이 더 소요될 수 있다.

다들 영양제에 보양식 정도는 기본일 것이다. 문제는 지나치게 건강한데 할 일이 없어 무료하여 마음의 병이 생기거나, 과도한 음주, 흡연 혹은 영양 섭취가 문제되어 건강을 해칠 수 있다. 대개 마음의 병은 목표를 잃었을 때 온다. 평생 은퇴하지 않는 삶에는 사소한 질병이 끼어들 틈도 없고, 계속 움직이면 건강을 잃을 일도 없을 것이다. 그러니 의료비 걱정은 거두기 바란다.

노년에 대한
잘못된 고정관념

사람들은 일정한 나이에 이르는 순간부터 인생의 후반전에 대해 깊게 생각해보고 눈앞에 안개가 가득한 기분과 막연한 불안감을 느낀다. 너무 멀리 있는 막연한 미래이기 때문에 혹은 스스로 준비가 부족하다는 느낌이 들기 때문일까. 아니면 부모 세대의 노후를 보며 이유 없이 답답함이 밀려와서일까. 지인들과 노후에 대한 대화를 나누거나 매스컴에서 연일 불안한 미래와 위험한 노후에 대한 기사들을 접하면 그 불안감은 더욱 커진다. 노후 생활에 관한 자료들 중 가장 흔히 볼 수 있는 금융권이 내세우는 통계자료부터 우선 살펴보자.

금융권에서는 '현재 재무 계획에서 은퇴 자금 부족을 가장 두려운 위협'으로 꼽은 비율이 외국에 비해 압도적으로 높다고 주장한다. 또 은퇴자의 자산 구성이 대부분 부동산으로만 이루어져 절대적으

그림 1-6 `은퇴 관련 통계

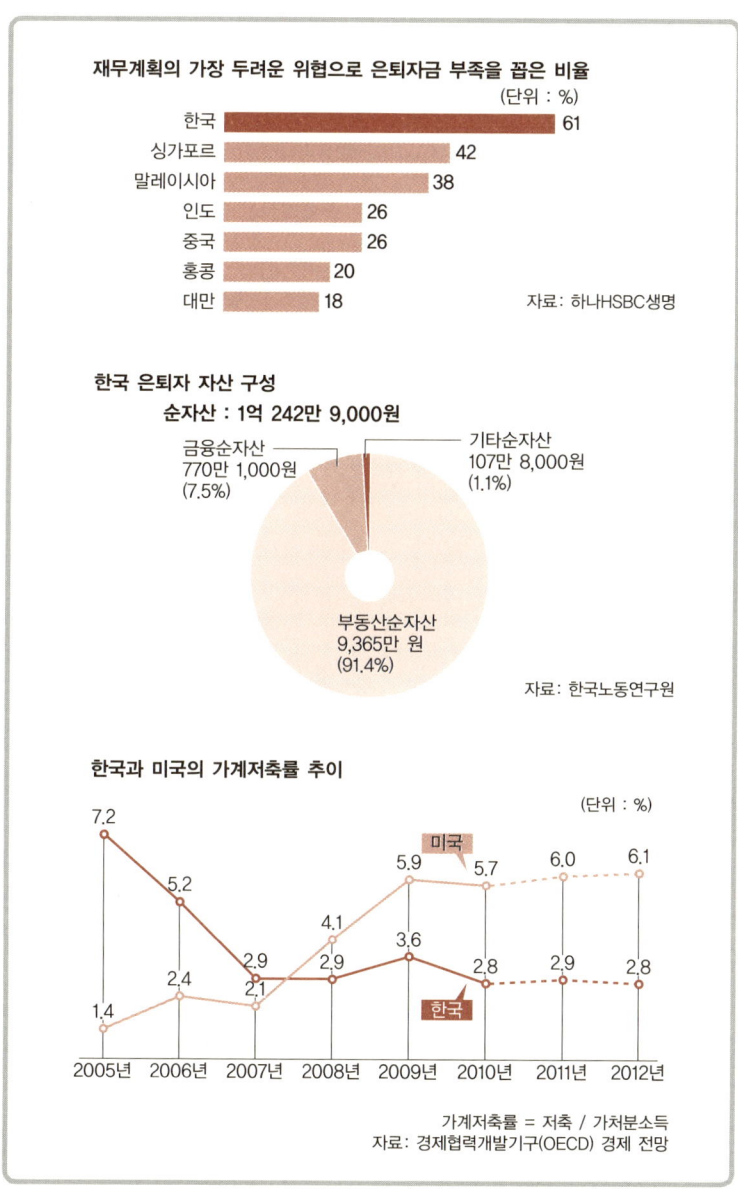

로 현금자산이 부족하며 미리미리 준비해야 한다고 말한다. 가계저축률 또한 역사상 가장 낮은 수준이니 이래저래 한국에서 은퇴 후의 삶을 살아가는 것이 암울해보일 수밖에 없다. 그러니 부지런히 재테크를 하라고? 과연 그럴까? 이런 결론들은 현상을 매우 심각하게 왜곡시키는 논리이며, 다른 시각으로 분석해볼 필요가 있다.

우선 첫 번째 통계가 말해주는 것은, 결국 우리 국민들이 다른 나라 사람들보다 비정상적으로 노후 문제를 돈 문제와 결부시키고 있다는 것이다. 다시 말해 노후 문제에서 돈이 차지하는 비중은 실제 60%가 아니라 30% 혹은 10% 정도의 낮은 비중에 불과할 수도 있다. 이는 은퇴에 대한 철학을 원점에서 다시 생각해봐야 한다는 중요한 메시지를 내포하고 있다. 은퇴자의 자산 중 부동산 비율이 높은 것도 상대적으로 대규모 목돈이 들어가는 이벤트가 거의 없어지는 노년기에는 자연스러운 현상이다. 금융자산이 많다는 것은 금융회사나 자식들에게는 축복이겠지만 당사자들에게는 통장에 찍혀 있는 숫자에 불과하다. 뒤에서 깊이 다루겠지만 적절한 현금흐름만 만들어낼 수 있다면 부동산은 내 집 한 칸만 있어도 충분하다. 매일 통장을 들여다보면 즐겁겠지만 차라리 가치 있는 곳에 사용하는 것이 훨씬 의미 있는 삶이 아니겠는가?

세 번째 자료로 언급한 저축률 추이 문제 또한 다름 아니라 우리가 지나치게 소비하고 있다는 증거이다. 이는 근본적으로 국민 전체가 과소비형 지출 구조를 가지고 있다는 의미로, 이 또한 다른 측면으로 접근해야 하는 문제이다.

결국 어떤 통계 자료도 은퇴 혹은 노후를 불안하게 바라볼 근거 자료는 되지 않는다. 우리는 노후 문제에 대해 지나치게 걱정하고 있다. 준비가 필요하다는 것과 걱정한다는 것은 큰 차이가 있다.

잘 생각해보면 우리가 불안해할 이유는 전혀 없다. 지금의 시대는 체력보다는 지식으로 경쟁하는 시대이고, 경험과 판단력은 나이가 들수록 더욱 강화된다. 기업체에서 정년을 정해서 강제로 내보내기 전에 내가 기업체를 만들면 정년은 무의미한 단어가 된다. 수입과 지출 문제를 보더라도 부양가족 없이 배우자와 둘이서 혹은 혼자서 살아가는 데 그렇게 큰돈이 필요한 것도 아니다. 시대에 터무니없이 뒤처져 있는 사람이 아니라면 노년기의 생활비를 충당할 만큼의 일자리를 갖는 게 그렇게 힘든 일도 아니다. 충분한 경험이 있으니 세상살이를 그렇게 걱정할 필요도 없다.

과거에 60대는 노년층으로 분류되었는데 요즘에는 40대 못지않게 젊고 정력적인 삶을 살아가는 이들이 많다. 계속 현역으로 일하며 젊은이들을 능가하는 정력적인 활동을 보여주는가 하면, 자식들과도 의존관계가 아닌 공존관계로 명쾌하게 정의하고 새로운 도전을 즐기는 사람들도 많다. 이는 과거에는 상상하지 못했던 현상이고 이런 추세는 앞으로 더욱 활발해질 것이다. 그러니 은퇴라는 부정적인 개념과 비생산적인 노후생활을 염두에 두고 있다면 빠른 시일 내에 생각을 바꾸어야 한다. 노년과 결부된 고정관념들은 빠른 시간 내에 와해될 것이다.

고정관념 1_ 죽음에 대한 공포

인간은 누구나 죽음을 두려워한다. 그래서 죽음이 가까워지는 노화를 두려워한다고 한다. 하지만 오늘날 우리는 죽음의 의미나 원인들에 무지했던 원시시대를 살고 있는 것이 아니다. 죽음에 수반되는 고통이나 삶에 대한 미련과 아쉬움이 두려움을 만들어낼 수는 있지만 죽음 자체가 놀랍고 기괴한 이슈는 아닌 것이다.

인도를 다녀온 사람들이 공통적으로 놀라워하는 것은 인도인들이 죽음에 대해 갖는 가치관이다. 그들은 대부분 죽음에 대한 두려움이 없고 죽음을 환생을 위한 하나의 과정으로 인식한다. 그래서 죽음이라는 사건을 매우 담담하게 받아들인다. 우리가 흔히 쓰는 말 가운데 '죽겠다'는 표현이 일상적으로 쓰이는 것만 봐도 알 수 있다.

우리의 상복은 흰색이다. 그러나 서구적 사고는 죽음을 끝으로 보고 가능한 한 죽음에 대한 언급을 피하며 죽음의 이미지를 지우려 애쓴다. 그들의 상복은 검은색이다. 검은색은 어둠이며 공포를 상징한다. 언제부터인가 우리나라도 상가의 색이 검은색으로 바뀌었다. 서구 문물과 함께 죽음에 대한 정서도 수입된 것이 아닐까 싶다. 그러나 우리가 삶을 가치 있게 바라보는 것처럼 죽음 역시 가치 있게 바라보아야 하지 않을까?

어느 영화에서 신이 인간에게 부러워하는 유일한 것이 '죽을 수 있다'는 대사가 나온다. 우리는 죽음에 대해 좀 더 긍정적이고 중립적이어야 하지 않을까? 죽음에 초연해지거나 유쾌하게는 받아들일 수 없지만 죽음을 필요 이상으로 공포스러워하거나 삶에 지나치게 집착할 필요는 없다. 마찬가지로 '늙음'이라는 개념도 다시 생각해볼 필요가 있다. 늙었다는 것은 매우 상대적인 개념으로 40세인 사람은 20세보다 매우 '늙었고' 60세도 80세의 눈으로 보면 대단히 '젊은' 것이다. 그럼에도 우리는 '늙음'이라는 단어에 시대에 뒤진, 병약함, 의존성, 완고함, 무능력 등의 이미지를 덧씌우고 있다. 이런 선입견이 죽음과 마찬가지로 '늙음'에 대한 공포감, 아쉬움을 만들어내고 있는 것이다.

이제 이런 선입관이 매우 그릇된 것임을 안다. 왜냐하면 과거와는 달리 쉽게 '늙지 않을 것'이며 죽음에 대한 막연한 공포심도 가지고 있지 않기 때문이다.

고정관념 2_ 노인과 계급 문제

노인 문제를 깊이 있게 들여다보면 신기한 느낌이 들 때가 있다. 재벌 총수나 영향력을 지닌 정치인들에게는 절대로 노인이란 호칭을 붙이지 않는다. 그들이 정력적인 활동을 보여준다고 해서 '노익장을 과시한다'라는 수식어도 붙지 않는다. 이명박 대통령은 1941년생으로 70세이고 정몽구 회장은 1938년생으로 만 73세지만 노인으로 불린 적이 한 번도 없을 것이다. 왜 그럴까? 노인이란 단어는 실제 나이의 문제라기보다는 계급적 요소가 더욱 깊게 내재되어 있기 때문이다. 다시 말해 노인이란, 나이 든 서민층을 지칭하는 용어이고 노인 문제를 서민들 간의 분배 문제로 인식하고 있는 것이다. 신기하지 않은가. 결국 우리가 노인을 바라보는 관점은 다분히 관념적이며, 사회구조가 만들어낸 형식으로 바라보는 경향이 있다.

이런 점이 오히려 문제에 대한 해결책을 쉽게 만들어줄 수도 있다. 노화를 막을 수는 없지만 적어도 노화에 대한 인식은 획기적으로 변화시킬 수 있기 때문이다. 돈과 권력을 가진 노년층과 마찬가지로 보통의 노년층도 똑같은 잣대로 보고 '노인' 취급을 하지 않으면 된다. 그것이 출발이다.

고정관념 3_ 지위의 상실

역사적으로 볼 때 나이를 먹어간다는 것은 공동체에서의 발언권이 강해진다는 것을 의미했다. 공동체가 어떤 중요한 결정을 내릴 때 연장자들에게 의견을 물었고 그 의견은 상당한 권위를 갖고 있었다. 어떤 분야에서든 경험을 대신할 만한 것은 아무것도 없으며, 특히 전문적인 직업에서는 얼마나 그 일을 오래했는가가 실력을 가늠하는 척도이다. 이런 사실은 지금도 유효한 명제이다. 나이가 들었다고 해서 그 경험이 사라지거나 그동안 축적한 지식과 노하우가 없어지는 것이 아니다. 오히려 더욱 깊어지고 체계적으로 조직화되어 더 큰 경쟁력이 생긴다. 그들이 가진 잠재력과 무형자산을 활용하면 사회 전체적으로 얼마나 더 큰 가치가 만들어질 것인지 생각해보라.

그런데 산업사회에서는 반대개념이 중심사상이 되었다. 그 이유는 자본의 속성 때문이다. 기업의 존재 목적을 이윤 창출로 본다면(얼마나 무서운 사상인가!) 가장 큰 비용 요인인 임금을 통제하는 가장 손쉬운 방법은 저임금 근로자의 지속적 활용이다. 고도로 숙련되고 근속 기간이 긴 고임금의 나이 많은 근로자 대신 미숙련, 저임금 근로자를 쓰는 것이 얼마나 이익이겠는가? 숙련도는 잘 정리된 매뉴얼과 전산 시스템으로 충분히 가능하다 생각하는 것이다. 게다가 그들은 고분고분하기까지 하다.

하지만 막 직업전선에 진입한 미숙련 노동자들을 제대로 활용하려면 상당히 긴 시간과 많은 돈이 투자될 수밖에 없다. 시스템이 아무리 정교해도 인간의 조직화된 경험과 지식을 이길 수 없다. 그런 평범한 사실을 외면하고 한창 일할 때인, 어쩌면 더욱 잘할 수 있는 연령대의 '젊은이'를 회사 밖으로 몰아내는 현상은 참으로 어처구니없는 고정관념이다. 이러한 고정관념에서 벗어나면 경기 침체, 고실업률, 기업의 수명 단축, 사회보장제도의 약화, 심각한 노인 문제 같은 문제를 해결할 수 있다. 건강한 사회, 지속가능한 발전을 이룰 수 있는 힘이 바로 나이에 있다.

고정관념 4_ 정년에 대한 압박

정년에 대한 고정관념은 가장 먼저 사라져야 할 미신이다. 사실 역사적으로 지금의 퇴직이란 개념이 도입된 것은 그다지 오래되지 않았다. 대공황 시기에 젊은 노동자들에게 일자리를 넘겨주기 위해 나이 많은 노동자들의 일을 빼앗는 수단으로 정년이란 제도가 고안되었다. 그런데 그때 정해진 정년 65세는 그 당시 평균수명보다도 높았다. 이후 각 나라의 정년은 60대 초반으로 낮춰졌고 반면 평균수명은 의학기술의 발달에 힘입어 80세에 이르렀다. 결국 비정상적으로 커진 그 격차만큼 정년으로 인한 개인의 고통과 사회 전체의 고령자 부양 부담이 늘어난 셈이다. 한참 더 사회에 기여할 수 있는 사람을 고령자로 분류한 뒤 그들을 돕는다고 만들어내는 시혜적 복지 프로그램들이 사회적으로 엄청난 비능률을 초래하게 된 것이다.

사실 앞으로 심화될 젊은 생산가능인구의 절대 감소 추세를 고려해볼 때 '나이 들면 내보내는' 기업의 인사 관행은 심각한 문제를 안고 있다. 한창 일할 수 있는 나이에 기술과 경험과 인적 네트워크를 가진 우수인재를 내보낸다는 것은 기업 경쟁력에 악영향을 미칠 수밖에 없기 때문이다. 이미 미국이나 일본 등지에서는 고령화 추세를 역으로 이용하여 고령 직원 채용이나 정년 연장 등을 통해 높은 충성심을 확보하고 생산성도 끌어올리는 정책을 활발히 도입하고 있다. 그러나 우리나라는 그런 적극적 정책은 고사하고, 많은 기업들이 직원들의 퇴직과 재출발을 돕는 프로그램조차 변변히 운영하지 않은 채 무책임하게 소모품 버리듯 직원들을 내보내고 있는 것이 현실이다.

선진국 노인들은 어떻게 살까

1980년대 영국의 사회철학자 피터 라슬렛이 퇴직 이후 건강하게 지내는 시기를 '제3기 인생(서드 에이지, the third age)'으로 규정하면서 이 시기가 가진 의미에 대한 새로운 평가가 매우 적극적으로 이루어지게 되었다. 라슬렛은 인생을 4기로 구분했다.

제1기는 출생에서부터 학업을 마무리할 때까지의 시기로서, 이 시기의 테마는 '의존과 교육, 훈련'이다. 제2기는 취업한 이후부터 퇴직할 때까지의 시기이며 '경제적 독립과 사회적 의무 수행'의 기간으로 정의된다. 제3기는 퇴직 후 건강하게 지내는 시기로 이 시기의 주요 과업은 '자기 성취'이다. 마지막 시기인 제4기는 건강이 쇠약해진 후 죽음에 이를 때까지의 시기이며 '의존'으로 정의된다.

이렇게 구분해보면 퇴직 이후 시기인 제3기는 결코 의존적일 수 없으며, 오히려 사회적 혹은 가족에서의 책임감에서 해방되어 스스로의 삶을 주도적으로 설계하고 꾸려가며 진정한 '자아 성취'를 이룰 수 있는 인생의 아름다운 절정기라고 봐야 할 것이다. 그럼에도 아직까지 이 시기를 가족이나 사회에 의존하는 나약한 시기로, 새로운 도전이나 변화와는 거리가 먼 소극적인 반추의 시간으로 평가절하하는 인식이 우리 사회에 많이 남아 있는 것이 현실이다.

이미 구미 선진국 등은 '서드 에이지'에 대한 사회적 관심이 폭발적으로 고조되어 있으며 정부와 사회기구, 개인들 간의 유기적인 협조체제 속에 많은 결실을 보고 있다. 분명한 점은 그들은 은퇴 이후 시기를 인생의 전성기라는 관점으로 보고 있다. 그 시기를 얼마나 제대로 활용하는가가 개인뿐 아니라 사회적으로 가장 중대한 과제라는 점을 제대로 인식하고 있는 것이다. 정부의 법률 제정, 복지 시스템 구축 노력과 옥스퍼드 대학교, 하버드 대학교 등 교육기관에서 운영하는 서드 에이지를 위해 특화된 강좌, 대기업들의 직업 전환과 자기계발 프로그램을 적극적으로 도입하는 등 각국의 사례를 보면서 배울 점은 무엇인지 생각해보겠다.

일본_ 초고령화 사회에 대비한 국가주도형 복지정책

일본 「아사히신문」(2010년 9월 19일)에 따르면 일본은 2010년 현재 65세 이상 인구가 2,944만 명으로 전체 인구의 23.1%를 차지하고 있는 세계 최고의 초고령 국가이다. 일본의 인구고령화 속도는 경이적인 수준으로 1970년의 7%에서 40년 만에 23%를 넘겼으며, 2013

년에는 25.2%, 2035년에는 33.7%, 2055년에는 40.5%에 달할 것으로 예측하고 있다. 거기에 더해서 일본은 건강수명이 유례없이 긴 나라로 남성 72.3세, 여성 77.7세로 세계 최고이다. 그래서 노인문제는 일본에서 매우 중요한 사회적 이슈이다.

그러나 한국처럼 심각한 수준은 아니다. 그 이유는 사회적 안전망이 제대로 작동하기 때문이기도 하지만 무엇보다도 개인들의 의식 수준 영향이 크다. 건강한 노년기가 길기 때문이기도 하지만 일본인들은 60대를 일과 지역 활동에서 은퇴하는 시기로 보지 않는다. 60~64세 구간의 남성 취업률은 68.8%, 여성 취업률은 42.3%이고, 65~69세 연령군은 남성 취업률이 49.5%, 여성 취업률이 28.5%인 것을 보면 그들이 얼마나 직업에 적극적인지 알 수 있다. 또한 노인의 54.8%가 각종 클럽 활동에 참여하고 있으며, 각종 학습활동에 참여하고 있는 고령자는 21.4%에 달한다.

이런 개인적인 적극성을 바탕으로 일본 특유의 국가 주도형 복지정책이 효과를 발휘하여 급격한 노령화에 대해 선제적인 대응이 가능했다. 일본은 이미 1989년에 고령자 보건복지 추진 10개년 전략(골드플랜)을 책정했고, 1994년의 신골드플랜을 수립한 바 있으며, 1995년에 고령사회대책기본법을 제정해 정책집행의 행정적인 기반을 마련해두었다. 또한 2000년부터는 개호보험을 독일에 이어 두 번째로 시행하고 있다. 일본은 특히 평생교육제도가 잘 정착되어 있으며, 다양한 사회 참여 프로그램과 생산적인 활동의 길도 다양하게 열려 있는 등 한발 앞선 기반이 갖추어져 있다.

미국_ 풍요로운 노인세대와 체계적인 노후 복지 프로그램

역사적으로 노인세대가 가장 풍요로운 미국의 경우는 양상이 약간 다르다. 미국 인구조사국 자료에 따르면 2009년 말 65세 이상 인구 비율은 12.9%인 3,960만 명에 이르며 2050년에는 20.9%를 차지할 것으로 예상된다. 2007년 기준 노인 인구의 약 76%가 고등학교 졸업 이상의 학력을 가지고 있으며, 빈곤선 이하의 비율이 9%에 불과하며 고소득층이 약 29%에 달하고 있다. 개인도 풍요롭지만 중앙정부와 주정부, 대학, 전국노인위원회, 은퇴자협회, 지역사회의 복지제도, 교육, 취업 프로그램 등이 매우 유기적으로 작동하고 있다.

노인복지법, 연령차별금지법, 직업훈련협력법, 인력투자법 등의 법률적 뒷받침과 401k로 알려진 안정적인 연금지급 프로그램 그리고 노인 고용 프로그램 등에 힘입어 미국의 서드 에이지는 사회적으로나 재정적으로 매우 안정적인 상태이며 여가, 봉사활동, 자기계발 등 다양한 활동을 보여주고 있다. 아직 초고령화 사회로 접어들지 않았지만 미국의 체계적이고 다양한 노후 복지 프로그램과 여유 있는 노년층의 모습은 많은 국가의 부러움을 사고 있다.

영국_ 고용 중심의 노인 정책

영국은 1960년대부터 고령화 사회로 접어들었다. 낮은 출산율과 사망률을 다른 나라에 앞서 경험하였고, 1970년대 이후 상당 기간 경기 침체를 경험했다. 그 결과 노인문제에 대한 매우 독특한 컨센

서스가 형성되었다. 개인 책임에 대한 강조와 시장경제 원리 적용 등 국가의 역할을 최소화하고 개인과 민간 차원의 해법에 집중하는 양상을 보이고 있다. 다시 말해 시혜적 복지가 아닌 '고용 중심의 노인정책'이 정책의 주된 기조라 할 수 있다.

영국은 2011년 1월, 10월부터 정년퇴직 규정을 전격 폐지하겠다고 발표했다. 보수당과 자유민주당의 연립정부가 총선 공약에 따라 현행 65세 된 직원을 강제 퇴직시킬 수 있는 정년퇴직 규정을 완전히 폐지한다고 확인한 것이다. 에드 데이비 고용관계부 장관은 "시대에 뒤떨어진 연령 차별을 없앨 때가 됐다"라고 설명했다. 정부는 정년퇴직 규정이 사라지면 근로인구가 증가하여 경제 활성화에 도움이 될 것이며 연금재정 부담을 대폭 줄일 수 있을 것으로 내다보고 있다. 영국 정부는 정년퇴직 규정 폐지와 함께 연금 수급 연령을 66세로 늦추는 방안도 추진 중이다.

영국은 연령차별금지법 등 노인고용 증진정책으로 65세 이후에도 계속적으로 일할 수 있는 기반을 조성하고 있으며, 오래 일하는 사람들에게 연금 지급에서 인센티브를 주고 있으며 적절한 교육과 취업지원 프로그램이 준비되어 있다. 무엇보다 노인들의 경험과 지식이 사장되지 않도록 하고, 그들의 잠재력과 가치를 끌어내며 학습과 노동의 즐거움을 지속적으로 느끼게 한다는 점에서 배울 점이 많다고 본다. 고용, 배움, 자원봉사 활동을 통한 지역사회 발전과 세대 통합을 유도하는 영국의 노후 생활 대책의 핵심 키워드가 자조(self-help)의 정신임은 깊이 되새겨볼 부분이다.

이와 같이 세계 각국에서 서드 에이지를 유익하게 보내기 위한 다양한 시도가 이루어지고 있다. 우리나라는 선진국에 비해 많이 부족하다. 하지만 정부나 지자체 혹은 사회기관만 쳐다본다고 그런 변화가 이루어지는 것은 아니다. 우선 각 개인의 인식 전환에서 출발해야 한다. 결코 물러서지 않아야 한다. 사회의 당당한 일원이자 무한한 잠재력을 가진 인적 자원으로서 자긍심을 가져야 한다. '서드 에이지'나 '황금기'라는 단어 자체보다 각 개인이 죽는 순간까지 삶에 최선을 다하는 자세를 잃지 않는 것이 중요하다. 그런 태도를 가진 사람들이 적극적으로 사회에 참여하고 다양한 목소리를 내면서 제도가 만들어지고 사회 저변의 인식이 변하는 것이다.

은퇴를 뜻하는 영어 단어인 'retire'는 '은둔생활로 들어가다'라는 프랑스어 'retirer'에서 유래됐다고 한다. 이제는 다르게 해석해야 한다. 새로운 여행에 들어가기 위해 새 타이어로 바꾸는 're-tire'의 시기로 받아들여야 한다. 노병은 죽지도 사라지지도 않는다. 단지 나이가 들었다는 이유로 무기력한 존재로 만들어버리는 사회는 그들의 경륜과 지혜도 함께 잃는 것이며 그런 허약한 토대에서의 발전은 모래 위에 짓는 집일 뿐이다

인생의 황금기를 준비하자

인생은 상승곡선을 그리다가 정점을 찍고 긴 하락기를 경험하다 마침내 사라지는 2차원 곡선이 아니다. 다음에서 제시하는 심리 커브 그래프를 본 적이 있을 것이다. 평범한 개인의 수입 곡선이자 심리적 곡선이다. 이런 곡선이 사람을 부정하고 우울하게 만든다. 수입이 삶의 가치를 증명하는 수단이 아니며, 인간의 삶을 중간에 꺾어지게 표현할 이유는 어디에도 없다. 변화에 적응할 줄 아는 인간은 삶에서 도전과 응전의 수많은 과정 속에 성장하고 배워가는 것이다. 죽음에 이르는 순간만이 그러한 과정이 끝나는 시기일 뿐이다.

우리의 삶은 〈그림 1-7〉 상단의 곡선같이 어떤 한 가지의 경험이 '준비-성장-성숙-쇠퇴기'를 맞으며 다시 새로운 경험이 시작되는 과정이다. 우리는 그렇게 살아왔다. 모든 사물이 진화하듯이 우리의 정신도 진화한다. 중요한 문제는 현재 겪고 있는 경험(직업, 사회활동, 관

그림 1-7 **심리 커브 그래프**

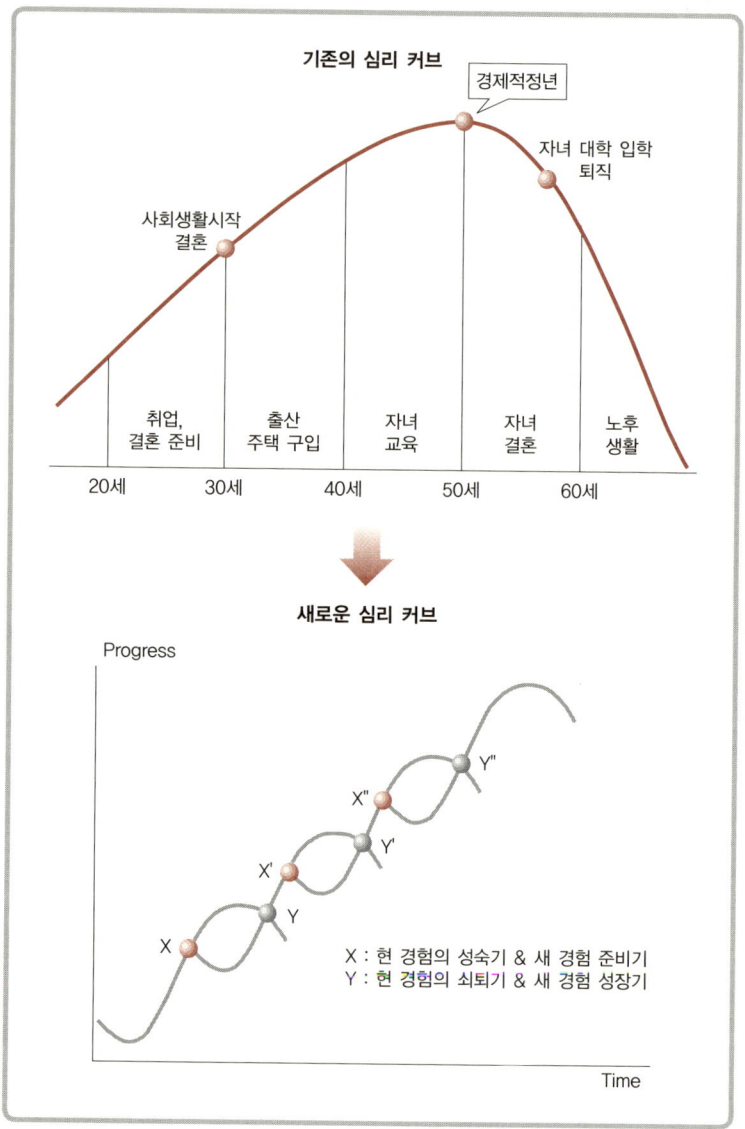

계 등)이 쇠퇴하기 전에, 즉 성숙기에 새로운 경험에 대해 열린 마음으로 대하는 것이다. 좋은 관계도 시간의 흐름 속에 퇴색할 수 있으며, 당신이 알고 있는 새로운 지식도 얼마의 시간이 지나면 낡게 마련이다. 스스로 기존의 심리 커브에 맞추어 직업과 삶을 생각하기에 괴로운 것이다.

후반전을 인생의 황금기로 만들기 위해서는

이제부터 새로운 심리 커브를 당신의 커리어에 적용시켜보자. 현재의 커리어가 성숙기에 접어들었다면 그동안 축적한 경험과 전문지식을 이용해 타 분야로 나가거나 새로 시작할 수 있다. 혹은 취미활동을 직업으로 확장시키는 방법도 가능하다. 새롭게 시작한 직업으로 인해 초기에는 잠시 어려움을 겪을 수 있다. 그러나 열심히 노력하면 곧 정상궤도에 올라설 수 있다. 직업적 영역이 끝없이 진보하듯, 당신의 마음도 거듭 새로 태어나도록 만들 수 있다.

우리는 앞서 인생 후반의 귀하고 가치 있는 시간을 어둡고 부정적으로 만드는 사회적 편견, 제도적 허점, 의식의 몰이해를 살펴보았다. 그리고 후반부의 삶이 황금기가 될 수밖에 없는 이유를 알게 되었다. 이제 다음에서 제시하는 네 가지의 중요한 명제들을 마음 깊이 되새겨두자.

첫째, 노인을 위한 나라는 없지만 나이를 초월하여 공존하는 사회는 만들 수 있다. 성별, 인종, 종교, 장애 등에 의한 편견과 차별이 사라지듯 나이에 따른 오해와 차별이 사라지는 사회는 바로 당신의 마음에서 시작되어야 한다. 지금부터라도 나이 든 사람들을 바라보는 시각을 바꿔야 한다. 그들의 마음속에도 불같은 열정과 젊음이 잠자고 있으며, 십대의 순수함이 가득하다. 그리고 나이로 차별하는 세상에 대해 비관하기보다는 스스로 더 깊은 지혜와 경험을 갖춰 세상에 더욱 당당하게 나서자.

둘째, 은퇴에 대한 관점을 수정해야 한다. 사회의 구조가 본인의 뜻과는 다르게 은퇴를 강요하지만 은퇴하지 말자. 현재의 경력을 떠날 수는 있지만 일을 떠나지는 말자. 은퇴한 뒤의 무료하고 무기력한 삶을 목표로 삼지 않아야 한다. 당신은 그다지 생산적이지 않은 레저 생활만 하며 긴 인생을 살기에는 지나치게 젊고 능력이 많다.

셋째, 평균수명, 은퇴, 출산, 고령화 사회 등의 통계를 새로운 시각으로 보자. 평균수명 증가나 출산율 저하가 세기적 재앙인 것처럼 떠드는 매스컴은 무시하자. 향후 베이비부머 은퇴로 경제가 큰 폭으로 침체하리라는 전망도 무시하자. 경제를 주름지게 하는 근본 원인은 과잉 소비 습관과 무분별한 신용 남발, 토목건설 경기에 의존하는 경제구조들이다. 결코 우리 인간의 진보가 짐이 될 수 없다.

넷째, 이제 인생의 황금기를 충분히 가치 있게 살 준비를 해야 한다.

뒤에서 구체적으로 전략을 살펴보겠지만 힘든 문제가 아니다. 먼저 후반전 인생에 대한 시각을 바꾸고 적절한 전략과 방법론을 이용한다면 충분히 훌륭하게 해낼 수 있다. 당신의 황금기는 일과 일상생활이 조화를 이루며 깊은 성찰과 깨달음을 갖는 시간이며, 당신이 사회에 더욱 가치 있는 기여를 하게 되는 기간이 될 것이다. 그런 과정을 거치며 삶은 더욱 성숙하게 되고 마침내 죽음이라는 아름다운 열매로 떨어짐으로써 완전한 삶이 완성되는 것이다.

목적지를 다시 생각해보자

만일 새로운 시작이 가능한 충분한 시간이 주어진다면 대단한 일이다. 이따금씩 "다시 10년 전 혹은 20년 전 그때로 돌아간다면 ○○를 했을 텐데······"라는 생각을 해본 적이 있다면 더욱 그럴 것이다. 당신에게 그때만큼 아니 그 이상의 시간과 기회가 주어진 것이다. 이제 새로운 인생에 대한 큰 그림을 그릴 순간이다. 과거 청소년기에는 경험과 철학이 부족해서 어수룩한 판단과 결정을 내렸겠지만 이제는 제대로 된 판단을 내릴 만큼 충분한 경험이 쌓여 있으므로 더 좋은 조건이기도 하다.

앞으로 당신은 과거와는 달리 큰 시행착오 없이도 좋은 열매를 만들어내게 될 것이다. 만들어내는 결과물들은 더욱 완성도가 있을 것이고, 당신의 성취는 더욱 빛을 발할 것이다. 젊은 시절의 당신이 만든 작품에서는 느낄 수 없는 깊이와 심오함이 담길 것이다. 흥미롭지 않은가? 그래서 당신은 이제 진지하게 앞으로의 여행을 계획해야만 한다.

여행을 할 때 무엇부터 챙기는가? 먹을 것부터? 물론 중요하다. 그런데 그보다 우선해서 준비할 것이 목적지이다. 어디로 갈 것인가를 정해야 된다. 제2의 인생이 주어진 지금 어린 시절 생각 없이 받아든 것과는 다른 느낌으로 새로운 삶을 받아들여야 한다. 그리고 진지하게 목적지를 생각해봐야 한다. 즉 이제부터 '인생의 목적을 어디에 둘 것인가!'를 정해야 한다.

진지하게 고민해본 적이 없다면 아직 서두르지 말자. 사람마다 조금씩 다르겠지만 인생 후반의 새로운 여행 기간은 거의 40년 이상이 될 것이다. 부담스럽게 생각하지 말자. 앞에서 말했지만 선물로 받아들이자. 그 40년 동안 얼마나 많은 일들을 이룰 수 있겠는가? 아니 일부러 성취를 향해 질주하지 않더라도 당신으로 인해 세상에 수많은 긍정적인 결과들이 만들어질 것이다.

그런데 중요한 점은 후반전의 여행은 전반과는 확실히 다르다는 것이다. 목적도 다르고 규칙도 다를 것이며, 무엇보다도 어수룩한 청소년의 상태로 출발하는 것이 아니라는 사실이다. 다시 말해 이번 여행은 잘만 준비한다면 이전 여행과는 확실히 차별화된 성숙함과 보람, 행복감을 느낄 수 있다. 세상이 너무 빠르게 변해 몇 년 앞도 예측하기 어려운데 어떻게 40년짜리 계획을 세울 수 있을지 의문이 들 수 있다. 하지만 충분히 가능하다. 처음에 중심축만 제대로 잡으면 우리는 여러 개의 작은 바퀴를 회전시키는 여행을 하게 될 것이기 때문이다.

우리는 그 바퀴를 이용하여 좀 더 수월하게 여행을 진행할 수 있다.

포기하지 않는 한 게임은 끝나지 않는다

나는 계속해서 늦지 않았다고 말하고 있다. 40대라면 매우 빠른 것이고, 50~60대라 해도 전혀 늦지 않았다. 만약 30대라면 인생의 후반에 들어서자마자 엄청난 성취를 이룰 수 있을 것이라고 장담한다. 그런 혜안과 통찰력을 가진 사람의 잠재력은 어마어마하다. 길어진 인생 시계와 개인의 능력치 향상 때문이다. 혹시 70~80대라도 결코 늦지 않았다. 야구는 9회 말부터라고 하듯이 90대에도 얼마든지 끝내기 만루 홈런을 날릴 수 있다. 인생이든 스포츠이든 포기하는 순간 경기는 끝나는 것이다. 포기한 뒤의 경기는 그저 시간 죽이기에 지나지 않고 바라보는 관중들에게는 지루한 시간이다. Never give up!

윈스턴 처칠이 인생 후반에 옥스퍼드 대학교로부터 졸업식 축사 요청을 받게 되었다. 전국에서 수천 명의 인파가 처칠의 명연설을 듣기 위해 몰려들었다. 마침내 처칠이 자리에서 일어나 단상에 나아간 뒤 그는 이렇게 말한 후 자리로 돌아가 앉았다.

"Never, Never, Never, Never give up!"

우리말로 옮기면 "절대로, 절대로, 절대로, 절대로 포기하지 마십시오"라는 뜻이다. 사람들은 놀랐지만 처칠에게 이보다 더 중요한 말은 없었다. 포기하지 않는 것이 그의 인생 주제였기 때문이다. 2차

세계대전에서 독일 전투기들이 밤낮으로 런던을 맹폭격할 때 처칠의 주변 사람들이 그에게 항복을 권유했다. 독일이 이기게 되어 있는 전쟁이고 더 큰 희생을 막자는 주장이었다. 그날 처칠은 하늘의 폭격기들을 향해 주먹을 휘두르며 고함을 쳤다고 한다. "너희들은 나를 이길 수 없어. 나는 절대로 포기하지 않아. 절대로, 절대로, 절대로!"

인간의 본성 중에는 언제든 포기할 구실을 찾는 속성이 있다. 또한 인간은 스스로 한계점을 설정하고 싶어 한다. 한계를 그어놓아야 달성이 쉽기도 하고 달성을 못해도 부담이 적기 때문이다. 그러나 결코 자신의 능력에 한계를 긋지 않기를 바란다. 아직 게임이 한창이고 엄청난 스코어를 만들어낼 수 있는 능력이 충분하기 때문이다. 어떤 순간이 오더라도 포기하지 말아야 한다. 무한한 가능성을 가진 후반전이 우리를 기다리고 있다. 우리가 할 일은 준비하고 결연하게 발걸음을 떼는 것이다. '어떤 위대한 모험이라도 한 발짝에서 시작된다'라는 격언처럼 위대한 후반 여정은 이제 시작되었다.

2장

3억으로
충분하다

앨리스가 물었다.
"내가 여기서 어느 길로 가야 하는지 가르쳐줄래?"
고양이가 대답했다.
"그건 네가 어디로 가고 싶은가에 달려 있어."
"어딜 가고 싶은지는 아직 생각해보지 않았는데…."
고양이가 말했다.
"그렇다면 어느 쪽으로 가든 문제가 되겠어?"
— 루이스 캐럴, 『이상한 나라의 앨리스』 중에서

모든 문제는
마음에서 비롯된다

모든 과제들이 결국 마음가짐에서 출발한다. 따라서 나이와 건강, 돈과 일, 삶의 질 등 모든 주제들이 어떤 태도를 지니고 있는가에 좌우된다. 스스로 젊게 살면 늙지 않는 것이고, 소유에 대한 집착을 정리하면 경제적 자유를 얻는 것이며, 평생 일하겠다고 마음먹으면 노후에 대한 불안감도 없어진다.

화엄경에서 '일체유심조(一切唯心造)'라 하지 않았는가. 모든 것이 마음에서 비롯된다. 부정적으로 보면 세상이 한없이 힘들게 보이고 긍정의 눈으로 보면 곳곳에 희망의 싹들이 보인다. 노후도 불안한 눈으로 바라보면 조바심이 나고 마음에 그늘이 지는 법이다. 그렇다. 삶에서 가장 중요한 것이 '태도'가 아니겠는가? 후반부의 삶에서 벌어질 다양한 문제들에 대해서 어떤 마음가짐으로 대할 것인가에 따라 미래의 모습이 결정될 것이다. 공감하는가?

새로운 도전에 첫발을 내딛어야 한다

선택은 당신에게 달려 있다. 우리에게 부여된 잠재력을 감사의 마음으로 받아들이고 그것을 최대한 활용해야 한다. 만약 전반의 삶에 불만이 있다면 그것은 나의 능력이 부족했기 때문이 아니라 충분한 능력을 가지고 있음에도 잘못된 길로 접어들었기 때문이다. 그리고 이제 비로소 새로운 출발선에 서게 되었다. 지금까지와 같은 방식, 혹은 남들이 걷는 방식으로 살아갈 수도 있고 다른 원칙으로 살아갈 수도 있다. 그 선택이 당신의 몫이다.

새로운 길은 항상 설렘과 함께 두려움을 느끼게 한다. 두려움은 당신을 감옥에 가두고, 희망은 당신에게 자유를 줄 것이다(Fear can set you prisoner, Hope can set you free). 자신에 대한 강한 믿음이 희망을 만든다. 두려움을 떨쳐내야 한다. 믿음을 가지고 새로운 도전에 첫발을 내딛어야 한다. 삶의 마지막 순간 사람들은 시도해서 실패했던 일보다 시도해보지 못하고 놓쳐버린 일을 후회한다. 그러니 시도하자. 오히려 위험을 예상해 머뭇거리다가 결국 아무것도 해보지 못하고 떠나는 그때를 두려워하자. 다치는 것을 두려워하지 말고 고통 없는 수확만 기다리다 아무것도 이루지 못함을 두려워하자. 사랑의 아픔이 두려워 평생 꿈만 꾸며 살지 말자. 사람과의 관계가 주는 고통이 두렵다고 산속으로 숨지 말자.

마음먹기 나름이다

전반부의 삶이 어떠했든 후반부의 삶은 새로운 삶이다. 살아오면서 많은 실패를 경험했는가? 바로 그 실패가 당신을 일상에 안주하지 않고 열정을 품고 살아가게 만든 힘이다. 고통 받는 일이 있는가? 그 고통이 삶 속에서 얻는 작은 기쁨을 더욱 가치 있게 만들고, 적지 않은 손해를 경험했다면 그 손해가 더 큰 피해를 막아준다. 시련은 나를 더욱 강하게 만들어준다. 고독을 겪은 사람이 타인의 외로움을 보듬을 줄 안다.

후반부의 삶에도 역시 전반부와 마찬가지로 많은 굴곡과 혼돈이 있을 것이다. 아무리 계획을 잘 세워도 물 흐르듯 흘러가지 않을 것이다. 실패와 역경이 따를 것이고, 사람으로부터 상처를 받고 피해를 보기도 할 것이다. 역시 만만치 않은 삶이 펼쳐질 것이다. 그것이 삶이고 살아 있다는 증거다. 즉 마음먹기 나름이다. 삶의 한 과정이며 깨달음을 얻기 위한 공부라 생각하면 이겨내지 못할 어려움은 없다.

자신과 약속해야 한다. 어떤 순간이 와도 절대 포기하지 않겠다고. 포기하는 순간이 게임이 끝나는 시간이다. 포기하지 않는 한 게임은 계속된다. 아직 당신의 게임은 중반 정도밖에 안 되었다. 그리고 게임의 시간은 중요하지 않다. 스톱워치를 볼 필요도 없다. 그저 지금 이 순간의 게임에만 최선을 다하면 된다. 당신은 후반부의 삶을 성공적으로 만들 수 있다는 확고한 의지와 믿음을 가지고 있는가?

재무상태와 현금흐름을
파악하라

　　재정 상태를 파악하는 것은 여행으로 따지면 출발점을 아는 것이다. 내비게이션을 켰을 때 가장 먼저 실행되는 것이 현재의 위치를 정확히 파악하는 일이다. 지도 한 장 달랑 들고 사막의 어느 곳엔가 서 있다면 어느 방향으로 갈 것인가 생각하기에 앞서 내가 어디에 있는가부터 정확히 알아야 움직일 수가 있다.

　그런데 의외로 많은 사람들이 자신의 재정 상태에 관해 잘 모른다. 머리에 담아두기에는 너무 많은 자산이 다양한 수단으로 나누어져 있기 때문일 수도 있고 혹은 생각하는 게 귀찮기 때문일 수도 있다. 보유한 부동산의 가치와 가입한 보험의 자산 가치는 모를 수 있지만 예금과 적금의 현황을 몰라서는 안 된다. 사실 열 개에 가까운 보험, 대여섯 개의 예금통장과 신용카드, 서너 개의 펀드와 연금 등을 전부 기억하기는 쉽지 않다. 너무 많은 거래를 하고 있지만 일상에 쫓기다 보니 제대로 챙길 시간도 없었을 것이다.

효과적으로 자산관리를 하려면 단순화하고 기록해야 한다. 그렇지 않으면 재정적 상황이 혼란스럽고 정리가 안 되며 흘리는 것이 많아지는 법이다. 삶을 단순화하기에 앞서서 나의 재정 상황부터 정확히 알아야 한다.

재무상태표를 진실하게 작성한다

기업의 재무제표를 보면 누구든지 한눈에 쉽게 특정 시점의 재무상태를 이해할 수 있다. 개인의 재무상태표도 기업의 그것과 크게 다르지 않다. 개인의 재무상태표를 만드는 데 너무 두려움을 가질 필요는 없다. 회계에 능숙한 사람은 사실 몇 안 된다. 수학에 두려움을 가지는 것은 매우 정상적인 현상이다(그렇다고 수학을 좋아하는 사람들이 이상하다는 것은 아니다). 편안한 마음으로 재무상태표를 간단히 만들어보자.

〈표 2-1〉이 너무 복잡한가? 그렇다면 무시해도 된다. 정형화된 재무상태표가 반드시 필요한 것은 아니다. 나의 자산 상태를 점검해본다는 사실이 중요하다. 그냥 수첩 한쪽에 현재의 자산 평가총액과 부채총액을 기록해보는 것도 의미가 있다. 첫해의 자산 상태를 기록하는 수고를 한 번만 해두면 다음해에 기록할 때는 좀 더 수월해진다.

억지로 천 원 단위까지 맞출 필요도 없다. 내가 가진 자산총액과 부채총액을 1년에 한 번이라도 기록해본다는 것이 중요하다. 그리고

표 2-1 **재무상태표(개인)**

	당기	전기
자산	xxxxx	xxxxx
현금 및 예금	xxxx	xxxx
현금	xxx	xxx
단기예금, MMF, CMA	xxx	xxx
투자자산	xxxx	xxxx
장기예금, 주식, 펀드 평가액	xxx	xxx
장기대여금	xxx	xxx
전세금	xxx	xxx
부동산	xxxx	xxxx
토지, 건물, 회원권, 투자용주택 평가액	xxx	xxx
자택	xxx	xxx
동산	xxxx	xxxx
차량, 장비	xxx	xxx
골동품, 서화	xxx	xxx
보험	xxxx	xxxx
보험평가금액(해약환급금)	xxx	xxx
부채	xxxx	xxxx
마이너스대출, 카드론, 자동차론	xxx	xxx
담보대출, 차입금, 약관대출	xxx	xxx
전세금	xxx	xxx
순자산(자산-부채)	xxxx	xxxx
기초자산(자본금)	xxx	xxx
잉여금	xxx	xxx

후반전의 삶을 출발하기에 앞서 나의 준비 상태를 확인해보는 것이 의미 있다. 재무상태표에서 중요한 점은 항목이 아니라 나의 자산 전체가 기록되어 있는가 하는 점이다.

이때 중요한 것은 자신만 보는 표이므로 진실해야 한다. 도저히 받을 가망이 없는 대여금(예를 들어 수년 전 친구에게 빌려준 돈)은 자산 항목에 기록하지 않아야 한다. 그리고 당장 현금화가 불가능한 부동산이나 골동품 역시 자산이 아니다. 비싸게 산 주식이라도 평가시점에 많이 하락했다면 정직하게 그 금액을 적어야 한다. 물론 기분이 내키지 않을 것이다. 가능한 한 자산은 부풀리고 부채는 축소하고 싶은 것이 인지상정이지만 그런 유혹을 참아내야 한다. 기업에서 분식회계를 하는 본질 역시 그런 심리의 반영이다. 1년 후 자산이 얼마나 증가했는지에 대해서도 너무 신경 쓰지 않도록 한다. 자산을 무리하게 증가시키려는 행동을 제어하는 것도 재무상태 기록의 목적이다.

그러면 재무상태표상에 순자산이 어느 정도 있어야 후반전의 삶을 살아가는 데 적절하다 할 수 있을까? 뒤에서 자세히 근거를 제시하겠지만 3억 원 정도라면 후반의 생활을 하는 데 어려움이 없다. 차차 그 이유를 알게 될 것이다.

현금흐름표로 씀씀이를 파악한다

재무상태표가 어느 특정 시점의 재정 상태를 말해준다면 현금흐름표는 일정 기간 동안의 현금이 들어오고 나간 상황을 보여준다. 용돈기입장이나 가계부도 현금흐름표라 할 수 있다. 현금흐름표는 자신의 수입 지출 규모에 대해 대략적인 감을 잡기 위해서 기록한다.

그런데 요즘의 현실은 현금흐름표를 활용하기 힘든 지출구조가 되어버렸다. 신용카드 때문에 이번 달에 쓴 금액이 다음 달 지출로 잡히는 문제가 생기고, 할부제도 때문에 특정 시점에 지출 금액을 측정하기도 어렵기 때문이다. 신용카드로 물건을 구입하면 실제로

표 2-2 **현금흐름표**

	당기	전기
수입	xxxx	xxxx
급여,사업소득	xxx	xxx
배당금,이자수익,임대수익	xxx	xxx
저축,투자금 인출액	xxx	xxx
이전소득(개인,가계간 이전)	xxx	xxx
지출	xxxx	xxxx
고정지출	xxx	xxx
주택대출 원리금 상환	xxx	xxx
자동차 할부금	xxx	xxx
보험료,세금	xxx	xxx
변동지출	xxx	xxx
의식주,담배,가사서비스	xxx	xxx
보건	xxx	xxx
교통,통신,음식,숙박	xxx	xxx
오락,문화	xxx	xxx
교육	xxx	xxx
기타상품, 서비스, 이미용, 보험	xxx	xxx
비소비지출(조세,가구간이전,이자)	xxx	xxx
저축과 투자액 (수입-지출)	xxxx	xxxx

는 그달에 아무런 현금지출이 일어나지 않는다. 지출에 둔감하도록 만들기 위한 금융사들의 음모라는 생각이 든다. 사실 인생 전반부에 이미 신용카드와 대출과 할부구매로 충분히 고통을 받아보았으니 후반부의 삶에서는 이런 행동은 그만두어야 하지 않을까.

    현금이나 직불카드를 사용하면 해당 월의 지출내역을 정확하게 측정할 수 있다. 어떻게 하든 지출 규모가 눈에 들어와야 한다. 그렇게 되지 않으면 후반부의 삶도 전반과 마찬가지로 불안감이 가득한 날들이 계속될 것이다. 현금흐름표를 통해 개인의 소비와 저축 패턴, 가치관이 나타나며 재정 건전성을 파악할 수 있다. 만약 계속해서 수입보다 지출이 초과된 구조를 가지고 있다면 자산 감소가 일어날 것이고, 가계경제가 위험에 빠질 여지가 있다.

현금흐름표를 기록하는 방법은 생각보다 간단하다. 가계부에 월 단위 수입과 1일 단위 지출을 기록한다면 현금흐름표는 월 또는 분기나 연 단위의 수입과 지출을 기록한다.

현금흐름표를 기록하는 일이 번거롭고 귀찮으면 이 역시 무시해도 된다. 중요한 것은 내 돈이 어떻게 쓰이는지를 아는 것이다. 지출 흐름을 어느 정도 알고 있다면 복잡한 표는 필요 없다. 그러나 안정적이고 예측 가능한 재정 운영을 위해서는 어떤 식으로든 기록이 필요하다. 재무상태표와 현금흐름표는 개인의 재정적 강점과 약점을 알게 해주며, 재무 상황을 호전시키기 위해 어느 부분에 초점을 맞추어야 할 것인지 전략을 세우는 데 참고가 되기 때문이다.

후반부의 삶에 적용할 자금 계획을 세울 때 필요할 뿐만 아니라 나의 상태를 정확히 이해함으로써 새로운 출발의 동력이 될 것이다. 현금흐름표를 만들어두면 대략적인 수입과 지출에 대한 예측이 가능하다.

은퇴 후 자금계획을 세웠는가

〈표 2-3〉은 연령별 도시가구의 가계수지 동향을 나타낸 것이다. 통계자료를 분석해보면 몇 가지 특징이 보인다.

첫째, 60세 이상의 소득과 지출 규모는 40대의 50% 수준이다. 둘째, 재산소득은 큰 변화가 없으며 이전소득(각종 사회보장, 사적 지원 등)이 증가한다. 셋째, 보건의료비는 변화가 없고 오락문화비와 교육비는 대폭 감소하며, 나머지 비용은 소득 하락에 비례해서 줄어든다. 저축액은 전체 가구가 월 499,856원으로 13.6% 수준이며 60세 이상은 349,546원, 15%로 오히려 저축률이 더 높아짐을 알 수 있다. 이제 표를 근거로 후반부의 현금흐름 계획을 예측해보자. 인생 후반부를 몇 세라고 보는가에 따라 다르겠지만, 60세 이상으로 보고 대략적으로 계산해보겠다. 50년간이라고는 했지만 이 책에서는 목표를 3년씩 끊어서 잡기로 했으니 현재 가치로 계산해도 무리가 없을 것이다.

표 2-3 2011. 1/4분기 가구주 연령별 가구당 월평균 가계수지(전국, 2인 이상)

가계수지항목별	2011 1/4 전체가구	가구주 연령별			
		39세 이하	40~49세	50~59세	60세 이상
가구원 수(명)	3.28	3.41	3.72	3.13	2.58
가구주 연령(세)	48.52	34.64	44.41	53.72	67.82
조사가구 분포(%)	100.00	26.58	31.69	21.74	19.99
경상소득(원)	3,675,807	3,821,122	4,208,843	3,960,096	2,328,151
근로, 사업소득(원)	3,298,674	3,503,235	3,906,331	3,672,892	1,656,095
재산소득(원)	18,628	8,878	13,467	21,866	36,255
이전소득(원)	358,505	309,010	289,045	265,338	635,801
가계지출(원)	3,175,951	3,171,745	3,786,861	3,391,335	1,978,605
1. 의·식·주 담배·가사서비스	877,151	891,853	948,099	884,120	737,531
2. 보건	159,662	157,860	155,021	172,645	155,294
3. 교통·통신·음식·숙박	692,041	728,707	780,047	779,728	408,358
4. 오락·문화	131,071	149,336	164,505	122,221	63,396
5. 교육	365,018	226,433	662,862	401,320	37,564
6. 기타 상품·서비스 (이미용, 보험)	214,432	298,759	206,161	205,252	125,393
7. 비소비지출 (조세,가구 간 이전, 이자)	736,576	718,798	870,166	826,050	451,070

자료: 통계청 사회통계국 복지통계과

수입과 지출 계획 수립

앞서 강조한 대로 60대에도 변함없이 일을 한다면 근로 또는 사업소득으로 수입의 50%를 만들 수 있다. 어떤 직종에 있더라도 노력하면 당신의 능력으로 필요한 수입의 50%는 만들어낼 수 있다. 개

표 2-4 **수입 규모에 따른 현금흐름 계획**
(단위: 만 원)

구분		비율	160만 원	240만 원	360만 원	480만 원
수입	근로·사업 소득	50%	80	120	180	240
	주택연금	17%	27	40	60	80
	국민연금	17%	27	40	60	80
	개인연금	17%	27	40	60	80
지출	의식주·생활비	85%	136	204	306	408
	저축	15%	24	36	54	72

인적으로 준비한 연금과 국민연금 및 투자, 임대소득 등으로 나머지 50%의 수입이 만들어진다.

예를 들어 당신이 미래 가계경제 규모를 매월 360만 원으로 계획을 세웠다고 가정하자. 대출이 없는 시가 2억 원짜리 내 집이 있다면 주택연금으로 월 60만 원 수입이 만들어진다. 국민연금으로 60만 원, 개인연금으로 60만 원의 정도의 매월 수입을 만들어 셋을 합치면 180만 원이다. 당신과 배우자가 일을 해서 버는 수입을 180만 원(각각 90만 원 수준)으로 보면 총수입은 360만 원이다. 그 수입으로 매월 306만 원을 사용하고 15%인 54만 원을 저축하는 것이다. 〈표 2-4〉를 근거로 당신의 후반부의 삶에서의 현금흐름표를 만들어보자.

가장 중요한 점은 지출을 제대로 통제하는 것이다. 불필요한 대출금을 정리하고 신용카드를 안 쓰는 등 주의 깊은 통제만이 건전한 삶을 가능하게 한다. 수입의 범위 내에서 쓰고, 수입 중 15%는 저축할 수 있도록 수지 구조를 구축해야 한다. 저축은 꿈을 위한 투자이다. 3년만 잘 모아도 세계여행을 다녀올 만큼 모일 것이다. 비상

예비자금용도로 예치한 예금이 소소한 이벤트로 줄어들 때도 이 저축액의 일부를 활용해서 채워두어야 한다. 결국 소득의 85% 수준에서 지출하되 각 항목별로 과도한 지출이 발생하지 않도록 균형감을 가지는 것이 안정적이고 돈에 얽매이지 않는 바람직한 후반부의 생활이 가능한 것이다.

3억 원이면
충분하다

앞에서 계산해보았지만 일정한 수입과 연금의 준비만으로 충분한 현금흐름이 가능하다. 그렇다면 적절한 자산의 규모는 어느 정도일까? 자산이 많으면 많을수록 좋을까? 아니면 살아가는 데 불편함이 없을 정도의 적절한 수준으로 소유하는 것이 좋을까? 이는 전적으로 개인의 철학이고 취향이다. 많이 가졌다고 탓할 이유는 없다. 또한 적게 소유함이 부끄러움도 아니다. 그러나 삶 속에서 어느 정도의 불편함이 존재하는 것을 자연스럽게 받아들이고, 소박한 소유가 주는 자유로움을 느낄 자세가 되어 있다면 적절한 자산 규모를 정하는 일은 그다지 어렵지 않다.

보통 보유하고 있는 자산의 형태는 앞서 재무상태표에서 기록한 대로 현금, 예금 등의 단기자금과 투자자산 그리고 부동산 및 동산, 보험 등으로 분류할 수 있다.

단기자금은 건드려서는 안 된다

먼저 현금과 단기예금에 대해 생각해보자. 이런 형태의 자금은 단기간 내에 발생할 특정한 용도로 활용하기 위해 보유하게 된다. 평상시보다 큰 규모로 발생하는 의료비, 주거나 차량 관련 수리비, 경조사 관련 비용, 여행 경비 등 일상적인 생활비와는 달리 계획하기 어려운 자금들이다. 이러한 용도로 보유하고 있어야 하는 규모는 어느 정도여야 할까? 매월 생활비의 3개월치 정도를 예치해두면 된다. 매월 생활비를 현재가치로 200만 원 정도로 예상한다면 600만 원 정도를 요구불예금, CMA나 MMF로 보유하고 있으면 되는 것이다. 만약 500만 원 수준의 생활비 규모라면 1,500만 원 내외이다. 이 정도 규모라면 보통 불규칙적으로 발생하는 이벤트에 적절하게 대처할 수 있다.

단기적인 예비자금 용도로 지나치게 많은 자금을 책정하지 말아야 하며, 평상시에는 이 자금에 절대 손을 대지 않겠다고 다짐해야 한다. 사람의 마음이란 생각보다 여려서 어느 날 가까운 사람이 힘들어할 때 도움을 준다고 쉽게 써버릴 수 있다. 또 갑자기 전자제품이 고장 나면 고쳐서 쓰기보다 새로운 제품으로 바꾸고 싶은 마음이 들 수도 있다. 혹은 가벼운 마음으로 주식에 투자할 수도 있다.

주의하지 않으면 이러저러한 이유로 자금이 사라질 여지가 크다. 사실 전반부의 삶에서 겪는 대부분의 경제적인 어려움은 어렵게 모은 현금을 지키지 못하는 데서 오는 것임을 기억하고 주의해야 한다.

의미 있는 투자자산은 무엇인가

투자자산은 수입을 발생시키는 자산만이 의미가 있다고 얘기했다. 아무리 고가의 주택에서 살고 있다 해도 수입이 발생되고 있지 않다면 심리적 만족만 줄 뿐 자산으로서의 가치는 없다. 그러나 주택연금이나 모기지론으로 활용한다면 자산 가치가 있다. 부부 모두 60세 이상 1가구 1주택이고, 시가 9억 원 이내이며 선순위 대출도 없고 연금 수령 기간 중 재건축·재개발 대상이 되지 않을 주택이라면 주택연금을 신청해서 현금흐름을 만들 수 있다. 예를 들어 시가 3억 원의 주택으로 매월 87만 원 수준의 수입이 가능하다.

주식도 배당금을 받을 수 있다면 의미 있는 자산이다. 작은 규모라도 토지를 가지고 있고 그 토지에서 먹을거리를 지속적으로 생산해낼 수 있다면 토지 또한 훌륭한 자산이다. 금액의 크기를 떠나 비용을 제하고도 플러스의 수입을 만들어내는 자산을 보유한다는 것은 기분 좋은 일이다.

자산 부분에서 중요한 문제는 대출 비중이 큰 자산을 보유하고 있을 때이다. 예를 들어 해당 부동산이 장기적으로 상승한다면 문제가 없겠지만 정체되거나 하락한다면 대출 원리금과 보유에 따른 비용, 감가상각 등으로 인해 훗날 부담으로 작용할 수 있다. 실제로 팔리지 않는 땅이나 주택을 보유하고 세금과 기타 비용으로 힘겨워하는 사람들이 많다.

만일 토지나 전답, 골동품 등 자녀에게 물려줄 재산을 가지고 있다면 잘 유지하기 바란다. 이것들을 현금화해서 살아 있는 동안 좋은 곳에 쓸 수 있다면 더욱 좋을 수 있다. 자산이 많은 것이 후반부의 삶에 얼마만큼 도움이 될지 혹은 짐이 될 것인지는 단정적으로 말할 수는 없다. 다만 후반부의 삶을 앞두고 소유에 대해 그리고 소유가 주는 집착에 대해 철학적인 고민을 해보는 것도 의미 있는 시간이다. 투자자산의 경제적 가치나 발생하는 수입보다 그 자산을 소유하는 목적에 대해 깊이 있게 생각해보자.

3억이면 가능하다

자산 3억 원이라는 의미는 온전한(대출이 없는) 내 소유의 시가 2억 원 수준의 한 채와 수입의 50% 내외를 만들어줄 연금자산 평가액 1억 원을 더해서 계산한 금액이다. 개인별로 다르겠지만 그 정도의 자산과 일정한 소득이 있다면 걱정할 일이 없다. 앞에서 계산한 대로 2억 원의 주택으로 60만 원의 주택연금을 받고, 연금자산 가치 1억(개인연금 60만 원, 국민연금 60만 원)의 수입, 그리고 일을 통해서 부부가 180만 원의 수입을 만들면 총수입은 360만 원이다. 이 정도면 매월 306만 원의 생활비를 쓰고 54만 원씩 저축하는 현금흐름이 만들어진다. 어떤가? 충분히 가능할 것 같다고 생각하지 않는가?

그렇지만 결코 돈이 행복을 만들어주는 것이 아니라는 점을 잊지 말아야 한다. 행복은 가진 것이 많을 때 오는가? 아니면 욕심을 줄였을 때 오는가?

'무소유'를 실천한 법정 스님을 따를 수는 없겠지만 후반부의 삶에서 소유에 대한 관점을 바꿔보면 어떨까? 전반부에 더 많은 것을 소유하려고 애써왔다면 후반부에는 소유한 것을 나누고 비우는 태도로 살아보는 것이다. 쉽지 않겠지만 도전해볼 만한 삶의 태도가 아닌가. 다음은 어느 사찰에서 읽은 글귀이다.

"욕심이 없으면 모든 것이 넉넉하고 구하는 바가 있으면 만사가 궁해지는 법이지."

투자와 일이
노후를 자유롭게 한다

대부분의 은퇴 관련 조언들은 평생 모은 돈을 잘 운용하여 노후에 필요한 자금으로 활용하는 방법에 집중한다. 50대 중반 혹은 60대까지 몇 억의 자금을 만들고 특정한 투자수단, 예컨대 금융상품이나 부동산 등에 투자하여 거기서 생기는 수익으로 놀면서 노후를 살아가라는 식이다. 물론 과거의 세대에게는 일정 정도 가능한 얘기였다. 투자 상품의 연간 수익률이 수십 퍼센트에 달했고, 은행 이자율도 10% 정도 되었으며, 노후의 생활비 규모가 그렇게 크지 않았기 때문이다. 생활비 규모로 보면 기대 생활 수준 자체가 높지 않아 아껴서 생활하면 그럭저럭 생활하는 데 문제가 없었다. 결정적으로는 노후생활 기간이 짧았기 때문에 가능했을 수도 있다.

그러나 어느새 생존 기간이 10~20년 이상 훌쩍 늘어났고, 생활 수준 자체도 높아졌으며, 이자율이 낮아졌기 때문에 필요한 규모의 소득을 만들어낸다는 문제가 그렇게 호락호락하지 않게 되었다. 충분한 퇴직금을 받을 만큼 긴 정년을 보장받기도 어렵지만 정작 퇴직금으로 생활 수준을 유지하기가 어려워진 것이다. 그래서 투자에 대한 관심도가 높아지고 때로는 무리한 투자도 감행하는 것이다. 투자를 통해 일정 규모의 자산소득을 만들어내는 문제는 후반부의 삶에서 매우 중요하며 동시에 상당한 주의가 필요한 주제이다.

2011년 8월 현재 금융기관의 정기예금 이자율은 은행 3.9~4.5%, 신협 4.5~5.0%, 저축은행 5.3~5.8% 수준이다. 안전한 은행에 1억 원을 정기예금으로 예치해두면 연간이자가 최대 450만 원이고, 이자소득세 15.4%(14%+주민세10%) 원천징수를 감안하면, 실제 손에 쥐는 금액은 연간 380만 원이다. 이를 월로 나누면 32만 원이다.

그렇다면 3억 원이란 금액을 예치해도 월 93만 원밖에 안 되니 터무니없다고 생각할 것이다. 더욱 큰 문제는 매년 물가인상률이 이자율 수준을 능가하니 실제로는 마이너스 자산 소득을 실현하고 있는 셈이다. 그런 문제를 해결하는 방법은 애초에 기초자산 규모를 키우거나, 수익률을 높이는 방법뿐일 텐데 거의 불가능한 문제이다. 정작 40~50대 들어 지출이 많아지면서 자산을 축적하기가 힘들고, 수익률을 높이기 위한 활동은 자칫하면 원금마저 위태롭게 만들 위험성이 있기 때문이다. 저축 혹은 자산소득만으로 노후를 준비한다는 것은 거의 불가능하다. 그러나 앞에서 여러 번 강조했듯 계속 일을 한다면 문제는 의외로 쉽게 풀리게 된다.

오른쪽 날개는 투자

이제 노후자금 마련에 대한 고민에서 벗어나자. 불가능해 보이는 규모의 자금을 마련하기 위해 초조해할 이유도 없고 위험한 투자를 불사할 필요도 없다. 적정한 수준의 소득을 만들어내는 데 성공한다면 과도하게 투자에 집중하거나 자산관리에 신경을 쓸 이유가 없다.

대출이 없는 자택을 활용한 주택연금과 두 가지의 연금자산이라는 간단한 구조의 자산만으로도 노후 준비의 한 축은 충분하다. 물론 경우에 따라 사업체, 부동산, 각종 투자자산과 동산 등이 복잡하게 연계된 투자 포트폴리오를 가지고 있는 사람도 있을 것이다. 주식, 부동산, 파생상품, 실물 등 여러 가지 투자 분야에 대한 평생에 걸친 철학을 세우는 문제는 뒤에서 좀 더 상세히 다루겠다. 다만 가능하다면 간접투자를 최대한 활용하여 돈 관리에 따른 정신적 부담과 위험을 덜기 바란다. 투자와 관련한 일에서 벗어남으로써 얻는 시간적 자유와 마음의 평화를 맘껏 누리는 것도 후반부의 삶에서는 매우 중요하다.

우리가 상식적으로 알고 있는 투자수단, 위험, 상속증여에 얽힌 속설들 가운데 대부분이 잘못된 가설에서 비롯된 것임을 깨닫게 되면 좀 더 의미 있는 자산관리 전략을 수립할 수 있다. 자산관리 전반의 원칙을 세우고 실천하는 일이 후반부의 삶에서 재정적 안정 상태를 좌우하는 가장 중요한 부분이 될 것이다. 노년을 자유롭게 해 줄 두 날개 가운데 오른쪽 날개가 투자이기 때문이다.

왼쪽 날개는 평생 일하기

어떤 형태의 직업을 유지하더라도 노후에 필요한 현금흐름의 상당부분을 만들어낼 수 있다. 그런데 일을 계속하려면 시장에서 받아들일 만한 경쟁력을 유지해야 한다. 어느 정도의 체력과 업무 수행능력을 갖추려는 노력이 필요하다. 또한 어떠한 일을 하며 제2의 인생을 살아갈 것인가를 결정하는 것도 필요하다. 스스로 평생 일하겠다고 다짐하면 소득창출의 두 날개 중 하나는 만들어진 것이다.

사람들은 자신의 경제적 가치를 과소평가하는 경향이 있다. 예를 들어 현재 매월 500만 원의 수입이 있는 사람이라면 앞으로 40년간 일한다고 보면 그 사람의 경제적 가치는 현재가치로 무려 24억 원에 달한다. 30대라면 앞으로 50년은 일할 것이고 수입이 이보다 높은 사람도 많을 테니 한 사람의 경제적 가치는 실로 어마어마한 것이다. 보통 은퇴 시점으로 잡는 55세부터 25년을 더 일한다고 생각해보자. 퇴직 시점의 연봉이 8,000만 원이라 보고 그 수준의 50% 정도의 낮은 급여 조건으로 근로를 연장해서 25년간 일한다는 것은 현재 시점에 10억 원의 자산을 보유한 것과 같다. 통상적으로 임금은 물가상승률만큼 오르기 때문에 인플레이션 걱정은 안 해도 된다.

10억 원의 현금을 준비하는 것과 은퇴하지 않고 일하는 것 중 어느 것이 쉽겠는가? 생각만 바꾸면 큰 자금을 준비하지 않고도 내 자신의 능력만으로도 충분한 경제적 기반을 만들 수 있다.

돈에 관한
잘못된 상식들

ㅣ　인생의 후반에서 자산관리에 대한 철학은 매우 중요하다. 특히 투자와 저축과 관련한 전략을 세울 때 어떤 원칙으로 접근하는가에 따라 전혀 다른 결과가 나온다. 우리가 흔히 알고 있는 재테크 상식, 기존의 재테크 지식과 방법으로 앞으로의 삶을 설계하는 것이 과연 효과가 있을까? 흔하게 듣는 재테크에 관한 대표적인 상식들을 다시 살펴보고, 그 속에 숨은 함정들을 인식하는 것은 전략 실천에 앞서 꼭 필요한 절차이다.

종자돈을 만들어야 한다?
전반부의 삶에서 많은 사람들이 종자돈을 만들고 잘 굴려서 목돈을 만들어가는 비결에 관심을 두었을 것이고, 실제로 실행해보았을 것이다. 보통 몇 천만 원 정도의 종자돈을 만들기 위해 월급과 보너스를 차곡차곡 모으는 노력을 기울이고 그 돈으로 집을 샀거나 투자를 했거나 사업에 도전했을 것이다. 그런데 그 종자돈이라는 것이 문제였다. 특정한 목표 때문이 아니고 투자를 하려면 일단 목돈이 있어야 한다니까 다들 구체적인 계획 없이 준비한다. 부동산 투자를 하려면 최소한 수천만 원은 있어야 시작할 수 있고 주식투자도 마찬가지고 사업을 시작하려 해도 마찬가지였기 때문이다.

이처럼 두루 활용할 용도로 투자원금을 만들고 자금이 조성되어 가는 시점에 활용할 곳을 찾는다. 모으는 기간은 길었으나 쓸 곳을 결정하는 기간은 짧아 쫓기듯 서둘러 판단을 내리면 결국 돌아오는 것은 잘못된 선택에 따른 뼈아픈 후회뿐이다. 그나마 아파트 등 부동산 가격이 계속 오를 때는 큰 고민 없이 내린 선택도 때로는 보상을 받았지만 이제는 상황이 달라졌다. 애써 만든 종자돈을 허무하게 날릴 수 있는 다양한 위험이 곳곳에 도사리고 있기 때문이다. 특히 후반부의 삶에서 자칫 인정에 휘말리거나 잘 알고 있다는 자만심에 목돈을 쉽게 잃는 사례도 적지 않아 종자돈이 근심의 씨앗이 될 수 있다.

후반부의 삶에서는 종자돈에 대한 애착을 버리기 바란다. 대신 목표자금을 만들어야 한다. 앞에서 3년 정도의 단기 재무목표에 대해 살펴보았듯이 돈을 모으는 목적은 투자원금을 만들기 위해서가 아니다. 나의 소중한 꿈을 위한 저축이어야 한다. 그리고 목표한 시점까지 모은 돈으로 그 꿈을 이루면 된다. 후반부에는 무리한 투자에 나서거나 감당할 수 없는 대출로 사업을 시작하지 않을 것이므로 종자돈이라는 개념은 필요 없다. 눈앞에 보이는 목표만이 있을 뿐이고 그 목표를 위한 저축만이 있을 뿐이다. 단기적 목표를 위해 저축하고 그 돈으로 멋있게 쓰는 것이 인생 후반부의 주요한 철학이다.

대출을 활용해서 투자하라?

대출이 전혀 없는 주택을 가지고 있는 사람은 거의 없을 것이다. 분양을 받으면 당연하게 대출을 받게 되고 제도적으로 허용하는 범위의 최대치를 대출금으로 활용하는 것이 보통이었다. 주식투자를 할 때도 증거금을 활용하여 최대한 매입해놓고 더 큰 수익을 노리게 된다. 레버리지(지렛대) 효과를 활용한 투자법은 거의 모든 재테크 서적에 빠짐없이 등장하는 조언이다. 물론 대출 이자율보다 부동산 가격 상승률이 더 높았을 때는 맞는 말이다.

주식투자에서 항상 수익을 낼 수 있다면 대출을 활용하는 것은 권할 만한 일이다. 그러나 세상이 변했고 사람들은 그런 거짓말에 속지 않을 만큼 똑똑해졌다. 특히 안정적인 재정 운영이 필요한 후반의 인생에 대출을 활용해서 투자에 나선다는 것은 매우 위험한 선택이다. 젊은 시절에는 실패를 해도 복구할 시간이 있었거나 도움을 줄 누군가가 있었겠지만, 나이가 들어 실수를 하면 복구도 어렵고 도움의 손길도 없다.

더군다나 대출을 해주는 금융기관은 행여나 이자를 제때 갚지 않으면 즉시 금융거래를 어렵게 만드는 몰인정한 기업이 아니던가? 대출을 유혹하는 많은 광고들 속에서 평정심을 유지해야 한다. 대출이 있다면 하루 빨리 갚기를 권한다. 빚은 암세포와 같아서 한번 퍼지기 시작하면 막기 어렵다. 후반부의 삶에서는 가능한 한 빚이 없도록 만들어야 하며, 빚이 있다면 가장 먼저 해결해야 한다.

장기투자하라?

복리효과를 충분히 누리기 위한 최적의 방법은 장기로 투자하는 것이다. 와인은 묵어야 제맛이고 돈도 오랜 기간 놔두어야 키워지는 것이다. 복리의 구조에 대해 알고 있는 사람이라면 이자에 이자가 붙어 증식되는 복리의 장점에 대하여 충분히 공감하고 있을 것이다. 그리고 지금까지 그러한 개념을 이용하여 많은 돈을 만든 사람도 있을 것이다.

장기투자의 효과에 대해서는 약간의 신화적인 믿음이 존재하는데, 자주 예를 드는 사례가 미국 맨해튼의 땅값이다. 맨해튼은 1626년에 단돈 24달러에 팔렸다. 당시 맨해튼에 거주하는 인디언들에게 네덜란드의 서인도 총독인 피터 미누이트가 24달러 상당의 물품을 주고 구입한 것이다. 그 거래로 누가 이익을 본 것인가? 그때 인디언이 받은 24달러를 복리로 투자했다면 어떤 결과가 나타났을지 계산해 보자. 월가의 전설적 투자자인 존 템플턴은 "24달러를 받은 인디언이 매년 8%의 복리수익률을 올렸다면 지금의 맨해튼을 모두 사고도 돈이 남을 것"이라고 말했다. 즉 24달러에 대해 매년 이자가 지급되고, 그 다음해에는 불어난 이자에 대해서도 이자를 지급하는 복리로 계산하면 385년이 지난 현재는 190조 달러(약 20경 원)라는 천문학적 금액으로 맨해튼을 통째로 살 수 있다. 미국 연방정부의 1년 예산이 2010년 기준 3조 8,000억 달러라는 사실을 고려하면 복리의 효과는 실로 어마어마한 것이다. 복리의 장점은 부동산이나 주식 혹은 금을 사둘 때도 자주 적용하는 개념이다.

이 논리는 어느 정도까지 맞는 말인가? 잘 생각하면 허점이 많고 특히 후반부의 삶에 적용하기에는 무리가 많은 주장이다. 우선 그렇게 장기 복리 투자할 수 있는 수단도 이자를 지급할 수 있는 주체도 없다. 300년 이상 문제없이 생존하는 기업이나 금융기관도 없고 국채도 휴지가 될 수 있다. 그렇게 긴 기간 동안 정해진 이자를 꼬박꼬박 줄 수 있는 투자수단은 지구상에 없다. 현재 비싼 우량주식이 몇 십 년 전에는 전혀 관심받는 주식이 아니었으며, 앞으로 어떻게 될지도 알 수 없다. 2000년 1월 미국 다우존스산업지수에 투자했다면 2010년에는 얼마의 수익이 났을까? 답은 -9.14%이다. 10년이 넘는 기간 동안 장기투자했음에도 원금조차 건지지 못한다.

지금 유망한 부동산도 시대의 흐름과 함께 변화를 겪게 된다. 땅값도 많은 사람들의 노력과 자본투자가 있기 때문에 그런 가치를 지니는 것이다. 그냥 놔둔다고 오르는 것이 아니며 부동산을 구입하고 방치해두면 오르지 않거나 가치가 떨어지게 되는 법이다. 또한 돈이란 돌아야 가치를 갖는 것인데 모든 사람이 이사를 쓰지 않고 계속 묶어둔다면 금융 시스템이 무너지게 된다.

　은행에 가서 가장 기간이 긴 복리예금 상품이 몇 년인지 알아보라. 대부분 3년이고 길어야 5년이며 이자율도 단리상품보다 낮게 책정되어 있다. 복리 효과를 체감하려면 투자기간이 10년 이상이 되어야 하고 수익률(이자율)이 10% 이상이어야 한다. 5% 수준의 이자율 상황이라면 20년 장기투자에 있어서 복리투자의 효과가 단리와 비교해서 65% 정도밖에 차이가 안 나고 만약 투자기간이 5년 이내라면 실제적인 수익차이가 크지 않다. 대부분 단기적인 목표를 달성하기 위한 저축에서는 복리나 단리의 차이가 크지 않다. 물론 기대수익률을 10% 이상으로 정하면 복리 효과가 커진다. 그런데 그것은 위험을 떠안으라는 말이 아니었던가?

　이러저러한 이유로 복리 효과를 위해 장기투자가 필요하다는 주장은 후반의 자산관리 전략의 측면에서는 그다지 유용성을 갖기 힘들다. 게다가 몇십 년 후의 일을 어떻게 알 수 있겠으며 100년 후의 문제에 관심을 둘 필요가 있겠는가? 장기투자란 작은 변화에 성급하게 대응하지 말고 큰 흐름을 보라는 의미이지 와인처럼 10년, 20년 숙성시킨다고 값이 나가는 의미가 아니다. 우리는 후반부의 삶에서 좀 더 짧게 목표를 세우고 순환식으로 관리해야 한다. 지나치게 장기적 관점을 가질 필요가 없고 먼 훗날의 수익률에 막연한 희망을 가질 이유도 없다.

분산투자하라?

계란을 한 바구니에 담지 말라고들 한다. 분산투자의 필요성에 대해 강조하기 위해 종종 사용하는 표현이다. 투자안을 선택할 때 다양한 수단으로 나누면 위험이 분산되므로 자산관리에 도움이 된다. 분산투자는 보통 투자대상을 여러 분야로 나누거나 투자대상 국가나 투자시점을 분산하는 방법을 활용한다. 후반부의 삶을 앞두고 자산관리의 위험도를 줄이고 수익률을 극대화하기 위해서는 분산투자가 꼭 필요하다는 의미다. 그런데 이는 이론에 불과할 뿐 거의 현실성이 떨어지는 주장이다. 그 이유는 이렇다.

첫째, 투자규모가 그다지 크지 않은 일반인들에게는 분산의 효과가 거의 없다. 대규모 자금이 아니고는 다양하게 존재하는 위험에 골고루 분산시킬 만큼 시장의 모든 투자수단을 구입할 수는 없다. 충분히 분산되지 않으면 이론적으로도 거의 위험 회피가 이루어지지 않는다.

둘째, 정신적으로 피곤할 뿐만 아니라 관리에 따른 손실이 발생한다. 부동산과 펀드 여러 개, 예·적금과 보험 여러 개를 적절히 관리한다는 것은 노력이 필요한 일이다. 특히 임대용 수익 부동산들은 손이 많이 가는 경우가 적지 않으므로 시간적으로 속박되거나 자주 때를 놓치는 경우가 발생할 것이다. 주의력도 떨어지고 기억할 것이 너무 많은 현대인에게 복잡한 자산 포트폴리오는 삶을 힘들게 만드는 굴레가 될 뿐이다. 관리에 따른 비용도 많이 들고 시간적 소모도 엄청날 것이다. 후반부의 삶에도 역시 시간은 가장 중요한 자산이다.

"아무리 약한 사람이라도 단 하나의 목적에 자신의 온 힘을 집중시킴으로써 무엇인가 성취할 수 있지만, 아무리 강한 사람이라도 힘을 많은 목적에 분산하면 어떤 것도 성취할 수 없다."

계몽주의자 몽테스키외의 말이다. 투자자산을 분산하지 말고 집중하자. 진지하고 꼼꼼하게만 검토했다면 집중을 통해 충분히 좋은 결과를 얻을 수 있다.

자산관리의 네 가지 원칙

지금까지 살펴보았듯이 종자돈에 관한 환상, 대출 활용, 장기투자와 분산투자 등 기존에 알고 활용했던 재테크 이론들의 상당부분이 후반부의 삶에 적용하기 어렵다. 후반부의 삶은 좀 더 단기적이며 의미 중심적이다. 또한 공연히 위험을 떠안을 이유가 없고 수익률에 매달릴 필요도 없다. 자연스럽게 물 흐르듯이 자산을 구성하고 관리하려는 태도가 후반전 자산관리 전략의 출발점이다.

어느 순간도 절대로 재테크의 거짓말에 속지 않기 바란다. 재테크는 돈 버는 기술을 얘기하면서 위험은 감춘다. 원칙 없는 투자와 수익률에 관한 그릇된 지식들이 많은 피해자를 만들었다. 자산관리의 본질을 외면한 무책인한 컨설팅과 가이드 때문에 많은 사람들이 신용불량자로 전락하고 부채의 늪에서 헤어나지 못하고 있다. 재테크에 집착할수록 삶은 더 피폐해지고 가치관은 더욱 흔들리게 된다.

이 모든 문제가 돈 문제를 기술(technology)의 관점으로 보는 재테크 풍조 때문이다. 재테크의 폐해는 너무 많아서 다 언급하기도 힘들다. 특히 후반부의 삶을 앞둔 시점에 재테크로 표현되는 무모한 행동으로 함정에 빠져 뼈저린 후회를 하는 사람들이 많다. 부디 조심하기 바란다. 재테크는 이윤만을 추구하는 금융기관을 포함해서 당신의 주머니를 노리는 여러 가지 사회구조가 만든 환상임을 명심해야 한다.

재테크는 마케팅의 도구일 뿐이다. 인생 후반부의 재정적인 안정과 마음의 평화를 위해서 재테크를 잊어야 한다. 현실을 직시하고 돈과 삶에 대하여 올바른 원칙과 가치관을 세워야 한다. 후반부의 삶에서 우리에게 필요한 것은 흔들림 없는 원칙과 철학이다.

돈의 세계에서는 아무도 믿지 않아야 한다. 큰 수익을 약속하는 말과 글, 정보, 서류를 믿지 말아야 한다. 돌다리도 무너질 수 있으니 두드려 보고 건너야 한다. 공짜 점심은 없다. 비정상적으로 올린 수익은 꼭 대가를 치르게 되며, 쉽게 생긴 돈은 그만큼 빨리 없어진다. 고수익이 가능하다는 주식, 파생상품과 부동산 등의 투자수단을 통해 일반인들이 초과 수익을 올릴 가능성은 거의 없다. 힘겹게 만든 재산만 축나고 손실에 따른 후회가 정신건강만 해칠 뿐이다.

복권을 사는 사람에게만 1등 당첨의 행운이 돌아가는 것이지만, 수학적 확률은 거짓말을 못한다. 로또 1등 당첨 확률이 814만분의 1이다. 이는 같은 자리에서 벼락을 다섯 번 맞을 확률 혹은 같은 자리에서 자동차에 다섯 번 치일 확률과 같고, 한 사람이 벼락 열여섯 번 맞을 확률과 비슷하다. 매월 로또 살 돈으로 수익률 좋은 펀드에 불입하면 살아생전에 로또 1등 당첨금 정도의 재산을 모을 수도 있다는 사실을 깨닫는다면 무의미한 환상은 버리게 되지 않겠는가?

증권계 친구나 친한 이웃, 금융기관 직원, 경제전문가, 신문기사와 텔레비전 뉴스, 정치인이나 정부에 이르기까지 항상 의심의 눈으로 봐야 한다. 심지어는 자신의 직관적 판단까지도 믿지 않아야 한다. 돈이 거짓말을 하는 것이 아니다. 돈 앞에 서면 사람이 거짓말을 하게 된다.

수익률은 통제할 수 없다. 큰 수익에 대한 욕심이 무리한 투자를 낳는다. 우리는 수익을 기대하고 투자수단을 선택한다. 그리고 수익은 통제 가능하다고 믿는다. 그러나 수익률과 위험률이 동전의 양면이라는 사실은 쉽게 간과한다. 돈을 잃을 확률이 정확하게 기대수익률에 반영되는 법이다. 은행예금의 이자율이 낮은 이유는 위험도가 거의 없기 때문이다. 위험도가 높은 회사의 채권은 높은 수익률이 가능하다. 주식의 기대수익률이 높은 이유는 그만큼 위험하기 때문이다.

우리는 수익률을 통제할 수 없다. 투자에 있어서 우리가 통제할 수 있는 유일한 것은 위험도와 수수료 등 비용뿐이다. 아무리 고수라도 주식이나 파생상품의 수익률을 맞출 수 없다. 높은 수익을 거두었다면 그만큼 큰 위험을 감수했다는 것 이상도 이하도 아니다. 우리의 후반전 인생이 매일매일 새롭고 열정적이어야겠지만 롤러코스터를 타듯 스릴이 있을 필요는 없다. 내 소중한 삶을 러시안룰렛처럼 운에 맡겨서도 안 되고 하루하루 마음 졸이며 살아가는 것이 결코 즐거울 리 없다. 배포가 큰 사람이라면 자산의 일부로 위험한 투자를 할 수 있지만 투자에 따른 탐욕과 공포를 냉정하게 제어할 수 있는 사람은 1%도 안 된다. 후반전의 자산관리 원칙에서 명심할 것은 수익률보다 위험을 보고, 수수료 등 비용을 세심하게 따지는 것이다. 그것만으로도 비교적 안전하게 자산을 운용할 수 있다.

버는 것보다 쓰는 것과 지키는 것에 집중해야 한다. 우리가 그동안 지녀왔던 소비습관으로는 부를 키우기는커녕 제대로 지키기도 힘들다. 대부분의 현대인들은 버는 속도가 쓰는 속도를 따라잡지 못하고 있다. 게다가 신용카드 영향으로 미래의 소비를 앞당겨서 실행하는 데 주저함이 없으며 대출의 일반화로 빚을 지고 있는 상태에서도 아무런 부담감 없이 소비생활을 영위한다. 남들 따라하기 소비나 체면치레 지출 때문에 우리는 그달 벌어 그달 쓰는 쳇바퀴에서 빠져나갈 수 없는 것이다.

아무리 많이 벌어도 항상 돈이 부족하고 미래에 대한 불안감이 줄어들지 않음을 느끼며 마치 함정에 빠져 있다고 생각한다. 후반부의 삶에서는 소비에 대한 관점을 바꿔야 한다. 지출규모와 수입이 많이 줄어들기 때문이기도 하지만 전반처럼 숨 가쁜 수입·지출의 패턴으로는 돈뿐만 아니라 마음의 안정감도 얻기 힘들다.

이제부터라도 소비 지출에 대한 절대적인 통제권을 확보하고 가치관에 근거해서 소비하도록 노력하자. 파괴적인 소비와 결별하고 소박한 소유를 즐기자. 적게 벌어도 적게 쓰면, 살아가는 데 지장이 없다. 그리고 무리한 투자나 과시성 지출만 없어도 자산은 지킬 수 있다. 금융기관이나 전문가 혹은 신문, 방송에 대한 기대나 믿음은 접어두자. 그들은 단지 나의 지갑에만 관심이 있을 뿐이며, 내가 돈으로부터 자유로워지는 것은 그들에게는 악몽이라는 사실을 기억하자. 당신은 할 수 있고 해야만 한다.

자신에 대한 투자가 최고의 투자이다. 후반부의 삶에서 은퇴를 안 하기로 했으므로 당신 자신이 가장 중요한 자산이다. 아무리 좋은 자산도 가꿔야만 빛이 난다. 한때 잘나갔는가? 왕년에 큰일을 했는가? 모두 과거의 영광일 뿐이다. 지금 경쟁력을 갖고 있지 못하면 변색된 금도금 훈장일 뿐이다. 삶의 기간은 너무 길어졌고 우리는 쉽게 늙지 않는다. 은퇴 없이 평생 일을 하는 것은 선택이 아닌 필수이다. 내게 만족을 줄 수 있는 일을 하기 위해 준비해야 한다. 시간과 돈과 땀을 투자해야 한다.

나의 경쟁력을 높이기 위해 시간을 아껴가며 공부를 하거나 사업을 준비하고 실제로 시도해봐야 한다. 시간은 금보다 소중하다. 살아 있는 지식과 소중한 경험들을 쌓기 위해 살아 있는 동안 노력을 기울이는 것이 가장 가치 있는 삶이다. 세상은 변하고 있으며 그 속도 또한 더욱 빨라지고 있다. 어제의 지식과 경험 중 대부분은 내일이면 쓸모없어질 것이다. 변화의 흐름에서 도태되지 않고 존재 가치를 증명하려면 나 또한 변해야 한다.

학교를 졸업한 순간부터 진정한 공부가 시작된다. 모든 사물에 대해 어린애 같은 호기심을 품고 스펀지처럼 세상의 지식을 빨아들여야 한다. 그러기 위해 항상 깨어 있어야 하고 게을러지지 않도록 스스로를 다그쳐야 한다. 삶에서 여유로운 생활태도를 갖고 재충전에 힘쓴다는 것과 게으른 것은 전혀 다른 차원의 얘기이다. 우리가 가진 최대의 자산인 '자기 자신'을 유지하고 향상시켜 개인적 생산능력을 극대화해야 한다. 시간투자가 필요한 일이다. 그러나 나에게 투자하는 것은 가장 소중한 것 중의 하나임을 명심해야 한다.

삶은 길게,
재무목표는 짧게

삶에서 목표가 갖는 중요성에 대해 여러 번 강조했지만, 빠른 시간 안에 구체적인 목표를 세워야 한다. 목표를 세운다는 것은 미래에 내가 이루고자 하는 결과를 현재화하여 나의 태도와 행동에 대한 기준틀로 삼는 것이다. 목표는 내가 어떤 삶을 살고 싶은지(가치관), 무엇을 하기를 원하는지(공헌)를 보여준다. 목표는 한 사람의 존재와 행동이 바탕을 두고 있는 철학과 원칙을 말해준다. 목표는 내가 판단을 내리고 행동을 선택할 때의 지침이자 개인 헌법이 될 것이다. 삶에서 큰 영향을 미치는 중요한 상황이나 감정적으로 동요된 상태에서 중요한 결정을 내릴 때 기준점이 되어줄 것이다. 목표는 매일 매일의 힘든 삶 속에 고군분투하는 나에게 지속적인 에너지를 줄 것이다. 이제 꿈을 구체적인 목표로 만드는 작업이 필요하다.

후반 삶에서의 재무목표는 전반의 삶과는 많이 다르다. 다시 말해 목표가 구체적으로 표현될 수 있어야만 한다. 막연한 꿈이 아니라 기한과 필요 금액이 명시되어야 목표로서 의미가 있다. 그러나 전반부의 삶에서처럼 직선적이고 타인과 유사한 형태의 목표는 아니다. 개인에 따라 매우 다양할 것이며, 대개의 목표들은 단기적이고 정형화되지 않은 것들이 많을 것이다. 예를 들어 어떤 사람은 해외여행을 주요 목표로 삼는 반면, 또 어떤 사람은 종교와 관련된 특별한 목표를 갖는다. 비슷한 목표라도 개인별로 달성기간에 큰 차이가 있게 마련이다. 그리고 각 목표에 대해 매기는 가치나 개인별 능력 차이에 따라 매우 상이한 형태가 나타난다. 그러므로 후반부의 삶에서는 남들이 어떻게 하는지 신경 쓰기보다는 내 자신에 집중할 필요가 있다.

삶을 길게 보되 목표는 짧게 세우자. 3년에서 5년 정도의 목표를 세우자. 긴 목표라도 짧게 나누자. 예를 들어 10년 후에 큰 자금이 들어가는 이벤트라도 세 단계로 끊어서 목표를 정하는 것이다. 그렇게 하는 이유는 앞으로 어떤 변수가 발생할지 알 수 없기 때문이다. 그리고 너무 긴 목표는 중간에 지치게 만들 수 있기 때문이다. 의식주 등 일상생활을 위해 필요한 자금계획도 앞으로 30~40년간을 염두에 두지 말고 3~4년간 어느 정도의 규모가 필요한지만 생각하자. 앞으로 30년간 필요한 생활자금 규모를 생각하면 가슴이 답답하겠지만 3년간 필요한 규모라면 숨쉬기가 수월할 것이다. 결국 후반전의 삶은 '성취'가 아닌 '의미'가 목적인 삶이 아니겠는가.

당신이 가고 싶은 곳, 하고 싶은 것을 쓴다. 즉 앞으로 이루고 싶은 것을 밝혀낸다. 꿈과 목표들을 쓴 다음 그 목표를 달성하는 데 필요한 기간, 금액, 달성방법을 쓴다. 각 목표별로 직면하게 될 도전('문제'가 아니다)들과 그러한 도전을 극복할 전략을 쓴다. 그것이 전부다.

목표 달성에 있어서 중요한 것은, 꼭 이루어내겠다는 굳은 의지이다. 중간에 유혹이 있을 때 흔들리지 말아야 한다. 한 개라도 목표를 정하고 이루어내면 큰 만족감을 경험하게 된다. 절대로 대출 등으로 쉽게 이루려 해서는 안 된다. 남의 돈으로 이룬 목표는 진정한 내 것이 아니다. 대출로 산 집이 내 집이 아닌 것처럼 할부로 구입한 차나 약정에 묶인 휴대폰은 진정한 내 소유가 아니다. 목표자금을 만들어 현금으로 이뤄라. 다음 규칙을 참고하여 재무목표를 세워보자.

목표를 정하는 작업은 목표에 연관된 사람(배우자, 자녀 등)과 함께 만드는 것이 좋다. 목표를 설정할 때 규칙은 다음과 같다.

규칙 1 목표는 기록하고 보관되어야 의미가 있다. 기록되지 않았다면 그것은 한낱 슬로건에 지나지 않는다. 목표를 썼다면 매일 볼 수 있는 곳에 붙여놓는다.

규칙 2 목표는 달성 가능해야 하며 당신에게 특별은 의미를 지니고 있어야 한다.

규칙 3 목표를 세우고 이틀 안에 그에 따른 행동을 실행에 옮겨야 한다.

규칙 4 목표와 연관된 사람(배우자, 자녀) 혹은 믿을 만한 사람과 목표를 공유한다.

규칙 5 적어도 6개월에 한 번은 목표를 리뷰해야 한다.

새로운 시작을 위한 사명선언서

│　　새로운 시작을 위해 사명선언서 만들어보기를 강력하게 권한다. 이미 만들어놓은 것이 있다면 다시 만들자. 기업에 있어 사명선언서(mission statement)란 기업의 비전, 핵심가치, 존재 이유 등을 담고 있는 문장을 말한다. 조직 구성원이 동의하는 사명선언서는 조직문화의 토대가 되고 의사결정의 판단 근거가 되며 기업의 목표가 된다.

　개인에게도 이러한 사명선언서가 필요하다. 미래에 대한 어떤 비전을 가지고 있는지, 자신에게 어떠한 사명이 부여되어 있는지, 어떤 가치관으로 살아갈 것인지를 기록하는 것은 어떤 말보다 의미 있고 강력한 효과를 보인다. 특히 후반부의 삶은 전반부를 지행했던 가치들, 예를 들어 자녀, 가족, 직업적 성취, 풍요로움 등의 핵심가치들 대부분을 이룬 상태이거나 후반부의 가치로 삼기에는 부적당한 요소가 많으므로 새로운 사명선언서가 필요하다.

사명선언서를 어렵게 볼 필요는 없다. 사명선언서에는 무언가를 성취해야겠다는 목표를 담는 것이 아니라 자신의 내면과의 대화를 통해 어떻게 살아야 하는지에 대한 대답을 담아내는 것이고 자신의 인생철학, 신념, 가치관을 적는 일이다.

사명선언서를 작성하는 일 자체는 대단해 보이지 않지만 삶에 매우 강력한 영향을 준다. 작성하는 동안 자신의 삶에 대해 진지하게 생각해볼 수 있으며, 삶에서 중요한 것이 무엇인지 어떤 가치관을 지니며 살 것인지가 그려진다. 사명선언서는 삶의 고비마다 등대가 되어주고, 매순간 계획을 세울 때 기준점이 될 것이다. 참고로 마하트마 간디와 버나드 쇼, 벤저민 프랭클린의 사명선언서를 살펴보자.

마하트마 간디의 사명선언서

매일 아침 일어나자마자 다음과 같이 결의할 수 있게 해주소서.
나는 지상의 어느 누구도 두려워하지 않을 것이다.
나는 오직 신만을 두려워할 것이다.
나는 누구에게도 악한 마음을 품지 않을 것이다.
나는 누가 뭐래도 불의에 굴복하지 않을 것이다.
나는 진실로 거짓을 정복할 것이다. 그리고 거짓에 항거하기 위해 어떤 고통도 감내할 것이다.

버나드 쇼의 사명선언서

횃불처럼 살고 싶다.

인생의 진정한 기쁨은 스스로 가장 중요하게 여기는 목적을 위해 자신이 쓰이는 것이다.

세상이 자신을 행복하게 만들어주지 않는다고 불평하며 배 아파하고, 열병을 앓는 이기적인 고깃덩어리는 진정한 기쁨을 얻을 수 없다.

나는 나의 인생이 전체 사회에 속해 있으며, 내가 살아 있는 동안 사회를 위해 무엇인가 할 수 있다는 것이 나의 특권이라고 생각한다.

나는 죽을 때 내 자신이 완전하게 소진된 상태이기를 원한다.

내가 더 열심히 봉사할수록 나는 더 오래 살아남기 때문이다.

나는 이러한 목적을 가지고 인생을 즐긴다. 나에게 인생은 곧 꺼져버릴 촛불이 아니라 일종의 찬란한 횃불이다.

이 횃불을 다음 세대에 넘겨주기에 앞서 내가 들고 있는 동안은 되도록 환히 타오르게 만들고 싶다.

벤저민 프랭클린의 사명선언서

1. 절제: 폭음, 폭식을 하지 않는다.
2. 침묵: 다른 사람이나 자신에게 도움이 되지 않는 말은 하지 않는다.
3. 질서: 물건은 제자리에 놓고 일은 알맞은 시간에 한다.
4. 결단: 해야 하는 일은 반드시 하고 결심한 일은 실수 없이 완수한다.
5. 절약: 비싼 것은 사지 않고 낭비하지 않는다.
6. 근면: 시간을 헛되이 쓰지 않고 쓸모 있는 일에 시간을 보낸다.
7. 성실: 남을 해치는 책략을 쓰지 않는다. 편견을 버리고 공정하게

생각한다.

8. 정의: 남의 권리를 침해하거나 마땅히 해야 할 바를 하지 않아 남에게 손해를 입히지 않는다.
9. 중용: 극단은 피한다.
10. 청결: 몸, 옷, 집이 불결한 것은 절대 용납하지 않는다.
11. 평정: 사소한 일이나 우연히 일어나는 불가피한 일에 화를 내지 않는다.
12. 순결: 성을 남용하지 않고 건강과 생산을 위해서 사용한다.
13. 겸손: 예수와 소크라테스를 본받는다.

나만의 사명선언서를 만들었으면 다음 단계로 목표와 달성방법을 기록하자. 목표들은 사명선언서에서 밝힌 나의 비전, 가치관, 사명과 부합해야 한다. 크고 거창한 꿈도 있고, 조금만 시간을 내면 충분히 해낼 수 있는 목표도 있을 것이다. 어떠한 목표든 소중하고 충분한 가치가 있다. 달성 가능성을 미리부터 염두에 둘 필요는 없다. 살아가면서 무슨 일이 생길지 알 수 없지 않은가? 어느 순간 행운이 미소 지을 수도 있고 그 목표를 이루지 못하고 떠날 수도 있다.

하지만 당신은 예상보다 오래 살 확률이 높고 어려워만 보였던 목표들을 생각보다 수월하게 이루게 될 수도 있다. 그러니 많은 목표를 품는 것이 좋다.

돈도 소유도 관계도
모두 단순화시켜라

삶을 행복하게 만들 수 있는 비결은 여러 가지겠지만 현자들은 단순하고 소박하게 사는 것이 최고의 방법이라고 말한다. 그러나 말처럼 쉽지는 않다. 세상은 너무 복잡하고 그냥 내버려두면 더욱 혼란스러워지기 때문이다.

우리가 하루에 떠올리는 생각은 몇 가지나 될까? 심리학자들의 연구 결과에 따르면 보통 사람들은 1분에 평균 42가지 정도의 생각을 하고 1시간에 2,500가지 생각을 한다고 한다. 깊이 잠드는 시간을 빼면 하루 20시간 동안 5만 가지의 생각을 하는 것이다(우리말에 오만 가지 생각을 한다는 말이 맞았다). 그런데 문제는 이런 생각들 중 대부분이 부정적인 생각이며 걱정이라는 것이다.

캐나다의 베스트셀러 작가 어니 젤린스키는 사람들이 흔히 하는 걱정의 96%가 쓸데없는 것이라는 연구결과를 발표한 바 있다. 걱정의 40%는 절대 현실에서 일어나지 않는 일이고, 30%는 이미 발생했기 때문에 어떻게 할 수 없는 일이며, 22%는 아주 무시해도 될 만한 사소한 것, 4%는 우리 힘으로는 할 수 없는 일에 대한 걱정이라는 것이다. 결국 96%가 의미 없는 걱정이고 나머지 4%만이 문제해결에 도움이 되는 생산적인 걱정인데 그 96% 때문에 4%도 손을 놓고 있는다는 것이다. 또한 『생각 버리기 연습』의 저자 코이케 류노스케도 "보통 사람들은 새로운 자극을 얻기 위해 부정적인 방향으로 생각을 몰고 가는 '생각병'에 빠져 있다. 생각이 제멋대로 달리도록 내버려두기 때문에 지나치게 많은 생각을 하게 된다"라고 말한 바 있다.

우리는 100년도 못 살면서 1,000년의 근심을 안고 사는 것이다. 우리의 삶을 힘들게 하는 것은 지나치게 많은 생각이다. 지나치게 많은 생각은 어디에서 나오는가? 너무 많은 기억과 관계 그리고 소유에서 오는 것 아니겠는가? 인생 후반부의 삶이 평화롭고 가치 있으려면 이 문제를 해결해야 한다. 왜냐하면 삶에서 만들어왔던 소유와 관계의 양이 극대화되어 있는 시기이고 추억의 단편들이 깊은 숲에 쌓인 낙엽처럼 마음속에 가득 떨어져 있기 때문이다. 가지 많은 나무에 바람 잘 날 없었고 끊임없이 가지가 흔들려 낙엽들만 수북하게 쌓아놓은 것이다.

결국 문제는 바로 여기에 있다. 관계를 맺고 있는 수천 명의 사람들을 기억해야 하고, 내가 소유한 수만 가지 물건의 위치와 사용법을, 세상을 실수 없이 살아가기 위한 요령들을, 수시로 바뀌는 규칙과 환경을 기억해야만 한다. 그러한 것들을 이상적으로 관리하며 영혼의 자유를 얻는다는 것은 불가능하다. 그래서 우리는 감정적으로 어찌 할 바를 모르고, 중요한 것들을 흘리고, 초점을 잃게 된다. 근심에 싸이거나 정작 필요한 것들을 회피하거나 잘못 처리하게 된다. 건망증이 괜히 생기는 것이 아니다. 너무 많은 정보가 입력되어 정작 필요한 정보가 새나오는 것이다. 순수하게 개인의 기억과 역량에만 기대서 모든 문제를 처리하려 하지만 그럴수록 더욱 미궁 속에 빠지는 느낌만 들 뿐이다. 이런 것들을 단번에 해결하려고 사람들은 은퇴를 하거나 은둔생활을 하거나 귀농을 한다. 그러나 곧 그런 선택이 최선이 아님을 깨닫게 된다. 피하는 것은 근본적인 처방이 아니다. 살아 있는 한 피할 수 없는 과제이다.

어떻게 하면 삶을 단순하게 만들 수 있을까?

외국의 한 연구결과에 따르면 65세 이상인 사람들의 50%가 너무 큰 집에 살고 있다고 한다. 가구와 물건들이 많아서 큰 집에 살 수도 있고 소유에 대한 집착이나 과시욕일 수도 있다. 어찌 집뿐이겠는가. 얼마나 많은 단체에 가입되어 있는가? 친구, 친지모임, 초중고 대학 동창회, 전 직장모임, 지역모임, 취미모임, 현 직장모임, 종교, 정치, 사회단체, 온라인 모임 등 엄청난 네트워크의 일원이 아닌가?

우리의 정신은 너무 지쳐 있다. 휴식이 필요하다. 단순하게 살기 위해서는 소유물과 관계 그리고 시간을 단순화시켜야 한다. 지금부터 그 방법을 제시하겠다.

첫째, 소유를 단순화한다

가장 먼저 할 일은 소유한 것을 정리하는 것, 즉 '버리기'이다. 다소 높은 목표를 세울 필요가 있다. 그동안 살아오면서 꼭 필요한 것이 많았을 것이다. 목표를 50% 정도로 잡자. 가장 먼저 버려야 할 것은 집과 사무실에 쌓인 물건들이다. 불필요한 가구, 3년 내에 한 번도 펼친 적이 없는 책, 지나간 잡지와 팸플릿, 잠자고 있는 옷과 신발, 고장 난 가전제품, 쓰지 않는 가재도구와 먼지 쌓인 운동기구, 서랍 속 잡동사니 등 곳곳에 쌓여 있는 물건들을 없애야 한다. 자동차에, 창고에, 다용도실에, 지하실에 내가 기억하지도 못하는 물건들이 쌓여 있을 것이다. 이런 소유물들이 내 자원과 시간을 잡아먹는다.

옷장 하나가 생기면 채워넣고 싶어지듯 소유가 또 다른 소유를 불러일으키고, 결국 소유물에 의해 소유당하면서 삶이 복잡해진다. 일터에서도 마찬가지다. 오래된 서류와 자료를 쌓아두는 것은 생산성에 오히려 마이너스이다. 당신의 컴퓨터가 복잡하다면 새 저장장치를 사기 전에 파일과 프로그램부터 정리하자.

인생 후반부 자산관리 전략의 기본인 소박한 집, 작은 사무실을 소유하려면 이 과정은 필수이다. 아까워하지 말자. 이제 소유물과 인연의 끈을 놓을 때다. 나중에 꼭 필요하다면 중고로 장만하면 된다. 일단 버리자.

둘째, 관계를 단순화한다

지나치게 많은 관계는 정리한다. 온라인으로 여기저기 회원 가입이 되어 있다면 탈퇴하라. 각종 모임들 가운데 진심으로 마음이 끌리는 몇 개만 남기고 자제하자. 지나치게 넓은 인간관계 때문에 소홀했던 나 자신과 사랑하는 사람을 돌봐야 한다. 마당발 인맥이 행복한 삶을 의미하는 것은 아니다. 복잡한 이성 관계는 정신적으로 육체적으로 피곤할 뿐이다. 가족이나 친구 관계도 때로는 짐이 된다. 동료관계도 마찬가지다. 공과 사를 구분해야 한다.

관계를 단순화하는 요령은 일단 타인의 삶에 지나치게 개입하지 않는 것이다. 대개 마음의 상처는 내가 가진 기대감이 너무 크기 때문에 생긴다. 상대에 대한 비판은 거꾸로 나를 힘들게 만든다. 인간관계의 단순화가 어떻게 마음의 평온을 가져다주는지 경험하기 바란다.

셋째, 재정을 단순화한다

금융기관과의 관계를 정리하는 것은 보통 힘든 일이 아니다. 인연을 맺기는 쉬우나 끊기는 어려운 일이다. 보험 계약은 쉬우나 해약은 어렵다. 카드나 통장을 만드는 것에 비해 해지하는 데는 몇 배의 노고가 필요하다. 그러다 보니 수많은 통장과 카드가 생기고 각종 자금 이체, 포인트, 공인인증서 등이 복잡하게 얽히는 것이다.

특히 인생 후반부의 자산관리 전략에서 단순화는 매우 중요한 개

넘이다. 대출을 모두 갚고, 신용카드를 잘라버리고, 투자 상품을 단순화시키면 대부분 해결된다. 돈은 빌리지도 빌려주지도 말자. 금융기관과 새로운 관계를 만들지 말자. 생활 규모를 획기적으로 줄이고 가능한 한 현금으로 지불하면 재정이 매우 단순해진다. 돈 문제가 단순해지면 평화가 파도처럼 밀려들 것이다.

넷째, 시간을 단순화한다

하루는 24시간이다. 아무리 애를 써도 1초도 늘어나지 않는다. 인생 후반부의 시간은 더 빠르게 흐를 것이므로 의미 없이 낭비할 수 없다. 현재를 온전히 즐기고, 시간을 소중하게 쓰는 방법은 불필요한 시간들을 없애는 것이다. 소유물을 줄이고 복잡한 관계를 정리하고 재정을 단순화하는 것으로 많은 시간을 만들어낼 수 있다.

그러나 그렇게 만들어진 시간을 제대로 관리하지 않으면 손가락 사이로 모두 흩어져버린다. 급하지도 중요하지도 않은 일에 시간을 쓰면 정작 중요한 일, 내가 가치 있게 여기는 일에 시간을 쓸 수 없게 된다.

당신의 시간을 낭비하는 주요한 행동들을 정리해보라. 잘 모르겠으면 하루만 시간을 기록해보라. 30분 단위로 무슨 일을 했는가를 기록해보면 너무 많은 시간을 중요하지 않은 일에 사용하고 있다는 것을 깨닫게 될 것이다. 단순화를 통해 시간을 진짜 중요한 것들로 채우자.

자동차 왕 헨리 포드가 사람들의 시간 낭비 사례로 거론한 내용들 가운데 10가지만 살펴보겠다. 참고가 될 만하다.

1. 시간과 노력을 하찮은 것에 써버린다.
2. 전화를 지나치게 걸며, 오래 건다.
3. 필요량의 3배나 되는 긴 편지를 쓴다.
4. 하찮은 일에 잡혀 소중한 일을 게을리한다.
5. 지식도 영감도 주지 못하는 책을 읽는다.
6. 너무 자주 놀면서 오랜 시간을 보낸다.
7. 아무 쓸데도 없는 사람들과 장시간을 보낸다.
8. 광고를 처음부터 끝까지 읽는다.
9. 다음 일을 해야 될 때, 이제까지 한 것을 왜 했는지 설명한다.
10. 잘 거절하지 못하여 다른 사람의 일을 함께한다.

거기에 더한다면 지나치게 TV를 시청하거나 컴퓨터와 스마트폰에 시간을 많이 쓴다거나, SNS에 몰두한다거나, 불필요한 모임을 참석하는 것 등이 있을 것이다. 그렇지만 시간관리가 중요하다고 해서 숨 막히는 일상을 살라는 의미는 아니다. 목표에 지나치게 집착하는 것도 해롭다. 목표는 필요하지만 어떤 목표는 50%만으로도 만족할 줄 알아야 하고, 때로는 목표를 포기할 수도 있어야 한다.

하루를 알차게 산다고 너무 많은 일을 하려 들면 그 생각에 치여 숨을 못 쉴 것이다. 하루를 시작하면서 그날의 할 일을 여섯 개 이상 정하지 말자. 삶을 너무 완벽하게 살려고 하면 정신적 피로도는 급

상승한다. 많은 나무를 베려면 톱을 갈기 위한 시간도 필요하다. 가능한 한 텔레비전을 안 보는 것이 좋지만 꼭 보고 싶은 프로가 있으면 그 시간에는 시청을 즐길 줄 알아야 한다. 이 세상에 잠시 여행을 왔으면 잘 놀고 가야 한다.

단순화가 시사하는 바는 이렇다. 사실 우리의 삶에서 중요하고 가치 있는 것들은 대부분 공짜라는 사실이다. 대자연, 맑은 물과 시원한 바람, 밝은 햇살, 반짝이는 별들, 사랑과 배려심, 존경심, 마음의 평화 등 삶에서 꼭 필요하지만 돈으로 살 수도 없지만 무한정 존재하는 것이다.

그러나 삶에서 별로 필요하지 않은 것들은 대부분 비싼 돈을 치러야 한다. 명품백, 고급 포도주, 보석 같은 물건과 체면, 유행, 과시에 대한 욕구 등이 그런 것들이다. 삶을 단순화한다는 것은 그러한 불필요함이 중요한 가치를 침해하지 않도록 만드는 것이다. 내 삶을 더욱 가치 있게 만드는 비결이 '단순화'에서 나온다는 점을 꼭 기억하기 바란다.

3장

행복한 노후를 위한 투자 전략

사람들은 흔히 변화가 낯설다는 이유로
변화 자체를 거부한다.
또 변화가 필요함에도 불구하고
위험하다는 핑계를 대며 마지막 순간까지도
수용하려 들지 않는다
- 스펜서 존스, 『누가 내 치즈를 옮겼을까』 중에서

2억짜리 내 집으로
순자산 3억 만들기

통계청과 금융감독원, 한국은행이 발표한 '2010년 가계금융조사'에 따르면 우리나라 전체 가구의 자산은 2억 7,268만 원, 평균부채는 4,263만 원으로 순자산이 2억 3,005만 원인 것으로 조사되었다. 자산 중 부동산이 2억 2,661만 원으로 75.8%였고 금융자산은 5,000만 원으로 21.4%를 차지했다. 상위 10%의 평균 순자산이 10억 8,583만 원, 순자산 점유율이 47.2%로 나타났다. 상위 10%를 제외한 90% 가구의 순자산은 1억 3,496만 원이고, 중위가구의 평균은 1억 1,674만 원이다. 당신의 순자산이 1억 원이 넘는다면 중위권에 든다는 뜻이다.

앞에서 후반전의 삶을 위해서 10억 원도 5억 원도 아닌 내 집 포함 3억 원이면 충분하다고 했다. 3억 원의 순자산 중 집이 2억 원이었고 연금자산을 포함한 금융과 투자자산이 1억 원이다. 이미 준비를 마친 사람도 있을 것이고 아직 준비 중인 사람이 있을 것이다. 또 자산비율이 개인마다 매우 다를 수도 있다. 여기서는 기본적인 개념으로써 후반부의 삶을 위한 내 집 만들기 전략을 생각해보겠다.

사람들에게 '집'이란 단순한 주거지 이상의 특별한 의미를 지닌다. 특히 우리나라 국민의 집에 대한 애착은 세계적으로도 유별나다. 월급을 모아 소박하게 내 집 마련을 하고 평수를 늘려가는 데 전반부의 삶 대부분을 소비한다. 사람들은 살고 있는 지역이나 아파트 크기로 능력을 평가하고 인테리어로 그 사람의 안목을 판단한다. 서민이 재산을 증식하는 가장 안전하고 빠른 길이 주택에 대한 투자와 매매를 통하는 방법이었고, 정부의 경제 정책에서 주택 등 부동산 정책이 큰 비중을 차지했다.

자고 나면 몇 천만 원씩 아파트 값이 오르던 시기도 있었다. 그래서 집을 선택할 때는 매우 신중해진다. 주거환경, 가족과의 연결성, 직장과의 거리, 교육환경 그리고 투자가치 등 따져볼 것이 한두 가지가 아니다. 특히 투자가치를 예측하는 문제는 쉽지 않아서 잘못 선택하면 두고두고 후회를 하며 상대적 박탈감을 느낄 수밖에 없다. 운이 좋은 경우는 집값 상승으로 큰 횡재를 하기도 한다.

'집'이란 단어가 주거지(house), 소중한 보금자리(home), 투자수단(realty), 부의 척도(asset) 등의 의미가 혼재된 대단히 중대한 요소로 자리 잡게 된 것이다. 지금은 주택 경기가 침체 상태이지만 언젠가는 또다시 투기 열풍이 닥칠지 모른다는 막연한 기대감이 존재하는 것도 사실이다. 아무튼 후반부의 삶에서도 '집'이 차지하는 비중은 작지 않기에 고찰이 필요하다. 일단 여기에서 그런 세태를 비판하거나 앞으로 부동산 경기가 어떻게 될 것인가를 논하지는 않겠다. 집에 대한 애착은 다 나름의 근거가 있고, 투자 혹은 투기를 무조건 잘못된 행동으로 규정하는 것도 편협한 사고이다. 게다가 부동산 경기를 예측한다는 것이 얼마나 어려운 문제인가? 그래서 집에 대한 문제는 두 가지로 좁혀서 보겠다. 과연 집은 나에게 어떤 의미인가? 그리고 어떻게 소유할 것인가?

집은 어떤 의미를 가지는가

전반의 삶에서 집의 비중이 너무 컸기 때문에 생각을 바꾸기는 쉽지 않다. 집은 여전히 보금자리이고 투자수단이고 나의 가치를 증명하는 대상일 수 있다. 그러나 잠시 한발 물러서서 집을 보자. 과연 크고 비싼 집에 살면 후반부의 삶이 행복해지는가? 집의 크기로, 주소지로 사람을 평가하는 방식이 무슨 의미가 있는가? 내가 집을 소유하는가? 집이 나를 소유하고 있는가?

이런 철학적 질문은 특히 성취 중심이 아닌 의미 중심의 후반부의 삶을 앞둔 시점에서 중요하다. 후반부의 삶은 더 많은 것을 소유하려는 삶이 아니고 가진 것을 나누고 물려주는 시간이며 소유의 의미를 다시 생각하는 시간이다. 내가 그렇게 애착을 가진 집에서 영원히 사는 것도 아니며, 또 집이 주는 만족감보다 관계가 주는 행복을 느끼고 살아야 한다. 자녀들은 언젠가 집을 떠날 것이며, 텅 빈 방이 공허함을 더해줄지도 모른다.

사람들이 찾아올 일도 많지 않고 활동을 한다면 집보다 외부에서 더 많은 시간들을 보내게 될 수도 있다. 더 좋은 교육환경을 찾을 필요도 없고 꼭 부모나 형제 가까이 살아야 할 이유가 없을 수도 있다. 집을 보수하고 가꾸는 일이 귀찮은 노동으로 생각될 수도 있다. 결국 후반부의 삶에서는 집이 가지는 의미가 전반과는 다를 수밖에 없다.

그렇다. '저 푸른 초원 위에 있는 그림 같은 집'이 중요한 것이 아니고 '사랑하는 님'이 중요한 것이다. 사랑하는 님과 함께라면 반딧불 초가집도 궁전이 된다. 내 마음이 열려 있고 물욕에서 벗어나 있으면 집의 크기는 마음의 평화와 관계가 없다. 물욕은 끝이 없고 편한 것을 찾는 인간의 집착은 한계를 모른다. 적절하게 제어하지 않으면 개인적으로도 소유의 굴레에서 벗어나지 못하며 사회적으로도 파괴적이고 소모적인 무한 소비의 쳇바퀴에서 벗어날 수 없다. 비싸고 좋은 집이 나쁜 것이 아니고, 그 집을 나의 인격과 동일시하려는 태도가 문제이다. 젊은 시절 노력해서 좋은 집을 가지고 있다면 그 집을 소중하게 여기고 후반부의 삶을 꾸려갈 수 있다.

그러나 인생 후반부에도 더 큰 집, 더 아름다운 인테리어, 더 좋은 편의시설에 매달리거나 빈 공간을 주체하지 못하거나 과한 관리비나 세금이 재정적으로 부담을 준다면 당신이 그 집을 소유한 게 아니라 그 집이 당신을 소유한 것이다. 부유한 동네에 거주하고 있음을 자랑스레 얘기한다면 주소지가 당신을 소유한 것이다. 집과 결혼하지 마라. 집은 집일 뿐이다.

평생의 꿈이 내 집 마련이었어도 그 꿈이 이루어지고 나면 그저 하나의 집이 남을 뿐이다. 집을 꾸미는 일에 지나치게 집착하지 말자. 소박함으로 고고한 취향을 보여줄 수도 있다. 비싼 인테리어보다 정리정돈하며 청소하는 습관이 더 가치 있는 일이다. 그러므로 평생의 보금자리라는 생각은 접자.

지금 살고 있는 집도 언제든 이사 가면 다른 사람의 집이다. 직업의 변화 혹은 주거환경이나 자녀 등과의 교류 때문에 이사를 갈 수도 있다. 후반의 긴 삶에서 이러저러한 이유로 언제든 주거지가 바뀔 수 있다. 이사에 대한 거부감을 버려야 한다. 이사에는 비용이 따르고 귀찮은 일이 적지 않아 가능한 한 피해야겠지만, 과거처럼 집이 평생의 보금자리라는 생각이 적용되기는 어려운 시대이다. 또 너무 변화가 없는 삶도 건강에 좋지 않다. 특히 자녀 양육이나 교육 때문에 주거지 선택에 한계를 가졌던 전반과는 달리 후반에는 살고 싶은 어디라도 가볍게 옮길 수 있지 않겠는가? 집에 대해서는 주거지 이상의 특별한 가치를 부여하지 말자.

앞에서 주택연금으로 전체 연금수입 중 3분의 1을 만들 수 있다고 했다. 만약 총수입 규모가 360만 원이라면 주택연금으로 60만 원을 만들 것이고, 시가 2억 원 수준의 집이면 충분하다. 만약 총수입 규모를 150만 원으로 정했다면 25만 원만 확보하면 되고 1억 원 수준의 주택이면 가능하다. 집을 순수하게 주거의 개념으로 보거나 수입이 창출되는 자산으로만 본다면 후반부의 삶은 한결 가벼워지고 단순해질 수 있다.

어떤 주거지를 선택할 것인가

 당신이 이미 좋은 주택을 소유하고 있으며 대출이 전혀 없는 상태라면 이미 준비가 된 것이다. 단 그 집이 너무 낡아 곧 재개발이나 재건축에 들어간다면 재정 운영 기조가 흔들릴 것이다. 리모델링이나 재건축을 통해 2억 원짜리 집이 3억 원짜리 집으로 변한다 해도 당신에게 돌아올 혜택은 전혀 없다. 오히려 세금과 관리비 그리고 건강보험료만 높아질 뿐이다. 그러니까 소유한 집이 그런 상태라면 그 가격대에 맞는 다른 집으로 이사하는 것이 옳다. 당신이 5억 원 또는 10억 원짜리 집에서 남은 후반부의 삶을 살기로 했다면 그것도 좋다. 모기지론이나 주택연금으로 활용하면 안정적인 현금흐름을 만들어낼 수 있다. 하지만 그 집을 소유하는 것이 현금흐름에 부담을 준다면 좋은 선택이 아닐 수 있다. 명절에 대가족이 모이고 잠까지 자고 가던 시절에는 큰 집이 필요했지만 이제는 시대가 변했다. 청소하기도 힘들지 않은가? 요즘의 대형 아파트 외면 현상은 그런 시대상을 반영하고 있는 것이다.

 아파트인가 단독주택인가 등을 결정하는 것은 개인의 취향이다. 한국에서 유독 선호도가 높은 아파트 등 공동주택은 생활 편의성, 조망권, 공동 이용시설 이용 측면 등에서 매우 편리하지만 단독주택이 주는 자유로움과 친환경성, 프라이버시 보호의 강점을 누릴 수는 없다. 사람들의 욕구가 더욱 다양해지고 과밀화 문제나 도시 미관 문제가 나타나면 장기적으로는 획일적인 아파트에 대한 만족도는 떨어질 것이다. 그러나 단기적으로는 단독주택은 부담이 큰 것도 사실이다. 일단 환경이 좋은 곳은 가격이 비싸고, 유지 관리에 따르는 수고가 필요하며, 냉난방 비용도 더 든다. 단독주택을 제대로 관리하려면 때론 목수나 전기기사 혹은 배관공 역할까지 하며 땀을 흘려야 한다. 그렇지 않으면 돈으로 다 해결해야 한다.

어느 지역에 살 것인가를 정하는 것도 쉽지 않은 문제이다. 후반부의 삶에도 일을 계속 해야 하므로 근무지를 고려해야 한다. 후반의 직업이 출근이 필요치 않은 일이라면 근교로 나가도 좋다. 그러나 보통의 직업이라면 대도시를 너무 벗어나면 출퇴근에 곤란을 겪는다. 이는 교외의 40평대 주택보다는 도심 가까운 곳의 20평대 주택이 더 유용할 것이라는 의미이다. 그리고 무엇인가 해야 할 분명한 일과 적정한 수입이 있고, 농작물을 손수 경작할 것이며, 적적해도 혼자 사는 삶을 원한다면 전원주택에서 살아도 좋을 것이다.

그림 같은 집이 아니더라도 평범한 주택은 2억 원에 못 미치는 가격으로 충분히 구입할 수 있다. 평범한 아파트를 원한다면 2억 원 정도로 대중교통 1시간 거리에 적당한 전용 면적 20평대 아파트를 충분히 구할 수 있다.

후반부의 삶에서 집이 갖는 의미는 안정적인 주거지와 주택연금용 자산 정도면 충분하다. 주변에 혐오시설이나 위해시설이 없고 조용하며 유지관리 비용도 크게 들지 않는 적당한 크기의 집이면 된다. 대출도 없고 한 채의 집만 소유하고 있다면 집값이 오르든 내리든 무슨 상관이 있겠는가?

연금자산 1억으로
순자산 3억 만들기

순자산 3억 원 중 2억 원은 내 집이고 1억 원은 연금자산을 의미한다. 1억 원 정도의 연금자산이 있다면 매월 120만 원 내외의 수입이 생기고 내 집을 활용한 주택연금 60만 원을 더하면 필요한 수입 월 360만 원의 50%인 180만 원을 만들 수 있다.

국민연금, 부자는 못 되어도 가난은 면한다

국민연금 보험료율은 기준 소득월액에 4.5%를 곱한 금액이다. 만일 기준 소득월액이 220만 원이면 4.5%인 10만 원을 개인이 납부하고 회사가 10만 원을 내게 된다. 대략적으로 계산해서 평균 20만 원의 국민연금이 25년간 납부되었다고 치면 연금자원이 6,000만 원이 되고 이로부터 65세 시점부터 월 60만 원 수준의 연금을 평생 수령하게 될 것이다. 매월 납부금액이 이보다 많다면 연금수령액도 커진다.

국민연금 관리공단 홈페이지에 가면 예상 연금 수령액을 조회할 수 있다. 그동안 납입한 금액이 많아 예상 연금 수령액이 많다면 축하한다. 국민연금 추정액을 통해 개인연금을 어느 정도 준비해야 하는지 계산이 나올 것이다. 국민연금을 지나치게 불신할 필요는 없다. 어떻든 보험회사보다는 국가가 더 믿을 만하고 안전하지 않겠는가? 국민연금이 부자를 만들지는 못해도 가난을 면하게 해줄 능력은 있다. 그렇다고 무조건 많이 낸다고 좋은 것은 아니다. 수입에 합당하게 내면 훗날 도움이 될 것이다.

개인연금의 종류

노후 생활을 위해 꼭 10억 원이 필요하지는 않다. 10억 원을 개인연금으로 준비하려면 수백만 원씩을 납입해야 할 것이다. 개인연금은 어느 정도 필요하지만 많다고 좋은 것이 아니다. 매월 대략 60만 원 정도의 현금흐름만 만들어낼 수 있으면 충분하다. 그런데 연금보험을 선택하려 해도 종류도 많고 혜택도 차이가 나서 선택이 쉽지 않다. 기본적인 기능만 알면 개인연금 가입이 그다지 까다로운 일은 아니다. 국가의 사회보장 체계인 국민연금과 기업의 퇴직급여제도인 퇴직연금을 제외한 개인연금의 종류는 크게 4가지로 분류한다.

연금저축 매월 불입할 경우 소득공제를 해주는 대신 연금을 수령할 때 5.5%의 연금소득세를 납부해야 하는 상품이다. 300만 원까지 소득공제가 되므로 세금을 많이 내는 근로소득자에게 유리하다. 보험사의 연금저축, 증권사의 연금저축펀드, 은행의 연금저축신탁 등의 상품이 있다. 소득공제가 유리한 듯 보이지만 연금을 받는 기간 동안 평생 내야 하는 연금소득세가 공제받은 혜택보다 많을 수 있다. 더불어 공적연금, 퇴직연금 수령액 포함 연 600만 원을 초과하면 다른 소득과 합산하여 이듬해 5월에 종합소득세로 신고 납부해야 한다.

연금보험 공시이율을 적용하는 상품으로 10년 이상 유지할 경우 비과세이다. 소득공제 혜택이 없는 대신 향후 연금 수령시 연금소득세가 완전 면제되기 때문에 실질적인 혜택은 연금저축보다 좋다. 최저보증이율 기능이 있어서 매우 안전하다. 안전성을 선호하는 여성들이 많이 선택한다. 하지만 물가상승률에 못 미치는 수익률이라서 혜택이 작은 편이다.

변액연금보험 원금 보장 기능에 비과세 혜택이 있는 점에서는 연금보험과 같으나 보험료를 펀드에 투자한 뒤 실적에 따라 연금액이 변한다는 점이 차이다. 채권형이나 혼합형 펀드를 선택하면 안전하면서도 공시이율을 초과하는 수익률이 가능하다. 중도인출이나 추가납입 기능을 활용하면 수익률을 극대화할 수 있고, 장기 복리 효과로 고수익을 기대할 수 있다. 연금 가입 시점의 경험생명표를 적용하기 때문에 평균수명이 계속 늘어나는 현실에서는 매우 유리하다.

변액유니버설 주식 투입 비율이 90%까지 가능한 투자형 상품으로 기대 수익률이 높으며 동시에 위험도도 높다. 사업비율이 높아 원금에 도달하는 시점이 늦어 단기적 목적으로 가입하기 어려운 상품이다. 연금으로 전환하는 시점의 경험생명표를 적용하기 때문에 변액연금보다 연금수령액에서 손해를 보게 된다. 연금보다는 중장기 투자 상품에 가깝다.

어떤 개인연금을 선택할 것인가

인생 후반부를 위한 개인연금을 가입할 때 고려할 부분은 안전성, 유동성, 수익성이다. 안전성은 투자 위험도가 높은 상품을 피하라는 것을 뜻한다 유동성은 필요한 경우 현금을 인출하거나 추가로 납입할 수 있는 상품을 선택해야 한다는 것이다. 가장 권할 만한 상품은 변액연금이다. 변액연금은 펀드를 잘 구성할 경우 안전하며 원금보장 기능까지 있어 안전도 면에서는 큰 점수를 줄 수 있다. 주식형보다는 채권형이나 혼합형 펀드를 선택하는 것이 좋다.

펀드 변경 기능이 있지만 신경 쓰며 살고 싶지 않다면 안전하게 중간 수익률을 목표로 삼으면 된다. 변액연금이 가진 추가납입기능은 꼭 활용하는 것이 좋다. 즉 매월 50만 원을 납입하려 했다면 기본 보험료를 25만 원으로 가입하고 나머지 25만 원은 추가납입하라는 것이다. 추가납입보험료에는 사업비가 거의 없기 때문에 수익을 극대화할 수 있다. 중도인출기능은 갑자기 돈이 필요할 때 유용하다.

매월 60만 원 이상의 수입이 가능한 연금자산 만들기

현재 45세인 사람이 변액연금에 가입해서 기본 보험료 15만 원, 추가보험료 15만 원을 15년간 납입했다고 가정하자. 납입원금이 5,400만 원이고, 투자수익률이 적절했다면 대략 7,000만 원 이상의 연금자산이 쌓일 것이다. 그 정도 적립금이면 매월 60만 원 내외의 연금을 종신 수령할 수 있다. 물론 투자수익률과 가입 연령에 따라 차이가 있지만 대략적인 계산으로도 향후 연금 계획을 세울 수 있다.

보통 보험회사의 상품설계서에는 수익률 예상을 4%와 8%를 보여주는데 보수적으로 5% 정도로 잡았을 경우이기 때문에 보험사의 운용수익률이 더 높다면 연금액수도 더 많아질 것이다. 현재 작게나마 연금에 가입 중이라면 잘 유지하는 것이 좋다. 반면에 수백만 원의 연금에 가입하고 있다면 후반부의 삶에서 재정적인 고민은 덜었기 때문에 좀 더 가치 있는 삶에 대해 생각해볼 여유가 있을 것이다.

혹은 지금부터라도 30만 원 이상 연금을 준비할 필요가 있는가? 의지를 가지고 도전해보라. 지금 30만 원이 당신 수입에서 차지하는 비중이 몇 퍼센트인가? 그 비중을 기억하라. 세후소득이 300만 원인 사람에게는 현재 10%일 것이다. 그러나 몇 년 후 소득이 400만 원이 되었다면 역시 10%의 비중을 맞추기 위해 10만 원을 더 납입해야 한다. 연금의 실질가치가 보전되려면 수입의 증가와 함께 연금에 투입하는 금액도 증가시켜야 한다. 보통 3년마다 납입 보험료를 20~30% 정도 상향시킨다고 생각하면 된다.

현금 또는 즉시 현금화가 가능한 자산을 가지고 있다면 월지급식 상품을 생각해볼 수 있다. 월지급식 펀드나 즉시 연금보험 등은 일시금을 예치해두면 익월부터 매월 연금을 지급해주는 상품이다. 보험사에서 판매하는 즉시연금 상품의 경우 공시이율(현재 4%대 후반)을 기준으로 매월 연금을 안정적으로 받을 수 있고 만기보험금도 수령할 수 있다. 은행의 월이자 지급형 정기예금 상품은 즉시연금의 3분의 2 수준이라서 수익률에서는 가장 불리하다.

월지급식 펀드는 마땅한 투자수단을 찾기 힘든 요즘 상당한 인기를 끌고 있는데 2010년 말 1,718억 원에 불과했던 판매액이 2011년 3월 5,154억 원으로 3배 이상 늘었다. 일본의 경우는 펀드시장의 30%를 월 지급식 상품이 차지하고 있다. 그런데 월 지급식 펀드상품은 위험도를 낮추기 위해 보통 채권 등에 투자하기 때문에 수익률이 정기예금 이자율보다 1~2% 높은 수준으로 수수료(분기 1% 내외)를 떼고 나면 큰 이점은 없는 상품이다. 게다가 증권사에서 판매하는 상품들이 대부분 만기가 3~5년이고 길어야 10년이라서 기간 관리가 필요하다.

투자 상품이라서 위험도 있으며, 중도에 목돈이 필요하면 쉽게 환매가 가능해서 장기적 수입이라는 목표에는 적절하지 않다. 더군다나 수익률만 보고 주식형에 가입하면 시장의 위험도에 고스란히 나

표 3-1

즉시 연금보험	월 지급식 펀드
· 공시이율 상품 · 안정인인 연금 지급, 최저연금액 보증 · 비과세상품 · 연금 개시 시점, 연금 지급 형태 등 선택 가능	· 실적배당 상품 · 초과수익률 가능, 원본 손실 가능성 · 과세상품 · 적립금의 일정 비율을 연금액으로 설정

를 노출시키는 것이다. 투자의 기본법칙은 '고위험 고수익(High Risk-High Return)'이다. 수익률이 높은 상품은 그만큼 원금 보장 가능성이 줄어든다고 봐야 한다. 증권사의 상품은 월지급액이 좋아 보이지만 모두 실적 배당형 상품이라서 원금 손실 가능성이 크다. 반면 보험상품은 원금 손실 우려가 없기 때문에 노후생활 자금으로의 활용가치도 높다. 즉시연금의 연금액을 대략적으로 예상하는 계산법은 40대의 경우 일시납 보험료로 3% 내외의 금액을 종신토록 받는다고 생각하면 된다. 즉, 즉시연금 보험료로 1억 원 납입했다면 매월 30만 원 수준의 연금을 받게 된다.

추가 수입을 위한 투자와 임대

별도의 추가적인 투자와 임대 수익을 올리는 전략을 살펴보겠다. 연금자산이나 근로소득, 사업소득만으로도 원하는 생활이 가능할 수 있다. 그런데 투자, 임대수익을 별도로 만든 이유는 좀 더 여유로운 삶을 위해서이고, 후반전의 삶에도 어느 정도의 긴장감이 필요하기 때문이다.

사회의 변화나 경제 상황이 나와는 전혀 무관한 일처럼 살아가기도 어렵지만 후반부의 삶에서 사람들과 더불어 어떤 일이든 하고 있다면 세상의 흐름을 알 필요가 있다. 가능한 한 위험을 회피하라고 했지만 지나친 조심성은 창의력과 열정에 걸림돌이 된다. 후반부의 삶에서 현금흐름의 20% 정도를 투자나 임대소득으로 충당하는 것은 그런 의미에서 적절한 방법이다. 또한 이 방법은 안전은 지키면서 때에 따라서는 의외의 추가 수입도 가능하게 해준다는 점에서 의미를 가진다.

투자 대상은 여러 가지다. 상업용 부동산, 창고, 토지, 오피스텔, 주식, 파생상품, 주택 등. 어느 정도의 지식과 정보를 갖춘 뒤 쉽게 접근 가능한 대상을 찾는다. 현재 임대수익률이 보통 5% 정도 되므로 월 20만 원의 수익을 올리려면 순투자금이 5,000만 원 정도면 가능하다.

배당률이 높은 주식 중에는 시가기준 5%가 넘는 종목도 적지 않다. 지속적으로 배당을 하고 있다면 우량한 기업일 것이다. 단기매매에 대한 유혹을 떨쳐버리고 배당률 높은 기업의 주식을 지금부터 조금씩 사둬라. 5,000만 원 정도 투자하면 매년 250만 원 정도의 배당금이 통장으로 입금될 것이다. 주식투자란 원래 이렇게 해야 한다. 매일매일의 등락에 희비가 엇갈리는 투자는 정신건강에도 안 좋고 안정적 재정 운영에도 해롭다.

도심권의 빌딩 지하공간을 활용한 창고임대업도 각광받는 투자이다. 70~100평 규모의 지하실을 구입해 인근 오피스텔이나 사무실

표 3-2 **수익형 부동산의 장단점**

장점	단점
· 큰 노동력 불필요 · 장기적으로 안정적 월 소득 발생 · 상대적으로 안전한 자산 · 시세차익, 자산가치 상승 가능성 · 상속 증여 수단으로 활용	· 체계적 관리가 어려움(상황의 다양성) · 수익률 저조 가능성(임대소득세, 관리비용 등) · 자금의 유동성 부족 · 감가상각, 환경 변화로 자산 가치 하락 가능성 · 상속, 증여 시 거액의 세금 납부

의 사무용품, 집기 등 소형 물품을 임시로 보관해주고 보관료를 받는 경우 10% 이상의 수익률을 올리기도 한다. 도시 근교의 층고가 2.5m가 넘는 50평 이상의 창고는 이삿짐센터 등과 연계하면 안정적인 투자 수익을 올릴 수 있다.

도심권 오피스텔은 가장 접근이 용이한 투자 대상이다. 역세권 오피스텔 중에는 7~8% 수익이 가능한 물건이 많다. 단독주택에 산다면 방 한 칸을 월세로 주는 방법이 있다. 빈방으로 놀리는 것과 매달 고정적인 수입이 있는 것은 엄청난 차이다. 도로변 주택이라면 1층을 상업용으로 활용할 방법을 찾아보라. 찾아보면 투자처는 많고 지나친 욕심만 없다면 적정한 투자수익이 충분히 가능하다. 수익형 부동산이 가지는 장단점을 살펴보고 단점을 극복할 수 있는 대책을 세워보자.

잉여자산에
직접 투자하는 원칙

앞에서 자세히 계산해본 3억 원의 자산과 적절한 생활 수준 유지가 가능한 자산소득(연금 준비와 투자를 통한 소득 확보)은 조금만 노력하면 대부분 준비할 수 있는 규모이다. 그렇다면 이제 그런 준비를 초과하는 자산에 대해 생각해보기로 하자. 가능한 한 다 쓰고 떠나는 것이 좋겠지만 어쨌든 현재 자산을 가지고 있는 사람 또한 많을 것이다. 그 자산을 풍요로운 후반부의 삶을 위해 활용하거나 증여나 상속 혹은 사회 환원을 생각하더라도 자산관리의 원칙은 세워야 한다.

또한 그동안 투자를 통해 재산을 형성했거나 투자에 대해 일가견이 있는 사람이라면 인생의 후반부에도 투자에 대한 관심이 높을 것이다. 투자에 대한 지식과 경험도 충분하고 그동안 쌓아온 내공으로 성공적인 투자가 가능하다고 확신하는 사람도 많을 것이다. 나쁘지 않은 생각이다. 투자의 세계에도 경험과 연륜이 중요하기 때문에 나이가 들었다는 점은 유리한 조건이기도 하다.

투자의 세계는 자비심이 없고 경로 우대도 없다. 언제든 한순간의 실수로 회생 불가능한 나락으로 떨어질 수도 있다. 절대 자만심을 가져서도 안 되고 방심해서도 안 된다. 그렇다고 몸을 너무 사릴 필요는 없다. 산전수전 겪은 당신은 투자의 세계에서도 나름대로의 경쟁력이 있다. 그러니까 위험에 대한 적절한 인식과 철저한 비용 관리가 전제된다면 직접투자가 무조건 나쁠 이유는 없다.

후반의 삶에서도 직접투자를 해야 할 필요가 있다. 전반의 삶에 지식과 경험을 축적하고 자신에게 투자하는 데 힘썼다면 후반에는 자산을 적절히 활용하는 문제에 관심을 기울일 필요가 있다. 후반의 삶에서 지켜야 할 직접투자의 원칙이 필요하다. 주식과 부동산 그리고 파생상품의 투자 원칙을 다시 세워보기를 권한다.

주식투자의 원칙

주식투자를 경험한 사람이라면 투자가 주는 짜릿함을 경험해보았을 것이다. 주식은 매우 위험하고 많은 서민들을 울린 투자수단이지만 독특한 매력 때문에 계속 주목받을 수밖에 없다. 주식은 고수익의 가능성이 높은 투자수단이다. 시세차익은 물론이고 배당수익이나 유·무상 증자 수익도 노릴 수 있다. 매매도 간편하고 거래 구조도 안전하다. 게다가 매매차익에 대해 비과세이기 때문에 투자수단으로서 장점을 두루 갖추었다고 할 수 있다. 그런데 그러한 장점을 무색하게 만드는 단점이 있다는 것이 문제이다. 주식투자는 손실의 위험성, 시장왜곡, 거래비용, 중독성 등 함정이 가득한 영역이다. 투자의 세계에서 자칫 실수 한 번 하면 돌이킬 수 없는 후회를 하게 되는 경우가 생긴다. 인생 후반부에는 좀 더 현명하고 신중한 투자란 무엇인가 생각해볼 필요가 있다.

주식의 위험성에 대해 새삼 언급하지는 않겠다. 이미 충분히 알고 있을 것이기 때문이다. 위험을 피하면서 수익을 올리려면 기본에 충실할 수밖에 없다. 전설적 투자가나 시중의 전문가 혹은 술자리의 친구들도 그들만의 원칙이 있을 것이다. 중요한 것은 원칙보다 실천이다. 알고 있지만 실천할 자신이 없다면 행동하지 말아야 한다. 다음은 누구나 알고 있지만 실천은 잘 못하는 너무도 당연한 다섯 가지 원칙들이다.

공부한다. 주식투자란 기업의 투자자, 주주가 되는 것이다. 경제 환경과 기업 분석도 없이 투자를 한다는 것은 눈감고 숲길을 걷겠다는 것과 같다. 우선 기본기를 탄탄하게 갖추어야 한다.

돈을 빌려 투자하지 않는다. 빌린 돈은 사람을 조급하게 만들고 목표수익률도 높아져 무리수를 두게 된다. 100% 자기자본으로만 투자한다.

좋은 주식을 엄선하고 쌀 때 매입한다. 신문기사도 정보도 차트도 믿지 말자. 우량주란 업종 1등 주식이나 고배당주 혹은 시장의 평판이 좋으며 정보가 공개된 주식이다. 시장에 찬바람이 불고 비판적일 때 우량주식을 사도록 한다. 주식 시세판이 뜨겁고 좋은 전망이 난무할 때는 주식을 팔 때이지 살 때가 아니다.

주식 시세의 잔파도에 흔들리지 않는다. 과한 욕심도 지나친 공포심도 투자자에게는 모두 독이다. 감정을 통제하고 적정한 목표 수익률을 느긋하게 기다리면 결국은 보상을 받게 된다. 인내심 없는 단기매매나 충동매매는 손실만 키울 뿐이다.

수익률이 아닌 비용과 위험을 통제한다. 항상 강조하는 얘기지만 우리는 종목 선정이나 매매 타이밍 포착으로 수익률을 예측할 수 있다고 착각한다. 그러나 수익률은 우리가 알 수 없다. 오직 위험도와 거래비용만을 미리 알 수 있을 뿐이다. 그래서 우량주를 선택하라는 것이고, 잦은 거래가 나쁘다는 것이다.

부동산투자의 원칙

부동산투자 분야는 특히 경험이 빛을 발하는 분야이다. 다양한 거래 경험과 숙성한 삶의 연륜이 토지나 주택 등 부동산 보는 안목을 키워준다. 혹시 부동산 거래에서 실패만 해왔더라도 너무 마음에 담지 말기 바란다. 지금부터가 실력이다. 인생의 후반부에 이르러야 진정한 부동산투자자로 거듭나는 시기인 것이다. 왜냐하면 부동산은 특히 신중함과 종합적 판단력 그리고 인내심이 요구되는 분야이기 때문이다. 부동산 부자들 중에는 많은 실패 끝에 50대 이후에 성공적인 투자를 경험하는 사람들이 많다. 분명히 당신도 그동안의 경험을 밑거름으로 삼아 부동산 분야에서 의미 있는 성공의 열매를 거두게 될 것이다.

물론 지나치게 적극적이어서는 안 된다. 길게 보아야 하고 신중해야 한다. 근거 없는 희망을 가져서는 안 된다. 부동산 또한 결코 만만히 봐서는 안 되는 투자 분야이다. 부동산투자에서도 주식투자의 원칙을 기억하라.

파생상품투자의 원칙

주식투자를 어느 정도 경험한 사람들 중 일부는 좀 더 빠르게 고수익을 올리고 싶어 하거나 혹은 좀 더 프로답게 게임을 하고 싶어 한다. 그런 욕구에 가장 적합한 시장이 파생상품투자이다. 파생상품은 등락폭도 크고 매매 회전율도 매우 빠르기 때문이다.

우리나라 파생상품 시장은 세계적으로 유명(?)하다. 도입된 지 얼마 안 되었음에도 세계에서 가장 활발한 시장이 되었기 때문이다. 파생상품은 주식이나 채권, 통화와 같은 기초 자산의 가격 변동을 미리 예측하여 돈을 거는 금융상품이다. 2010년 우리나라 파생상품

그림 3-1 **세계 주요 파생상품거래소 2009년 거래량**

시장은 거래량 기준으로 2년 연속 세계 1위를 기록했다. 시장이 출범한 지 15년밖에 안 된 초보 국가가 미국이나 유럽 등 금융 선진국을 압도할 만큼 시장규모가 커진 것이다. 거래소는 수수료 수입의 반을 차지하는 파생 시장이 황금알을 낳는 거위라 할 수 있다. 원래 파생상품 시장은 위험을 회피하기 위한 기능으로 만들어졌으나 이제는 투기장으로 변질됐다는 것이 일반적인 평이다. 파생상품 시장이 현물시장에 비해 과도하게 성장하면서 외국인 등 큰손에 의한 시장 왜곡 현상이 쉽게 벌어지기도 한다. 각종 투기와 불법적인 돈거래가 판을 치고 있는 시장이 세계 1위라는 현실의 이면이라 할 수 있다.

특히 특정 파생상품에 대한 편향성이 심하다. 2010년 코스피200 옵션시장 거래량은 35억 2,590만 계약으로 전체 파생상품 거래의

93.9%이며 개별 주식 옵션시장은 거의 유명무실하다. 개별 종목에 대한 권리를 사고파는 주식옵션은 거래가 거의 없는 반면 주식워런트증권(ELW, Equity Linked Warrant) 시장은 지나치게 급성장한 것이다. 증권사들이 개인투자자를 대상으로 적극적으로 마케팅을 펼친 덕분이다.

파생상품 시장이 외국인 큰손에 좌우되고 있으며 꼬리(파생상품)가 몸통(현물 주가)을 흔드는 소위 '왝더독(wag the dog)' 현상도 자주 목격된다. 한마디로 프로들의 투기판이라 할 수 있다.

파생상품 시장의 실태에 대해 자세히 설명한 이유는, 웬만한 실력과 자본력이 아니라면 아예 발을 들여놓지 말라는 의미다. 파생상품은 주식과는 비교할 수 없을 정도로 위험하다. 보통 10배 이상 위험하다고 말하지만 실제 체감하는 위험도는 더 크다. 하루 만에 원금을 날리는 경우도 부지기수다. 외국인이나 기관의 전문가들은 개미 투자자들을 끌어들여 한 번에 털어먹는 다양한 기법들을 가지고 있으며, 제아무리 운이 따라도 지속적인 수익이 보장될 수 없는 투기장이다. 개인들이 몇 억 단위의 푼돈(?)을 들고 파생상품에 투자하려는 모습은 마치 프로 도박판에 끼려는 초보자 모습 같다. 파생상품 투자는 외국인, 기관의 전문가들을 능가할 지식과 경험, 충분한 자본력이 없다면 결코 시작해서는 안 된다.

90%는 안전하게, 10%는 과감하게

"백조는 흰색이다"라는 명제가 있다. 그러나 그 말은 진실이 아니다. 검은색 백조 한 마리만 발견되면 뒤집히기 때문이다. 실제 오스트레일리아 대륙에서 검은 백조가 발견되었다. 불가능하다고 생각되는 것들이 언제든 실제 상황이 될 수 있는 좋은 본보기이다.

월가의 투자전문가이자 뉴욕 대학교 교수인 나심 니콜라스 탈레브가 2007년 펴낸 『블랙 스완』을 읽어 보면 투자에 대한 기존의 관념을 다시 생각해보게 될 것이다. 이 책은 아무도 예측할 수 없는 위험이 예외적으로 급격하게 발생할 수 있으며 그것이 그동안의 모든 것을 바꿀 수 있다는 메시지를 던진다. 우리가 통상적으로 생각하는 위험에 대한 예측도 이러한 특정한 사건 앞에서 의미를 잃게 되는데 대공황이나 9·11테러, 2008년 미국발 금융위기가 그런 예이다. 그런 사건은 1년 동안 쌓은 수익을 하루아침에 날려버린다. 극단적인 0.1%의 가능성이 모든 것을 바꾸게 되는 것이다. 예측 불가능한 위험이 항상 존재하기 때문에 투자의 세계는 전문가에게조차 위험하다. 아무리 정교한 기법과 예측으로도 장기적으로 원하는 수익을 달성하기가 쉽지 않다. 그래서 그러한 위험을 역으로 이용한 투자방법을 생각할 수 있다.

나심 탈레브 교수는 이런 논리에 기초해서 투자금 대부분을 지극히 안전한 자산(국공채 등)에 투자하고, 나머지 10% 정도를 시장이 폭락하면 큰 수익을 내는 투기상품(파생상품 등)에 투자하는 전략으로 큰 성공을 거두었다. 탈레브가 설립과 운영을 도운 펀드들은 2008년 금융위기에서 100%가 넘는 수익률을 올렸고 운용자산도 수십 배나 증가하였다. 전 세계적으로 증시 대폭락 때 고수익을 올리려는 블랙스완 투자가 활발해졌다.

만약 당신이 의욕적인 투자자이고 인생 후반에 그동안의 경험과 지식을 바탕으로 직접투자에 나설 계획이라면 블랙스완 투자법을 활용하는 것도 좋은 선택이다. 즉 투자금의 90%는 가장 안전한 자산(가장 안전한 채권을 구입한다)에 넣어 물가상승률 정도의 투자수익률 목표를 가지고, 나머지 투자금의 10%는 앞서 예로 든 선물, 옵션 같은 매우 위험도가 높은 파생상품에 투자하는 것이다.

이런 방식이 위험해 보여도 직접 예측하기 어려운 주식투자에 100% 올인하는 것보다는 훨씬 덜 위험하다. 그리고 원금 100%를 파생상품으로 운용하는 것에 비하면 엄청나게 안전한 방법이다. 이러한 투자법으로 자산의 90%는 보존될 것이고, 10%의 자산으로 투자가 주는 짜릿함과 기대감은 충분히 맛볼 수 있을 것이다.

직접투자가 위험하지만 나이가 들었다고 지나치게 안전하게만 살아가려는 태도는 권할 만하지 않다. 떨어지는 낙엽만 조심하다가 쓰러지는 나무를 피하지 못할 수도 있다. 나이가 들어도 어느 정도의 긴장감과 변화를 느끼며 살아야 몸과 마음이 저항력을 가지게 되고 치매도 안 걸린다.

인생 후반전에 모터사이클을 배울 필요까지는 없어도 자전거는 탈 수 있는 것이다. 남들은 100킬로미터로 달리는데 나만 60킬로미터로 달리면 더 위험하다. 투자할 자산이 있다면 감내할 수 있는 만큼의 약간의 위험은 감수하려는 용기가 필요하다. 행여나 직접투자를 부추기는 말이라고 생각하지 말기 바란다. 삶의 태도에 대한 얘기일 뿐이다. 우리의 삶 자체로도 투자 못지않은 스릴감과 충분한 긴장감을 느낄 수 있다.

> # 간접투자에도
> # 위험은 있다

직접투자에 나설 만큼의 충분한 자본력이 없거나 전문가 수준의 실력이 없는 대부분의 사람들은 간접투자를 선택하는 것이 답이다. 위험을 감내할 만한 충분한 여력이 없다면 그냥 관중으로 남는 것이 현명하다. 꼭 글러브를 끼고 링에 올라야 하는 것은 아니다. 그런데 쉬워 보이는 간접투자에도 또 다른 위험이 존재한다. 만만하게 보다가는 남 좋은 일만 해주기 쉬운 분야가 간접투자다. 이번에는 후반부의 삶에 간접적으로 자산을 운용하는 여러 가지 방법에 대해 생각해보겠다.

펀드투자의 유의점

펀드는 다수의 투자자들의 자금을 모아 주식, 채권, 부동산 등에 투자하고 운용수익을 투자자들에게 분배하는 간접투자 상품이다. 전문가들이 알아서 투자하기 때문에 개인이 신경 쓰지 않아도 되고, 고유의 위험관리 방법을 통해 비교적 안전하게 운용할 수 있다. 특히 소액으로도 분산투자가 가능하다는 장점을 가지고 있다. 그러나 투자 손실 위험도 크고 수수료도 적지 않기 때문에 무조건 좋다고 말할 수는 없다. 또한 펀드의 종류가 너무 많고 수익률 편차도 커서 제대로 고르지 않으면 실질적으로 적지 않은 손해를 볼 수 있다. 요즘 저금리 추세가 지속되고 마땅한 투자수단이 없어서 펀드투자가 가진 위험을 제대로 감안하지 않고 적금 들듯 투자에 나서는 사람들이 꽤 많다. 높은 수익을 기대하면서 위험에 대해서는 생각하지 않는 것이다. 펀드 투자가 가진 위험성을 살펴보자.

첫째, 펀드 상품 자체가 지닌 위험이 있다. 간접투자한 기업이 도산할 수도 있고, 채권도 원금이나 이자를 제대로 못 받을 위험이 있다. 해외펀드는 환율 변동 위험까지도 떠안아야 한다. 모든 투자 상품에는 고유의 위험이 잠재되어 있는 것이다.

둘째, 시장 위험이 있다. 채권이나 주식은 시장 상황과 투자자들의 심리에 따라 가격 등락이 크다. 펀드에 투자한 자산에서 수익이 난다면 좋지만 언제든 손실이 날 수 있다. 손실이 나도 판매사나 운용사는 책임지지 않는다. 그래도 수수료는 꼬박꼬박 떼어간다.

셋째, 유동성이 부족하다. 갑자기 현금이 필요하다고 인출하면 환매수수료를 내야 하고 환매 시점에 가격이 떨어져 있어도 감수해야 한다. 투자금의 일부만 인출하는 것도 불가능하다.

이러한 위험이 있다고 펀드투자를 기피할 이유는 없다. 알고 있는 위험은 위험이 아니며 현명하게 피하기만 하면 된다. 후반부의 인생에서 특히 펀드를 제대로 활용하는 것은 중요하다. 다음은 펀드투자에서 위험을 피하고 성과를 얻을 수 있는 방법이다.

펀드의 속성과 성과를 검토한다. 유명 펀드가 꼭 좋은 펀드는 아니다. 과거의 좋은 성과는 참고 자료는 되어도 미래 성과를 보장해주지 않는다. 오히려 미래에 성과가 나빠지는 경우가 더 많다. 중요한 것은 그 펀드의 투자 철학과 펀드매니저의 능력, 펀드의 규모와 수익률 편차 등이다. 펀드투자 역시 공부가 필요한 분야이다.

위험과 비용을 따져본다. 기대 수익률을 낮추면 낮은 위험과 저렴한 수수료를 가진 펀드를 고를 수 있다. 주식형 펀드에 가입하는 사람들의 기대수익률이 20~30%라고 하는데 그런 수익률을 지속적으로 올릴 수 있는 펀드는 세계 어디에도 없다. 낮은 투자위험과 10% 정도의 수익률을 목표로 삼아라. 인덱스펀드나 채권혼합형 펀드가 그런 의미에서 적합하다. 인터넷으로 가입하면 수수료도 저렴하다. 금융회사 홈페이지의 상품을 검색해보라. 수수료는 수익률에 큰 영향을 준다. 매년 운용자산의 2%를 수수료로 뗀다고 생각해보면 1억 원의 경우 5년간 수수료만 1,000만 원을 떼는 셈이다.

자금의 목표에 맞는 상품을 선택한다. 장기적인 목표자금을 마련하는 데 단기 펀드에 가입할 수는 없다. 대개의 펀드들이 2~3년 정도의 기간으로 운용된다. 그러므로 장기적인 목적을 가진 자금이라면 보험에 넣는 것이 유리하다. 원금손실을 보면 안 되는 단기 목적의 자금을 위험성이 있는 펀드에 넣는 것도 위험하다. 그런 자금은 차라리 예금이나 CMA계좌에 넣어야 한다. 중도 인출의 필요성이 있는 자금을 펀드로 운용하는 것도 적절하지 않다.

큰 자금도 나누어서 투자한다. 자금 전체를 한 번에 투자하는 것보다는 기간을 나누어 투자하는 것도 좋은 방법이다. 예를 들어 1억 원의 자금을 거치식으로 투자하는 것보다 CMA계좌에 넣어두고 매월 적립식으로 빠져나가게 만든다. 적립식 투자가 거치식보다 위험도를 낮추고 수익을 얻을 수 있는 좋은 투자 방법이다.

돈을 불리는 저축의 원칙

저축은 가장 안전하며 대중적인 자산 형성 방법이다. IMF 위기 이전만 해도 대다수 국민들은 수입의 일정 부분을 떼어 가까운 은행에 예·적금을 드는 것을 자산관리의 전부라고 여겼다. 그러나 IMF 이후 은행도 망할 수 있고 자신을 효율적으로 관리하지 못하면 언제든 가난해질 수 있다는 자각이 생긴 탓인지 사람들은 이제 은행을 잘 찾지 않는다. 물론 은행에도 문제가 많다. 소비자에 대한 서비스 개선보다는 덩치 키우기에 골몰하고, 손쉽게 수익을 올릴 수 있는 예대마진이나 수수료 수입 혹은 보험상품 판매에 매달리며 고객을 목적이 아닌 수단으로 대해 온 것은 사실이다. 그러나 그런 현상이 저축의 가치까지 훼손하는 것은 아니다. 저축은 시대를 뛰어넘는 미덕이 있으며, 수익률로 따질 수 없는 가치를 지니고 있다. 산의 다람쥐는 이자가 불어나지 않아도 도토리를 쌓아놓고, 들판의 꿀벌은 수익률을 따지지 않고 꿀을 모은다. 자연의 이치는 얻는 것 전부를 소비하지 않고 남기도록 만들어져 있다. 현대인은 얻는 것 이상을 소비하고 있으며, 그로부터 생기는 불균형을 투자로 해결하려고 한다. 그러나 그 결과는 거의 대부분 실패로 끝난다.

그런데 저축이 왜 그렇게 외면받게 되었을까? 가장 큰 이유는 목표가 너무 많거나 모호하기 때문이다. 우리의 부모 세대는 대부분 단순한 목표를 가지고 있었다. 대표적으로 자녀를 교육시키는 것 혹은 결혼시키는 것이었다. 그런 목표를 가지고 계를 들고, 적금에 가입하고, 보험을 활용했다. 지금의 세대는 집을 사거나 넓혀야 하고, 차를 사거나 바꿔야 하고, 사업자금이나 노후자금도 마련해야 한다. 풍족한 생활을 유지하며 자녀 교육에 충분히 투자하면서 그런 다양한 목표를 이룬다는 것은 거의 불가능하다. 그래서 대부분의 목표는 하나로 모아진다. "부자가 되자!" 그러나 이런 맹목적인 목표는 이루어지지 않는다. 부자에 대한 기준점도 모호하고 한계가 없으며, 다분히 심리적인 요소가 강하기 때문이다. 그리고 누구나 그 목표를 위해 고통을 인내할 마음의 준비가 되어 있지 않다.

하지만 저축은 제대로만 한다면 자산관리에서 핵심적인 요소가 될 수 있다. 올바른 원칙과 인내심만 있으면 저축은 일반적인 투자가 줄 수 없는 안정감을 안겨줄 것이다. 직접투자 혹은 간접투자만이 정답이 아니다. 실제로 목표한 금액을 가장 손쉽게 만드는 방법은 저축인 경우가 많다. 저축의 원칙을 새롭게 정리해보자.

목표를 세운다. 목표가 없거나 모호하면 저축이 지속되기 힘들다. 적금을 들려면 통장 표지에 큰 글씨로 목표를 적어 넣기 바란다. 예를 들어 '2015년 2월 ○○대학 입학자금' 혹은 '○○년 ○○월 유학자금'이라고 쓰는 것이다.

작은 금액도 소홀히 하지 않는다. 작은 금액을 소홀히 하는 사람은 큰돈을 만들 수 없다. 작은 금액으로도 감각을 체득하고 성취를 느껴보라. 저축할 돈이 없다는 말은 저축할 생각이 없다는 의미다. 단돈 만 원이라도 수입의 일부를 떼어 저축하는 습관을 들이자.

이자를 건드리지 않는다. 중도에 이자를 지급해주는 상품은 무의미하다. 이자를 받으면 대부분 의미 없이 소비하게 된다. 만기에 원금과 함께 받아야 한다.

새마을금고나 농·수·축협의 비과세 상품을 활용한다. 수익률도 높고, 예금자 보호도 되니 다소 불편하더라도 새마을금고나 농·수·축협을 이용해보자. 주거래은행이 아니기 때문에라도 귀찮아서 중도에 해지할 확률도 적다. 주거래은행 통장에서 매달 자동으로 빠져나가게 만들면 된다. 그러나 공연히 금리 쇼핑을 해서는 안 된다. 금융기관 간의 금리 비교를 하느라 한 달을 지체하면 이미 손해를 보고 시작하는 것이다. 생각했으면 즉시 실천해야 한다.

위험에 대비한 보험 가입의 원칙

살아가는 내내 항상 위험이 존재하고 사고나 질병 등은 예고 없이 찾아오는 불청객이기 때문에 보험은 예기치 않은 위험을 대비하는 가장 경제적인 방법이다. 보험이 없다면 사고와 사망, 질병, 화재 등으로 쉽게 경제적 파탄에 빠질 수 있다. 특히 인생 후반에 들면 질병, 사고 등으로 재정적인 타격이 올 확률이 높아지기 때문에 보험으로 그러한 위험을 대비해야 한다. 우리나라 가구당 보험 가입률은 98%로 세계 6위권이다.

이를 두고 포화상태라고 하지만 실제 가입 내용을 들여다보면 보장성보험이나 화재보험, 연금보험 등 필수적인 보험 가입률은 낮고 대부분 단기 저축성 보험이나 건강보험 비중이 높은 편이다. 특히 50대 이상의 중장년층은 건강에 대한 불안 때문에 보험 가입 의향은 높으나 보험사들의 외면으로 사각지대에 놓여 있기도 하다. 또한 암 발병률은 더욱 높아지는데 모든 보험사에서 암보험 판매를 중단하고 있는 실정이다.

어떤 상품을 어느 정도 가입해야 하는지 정하기도 쉽지 않고 보험회사나 설계사를 선택하는 문제도 있다. 그래서 보험 가입에 대한 일관성 있는 원칙이 필요하다. 보험 가입에서 가장 중요한 고려사항은 상품, 회사 그리고 설계사이다. 다음 요소들을 고려하면 어려움이 없을 것이다.

필요성(needs)에 부합하는 상품인가. 인정에 이끌려서 혹은 광고를 보고 갑자기 가입하면 후회할 확률이 높다. 자신의 상황과 미래 목표, 예상되는 위험을 종합적으로 고려하여 꼭 필요한 보험만 가입한다. 보통 보험 가입의 우선순위는 사망보장 〉 암, 질병보장 〉 연금 순으로 보는데 후반의 삶에도 역시 비슷하다. 사망하는 경우 필요한 사후 정리자금과 유족 생활자금을 위해 적정 규모의 보장성 보험을 들어두어야 한다. 납입 능력에 따라 종신 또는 정기보험을 적절히 활용한다. 암보험은 암 치료 때문에 생업을 포기하는 상황을 대비해서 꼭 필요하다. 질병보험도 과하지 않은 범위 내에서 한 개 정도 들어두어야 한다. 상속 문제를 고려하고 있다면 종신보험이 필요하다. 연금보험의 중요성은 이미 여러 번 강조했다. 자신의 라이프 사이클과 목표에 적합한 보험을 신중하게 골라서 가입한다.

믿을 만한 회사인가. 보험은 가장 장기적인 금융상품이다. 지급 여력이 불안하거나 신용 위험이 있는 보험사는 피해야 한다. 고객 불만이 많거나 불친절을 경험한 회사라면 더욱 멀리해야 한다. 대형 보험사라고 반드시 좋은 것은 아니다. 상품에 따라 보험료가 10% 이상 비싼 경우도 많기 때문이다. 외국계 보험사들의 영향으로 국내 중형 보험사들의 상품개발력이나 서비스 수준도 많이 향상되었다.

믿을 만한 설계사인가. 금융상품 가운데 특히 보험은 가입보다 유지와 보험금 지급이 중요하므로 보험 계약 관리를 담당할 설계사 선택에 있어 신중해야 한다. 이직이 잦은 텔레마케터나 담당이 모호한 은행을 통해 가입하는 보험은 애프터서비스가 소홀할 수밖에 없다. 최선을 다하는 실력 있고 믿을 만한 설계사를 골라야 한다.

그렇다면 설계사의 전문성과 신뢰성은 어떻게 검증해야 할까? 주변의 지인들 중 까다로운 안목을 지닌 사람에게 복수로 추천을 받아 비교하고 검증하는 과정이 필요하다. 대화와 관찰을 통해 실력과 도덕성을 파악하고 철학과 원칙이 없는 전문가는 멀리한다. 수익률을 과장하거나 자신의 지식이나 능력에 대해 지나치게 말이 많은 사람은 피한다. 겉모습과 말솜씨가 아닌 내면을 보고 고른다. 전문가와의 미팅은 나의 상황, 목표와 위험에 대한 깊이 있는 논의가 이루어지는 의미 있는 자리가 되어야 한다. 전문가와 정기적으로 만나 재정 분야의 고민을 나누는 것은 삶에서 큰 도움이 된다. 실력 있는 전문가라면 적절한 해결책을 제시해줄 것이다.

유산,
어떻게 남길 것인가

　　인류 역사를 보면 권력의 승계가 큰 다툼의 계기가 된 경우가 많았다. 특히 형제 간의 다툼이 가장 흔했고 이 싸움의 결과가 가문, 조직, 나라의 장래까지도 좌우했다. 현대 사회는 권력의 문제가 돈의 문제로 바뀌었다. 부모가 연로해지면 서서히 재산 분배 문제가 수면 위로 떠오르면서 그에 따른 보이지 않는 신경전이 시작된다. 물론 남길 것이 전혀 없는 경우라면 모르겠지만 사람은 죽으면서 이름만 남기는 것이 아니고 어느 정도 재산을 남기게 되므로 상속 문제를 피할 수는 없다.
　과거에는 상속 문제를 입에 올리는 것이 불효를 의미했고, 또 가족 간의 이해와 협조 속에 원만하게 해결되는 경우가 대부분이었지만 이제는 상황이 변했다. 제대로 준비해놓지 않으면 오히려 더 큰 불화와 법정다툼의 화근이 되어 죽어서도 두고두고 원망받는 경우가 생기기도 한다. 특히 역사상 가장 많은 부를 소유한 현재의 40~50대는 이 문제에 대해 한발 앞서 고민해야 한다. 상속과 증여 문제는 많은 사람들의 이해관계가 걸린 문제이고 법과 세금이 연결된 문제이므로 단순하게 볼 문제가 아니다. 그럼에도 불구하고 유언장을 준비하는 사람은 5%도 안 된다고 한다.

가업 승계도 매우 민감한 주제이다. 보통 가업 승계는 대주주 오너의 주식 지분을 후계자에게 증여나 상속 등의 방법으로 이전하는 과정을 의미한다. 자산 규모나 순이익이 큰 기업의 경우 사전에 철저히 준비하지 않으면 낭패를 볼 수 있다. 상속증여세의 최고 세율이 50%에 이르고, 대주주와 과점주주의 주식을 평가할 때는 10~30% 할증평가를 하므로 실제 세부담율이 65%에 이를 수도 있다. 세금을 현금으로 준비하지 않으면 부동산이나 주식 등 물납으로 해결해야 하는데 제값을 못 받을 확률이 크므로 이만저만한 손해가 아니다. 피땀으로 평생 만든 재산을 허무하게 날리는 경우가 종종 발생하는 것이다.

가업 승계 계획은 세금 대책만을 이야기하는 것이 아니다. 역량 있는 후계자 선정과 능력 개발, 적절한 승계 시기 선택, 절세 전략 수립 등이 모두 포함된 이야기이다. 우선 후계자를 선정하고 경영 체제를 정하고 경영 노하우와 핵심 정보를 체계적으로 전수하는 프로그램이 필요하다. 그리고 간 단계별로 정확한 실행에 옮겨져야 한다. 세금 대책으로 CEO 플랜, 주식과 펀드의 증여를 통한 자산 이전, 부채를 활용한 상속 과표 절감 방안, 기업의 물적 분할, 지주회사를 활용한 간접 승계 등을 활용한다. 그 과정에서 민법과 상속, 증여세법상 발생될 문제가 사전에 충분히 검토되어야 한다. 이런 과정에서 각 기업과 승계자의 특성이나 요구가 충분히 반영되어야 한다. 그 과정이 간단하지 않기 때문에 결국 세무, 법률, 재무 전문가들의 도움을 받는 것이 현명하다.

다 쓰고 떠나면 좋겠지만 말처럼 쉬운 문제가 아니다. 또한 살아 있는 동안 마음의 평화를 유지하려면 깔끔하게 상속, 증여, 가업 승계 부분에 대한 기준을 세우고 실천할 필요가 있다. 이 준비까지 끝내야 비로소 인생 후반전의 재무 준비가 완성된 것이라 할 수 있다.

노후에 영향을 미치는 인생의 5대 자금 전략

삶에서 필요한 자금을 큰 범주로 묶으면 생활자금, 주택자금, 자녀 교육자금, 자녀 결혼자금, 사후 정리자금, 이 다섯 가지로 분류할 수 있다. 많은 사람들이 인생의 전반부에서 이 자금에 대해 고민하고 준비하고 집행해왔을 것이다. 인생의 후반부 역시 이 자금들과 무관하지 않다. 특히 은퇴 시점이 지나 도래할 자녀의 대학자금이나 결혼자금은 여간 부담스러운 문제가 아니다. 자금의 규모도 크고, 자칫하면 노후자금 용도로 모아두었던 돈까지 쓰게 되는 경우가 생기기도 한다. 그러니 이 다섯 가지 자금에 대해 확실하게 생각을 정리해둬야 한다.

생활자금

생활자금은 말 그대로 살아가는 데 꼭 필요한 돈이다. 의식주와 문화생활을 영위하려면 일정 수준 이상의 수입이 필요하다. 우리는 앞에서 이 자금들에 대한 전략을 세웠다. 즉 필요한 생활비의 50%를 은퇴하지 않고 일을 통해 만들기로 했으며, 50%의 수입을 연금자산으로 확보하기로 했다. 그리고 후반부에도 수입의 15%를 저축하여 꿈꾸고 있는 일들을 이루어나가기로 했다.

소박한 소비생활에 대한 원칙만 지키면 생활에서의 큰 곤란은 없을 것이다. 지금부터 준비하면 충분히 그러한 구조를 만들 수 있다. 중요한 점은 안정적인 지출의 흐름을 깰 만한 일을 만들지 않는 것이다. 공연히 무모한 투자에 나선다거나, 예상하지 않은 큰 소비행동을 한다거나, 빚을 진다거나 하는 행동이 안정적인 생활의 맥을 끊는 일이다. 생활자금 용도로 조성한 자산들은 무슨 일이 있어도 손을 대서는 안 된다. 이 자산들은 후반부의 삶 동안 안전을 줄 주춧돌로 생각해야 한다.

주택자금

집을 자부심을 표현하는 수단이나 평생의 보금자리로서가 아닌 그저 주거지로서만 보고, 작지만 대출이 없는 내 집 하나면 충분하다고 생각한다면 주택자금은 큰 문제가 아니다. 그동안 살아오면서 새집이나 좀 더 넓은 집, 좀 더 좋은 환경, 좋은 동네로 옮기는 데 집중했을 수도 있다. 주택을 좀 더 세련되고 편리하게 만들기 위해 인테리어에 돈을 썼을 수도 있다. 그 때문에 대규모의 주택자금이 필요했을 것이다.

그러나 인생 후반에는 그럴 필요가 없다. 더 나은 교육 환경을 위해 이사를 다닐 필요도 없고, 커가는 자녀들을 위한 더 넓은 방도 필요 없다. 그리고 다른 사람에게 과시하기 위해 고급 인테리어로 치장할 필요도 없다. 특별히 손님 초대를 위해 집을 활용할 일도 별로 없다. 그저 소박한 주거지로서의 용도만 남은 것이다. 그러니 별도로 집에 투자할 계획은 세우지 말자. 깨끗이 정리정돈하고, 도배지가 너무 낡았으면 한번 정도 갈아주고, 고장 난 데가 있으면 수리해가면서 살자. 집이 낡아 여기저기 손댈 곳이 많으니 아예 새집으로 이사를 가는 게 낫겠다는 생각은 후반부의 삶에서는 결코 바람직한 생각이 아니다.

자녀 교육자금

대학등록금 때문에 시위까지 벌이는 상황이니 우리나라 대학등록금이 지나치게 높은 것은 분명하다. 대학을 졸업해도 변변한 일자리 구하기도 어려운 현실에서 졸업장 하나 받으려고 소요되는 돈이 너무 많다. 그러나 학력 중심 사회에서 대학을 안 나올 수는 없는 노릇이고, 알량한 아르바이트로는 도저히 학비를 충당할 수 없다. 결국 등록금에 대한 부담을 고스란히 부모가 감당하는 것이 현실이다.

표 3-3 **2011년 전국 대학 연간 평균 등록금 (191개교)**

구분		학교 수	연간 평균 등록금 (단위: 천 원)		
			2011년	2010년	인상률(%)
국공립대	전체	28	4,430	4,403	0.60
	수도권 대학	4	5,460	5,451	0.17
	비수도권	24	4,296	4,266	0.70
사립대	전체	163	7,686	7,514	2.29
	수도권 대학	68	8,089	7,907	2.29
	비수도권	95	7,409	7,243	2.30

자료: 대학알리미

수도권 대학을 다닐 경우 매년 등록금으로만 800만 원 정도를 납부해야 한다. 여기에 식비, 용돈, 교재 대금, 주거 비용(하숙, 자취, 기숙사)으로 월 100만 원을 쓴다면 등록금을 포함해 연간 2,000만 원 정도 필요하다. 그렇게 4년을 다니면 8,000만 원이라는 자금이 소요된다. 실로 어마어마한 돈이다. 대학 입학 전까지 살인적인 사교육비 때문에 충분히 고통을 받았는데 자녀의 대학 교육자금 때문에 또다시 고통을 받는다. 그러다 보니 노후 준비는 꿈도 꾸지 못하는 것이다. 이 문제에 대한 원칙을 세우지 않고는 인생 후반부의 재무 문제를 해결했다 할 수 없다.

자녀를 예비 사회인으로 대접해야 한다. 대학생은 성인이므로 생활에 필요한 돈은 스스로 벌도록 해야 하며 수입의 범위 내에서 소비할 수 있어야 한다. 학비는 부모가 전부 또는 일부 부담할 수 있지만, 휴대폰 비용에서 미팅 비용까지 무한 제공하는 것은 자녀의 자립에 장애요소가 될 뿐이다. 학업과 아르바이트를 병행하도록 적극적으로 권하자. 아르바이트가 무조건 학업에 지장을 주는 것은 아니다. 노동을 경험하는 것은 훌륭한 교육이다. 2011년 현재 최저시급은 4,320원이니 하루 여섯 시간씩 근무한다면 월 60만 원 정도 벌 수 있다. 이 돈으로 용돈을 쓰고 저축도 하게 한다. 정 힘든 상황이라면 잠깐 휴학을 할 수도 있다. 휴학을 하는 동안 학비를 마련해서 다닐 수도 있다. 꼭 대학은 4년간 쉼 없이 다녀야만 하는 것은 아니다. 학점이 사회에서의 성공을 보장하는 것도 아니다. 사회에는 학점만 높은 무능력자들이 즐비하다.

　이때 자녀가 스스로 경제를 꾸려가는 데 지나치게 간섭해서는 안 된다. 때론 해방감이 지나쳐 방종을 저지르기도 하지만 그 또한 성장의 과정이다. 지나치지 않은 범위에서 충분히 자유롭게 해주고 동시에 경제적인 책임도 부담하도록 해야 한다. 그 시기가 빠를수록 자녀가 사회에 적응하는 속도도 빨라질 것이다. 가능하다면 작은 원룸이라도 얻어 독립시키는 것도 좋은 방법이다. 아르바이트로 주거 비용까지 해결하기는 힘드니까 월세 정도는 지원해줄 필요가 있다. 요즘 사회문제가 된 캥거루족이란 단어도 따지고 보면 부모가 조장한 면도 많다. 품안에서 오래 기를수록 자녀의 날개는 더욱 퇴화되게 마련이다.

집의 규모를 줄인다. 앞서 대출이 없는 소박한 집을 소유할 필요성에 대해 언급했고, 수입이 발생되지 않는 주택은 자산이 아니라고 했다. 특히 자녀의 독립이 머지않은 시점에는 더더욱 그러하다. 약간의 불편을 감수하면 충분히 교육자금을 만들 수 있다. 대학 4년 등록금 총액은 4,000만 원 내외인데 집을 줄여 생긴 자금으로 학비를 충당할 수 있다. 자녀의 학업에 대한 열의를 보고 전액을 지원할지, 일부를 대출로 충당하고 본인이 취업을 해서 해결할지 결정한다. 전세를 살고 있다면 전세를 줄일 수도 있다. 자녀가 대학에 진학하는 시점에 가족이 재정적으로 힘들지만 최선을 다하는 모습을 보이면 자녀도 대학생활을 성실히 보낼 것이다.

고통 분담을 합의한다. 자녀와 진솔하게 대화를 나누어야 한다. 나의 부모 세대는 자녀를 독립시킨 뒤 10년 정도 생존하면서 자식의 도움을 받았지만 나는 30년 이상 더 살게 되었고 자식의 도움을 받지 않을 것임을 얘기해주어야 한다. 터무니없는 사교육비와 부담스러운 생활비 때문에 노후에 대한 준비가 거의 되지 않지만 다행히 노후에도 손에서 일을 놓지 않을 생각이므로 자녀에게 부담은 주지 않을 것이라고 알려준다. 그러므로 당면한 가장 큰 재무 이벤트인 대학 등록금에 대하여 서로 고통을 분담해야 한다는 점을 이해시킨다. 현재 가족이 처한 상황을 정확하게 이해시키는 것을 창피해할 이유는 없다. 그리고 그 정도 얘기를 이해 못할 만큼 자녀를 어리게 보아서도 안 된다. 대학생활에 소요될 자금의 규모와 조달 방안에 대해 의견을 나누고 서로 부담할 몫에 대해 합의하는 행위는 자녀를 파트너이자 어른으로 대접하는 좋은 계기가 될 것이다.

자녀에게 소비습관을 가르친다. 어려서의 경제습관이 평생 부를 좌우한다. 소비를 통제하지 못한다면 부자가 될 확률은 희박하다. 자녀의 성장기에 나름대로 경제교육을 해왔겠지만 자유가 충만한 대학생활에서 버릇이 잘못 들면 인생이 꼬일 수도 있다. 우선, 부모가 현금지급기가 아님을 알려주어야 한다. 부모가 더 이상 원하는 것을 다 이루어주는 요정이 아님을 깨닫는 순간부터 자녀는 철이 든다. 그리고 지출을 통제하는 방법을 체득하게 해야 한다. 아르바이트나 용돈으로 생기는 수입이 아무리 적어도 그 범위를 넘어서는 지출은 못하게 해야 한다. 또한 적어도 수입의 20% 정도는 저축하도록 해야 한다. 당연히 카드를 만들어주어서도 안 된다. 항상 월수입과 지출을 기록하는 습관과 필요한 물건은 돈을 모아서 구입하는 습관을 들여야 한다.

학자금 대출을 활용한다. 현재 정부 학자금 신청은 학교 측 등록금 수납기간에 맞추어 신청과 지급이 가능하다. 2011년 8월 현재 정부 장학재단 학자금대출 이자율은 4.9%로 담보대출 이자율과 비슷하다. 정부에서 3%대로 낮추는 방안을 검토하고 있지만 현재도 지나치게 높은 수준은 아니다. 상환방식은 2가지로 일반상환제와 취업후상환제(든든학자금)로 나뉜다. 일반상환제의 경우 처음에는 이자만 납부하다가 이 기간이 끝나면 원금과 이자를 함께 상환하는 방식이다. 취업후상환제는 취업 후 일정 소득이 발생할 때까지 이자는 납입할 필요가 없고(단리 계산) 소득이 발생하면 원금과 이자를 상환하는 방식으로 전환된다. 정부학자금 대출 성적기준은 전 학기 12학점 이상 이수자 중에서 취업후상환제는 성적 B학점 이상(평점 3점)에 평점 80점 이상이어야 하며, 일반상환제는 C학점 이상(평점 2점)에 평점 70점 이상이어야 한다. 이 또한 기준이 낮춰질 것으로 보인다. 만일 4년간 등록금 전액을 학자금 대출로 한다면 졸업 후 5년간 매월 60만 원 정도씩 갚아나가는 것인데, 취업만 되면 이 정도는 큰 부담이 아닐 것이다.

자녀 결혼자금

여성가족부가 2011년 발표한 '제2차 가족실태조사'에 따르면 2010년 우리나라 남녀 결혼비용 평균은 남자는 8,087만 원, 여자는 2,936만 원이다. 남성의 부담이 유독 큰 이유는 전세자금 마련 때문이다. 통계청이 발표한 2010년 혼인 통계에 따르면 결혼 평균 연령은 남자 31.8세, 여자 28.9세이다. 남녀의 평균 취업 연령이 27.6세와 25.5세라고 하니 스스로 결혼비용을 마련한다면 남자는 4.2년이 걸리고 여자는 3.4년이 걸린다. 이때 남자는 4.2년 동안 매달 160만 원씩 모아야 하고, 여자는 매달 72만 원씩 모아야 한다. 여성의 경우도 쉽지 않지만, 남성의 경우는 여간 부담스러운 게 아니다.

자녀를 빨리 결혼시켜 홀가분해졌으면 좋겠는데 가진 돈은 거의

다 학비로 써버렸고 노후 준비 자금도 부족한데 결혼까지 준비해야 하니 걱정이 앞설 것이다. 지나친 걱정은 도움이 안 된다. 마음을 느긋하게 먹고 결혼과 관련한 고정관념들을 다시 생각해보자.

결혼 적령기가 있을까? 결혼이 가문의 결합이고, 대를 잇는 중대한 과업으로 여겨지던 시기에는 빨리 결혼해서 손자를 안겨주는 것이 자식의 도리였다. 또한 은퇴 시점이 도래하기 전에 자녀를 독립시키려면 아이를 빨리 낳아야 했으므로 빠른 결혼은 당연한 일이었다. 그러나 이제는 시대가 변했다. 결혼은 가문의 결합이 아닌 두 사람만의 문제가 되고 있으며, 부모가 장수하기 때문에 초조해할 이유도 없다.

앞으로는 결혼 유무와 상관없이 자녀를 독립시키는 문화가 정착될 것이므로 적당한 결혼 시기, 즉 결혼 적령기에 너무 얽매일 필요는 없다. 하지만 자녀를 독립시키기에 적당한 시기는 있다. 자립심이 충분하다면 졸업과 동시에 독립시킬 수도 있고, 졸업 후 2~3년간 스스로 가계를 꾸려가는 연습을 시킨 후 독립시킬 수도 있다. 그러나 그 독립이 곧 결혼은 아니다. 결혼이란 이제 과거만큼 부모와 큰 연관성을 갖는 이벤트가 아니다.

그런데 결혼자금을 남자가 더 부담하는 것에 대해 딸만 가진 부모는 당연하다 하고, 아들만 가진 부모는 불공평하다 할까? 당연하다면 왜 당연한가? 아직도 지구상의 여러 부족에서 신부 집에 지참금조로 가축을 주는 예는 많다. 소중한 일손을 데려가면서 더구나 아이까지 낳아주고 시부모를 부양할 텐데 그 정도는 당연한 것이고 많을수록 좋을 것이다. 그러나 오늘날 우리의 현실은 다르다. 여자도 밖에 나가 일하느라 소중한 일손이 되기 어렵거니와 아이를 낳아주는 것도 아니며 시부모 부양을 책임지는 경우도 드물다. 결혼한 딸들도 아들과 똑같은 유산 분배 권한이 있으니 아들만 혜택을 받는 것도 아니다. 그럼에도 남자에게 더 큰 부담을 지우려 하는 데서 문제가 생긴다. 남자 측의 부담이 클수록 여자 측에 더 많은 지참금(예단)을 요구하고, 여자 측은 그에 맞추어 더 많은 것을 요구하는 웃지 못할 광경이 연출된다. 왜 남자가 집을 장만하고 여자가 살림살이를 채워야 하는 것일까? 합리적인 해결책은 둘이 한집에 살게 되는 것이므로 반씩 부담하는 것이다. 즉 양가의 형편과 관계없이 동일한 책임을 진다는 인식 전환이 필요하다. 물론 양쪽 집의 재산 정도가 다를 것이다. 그러나 결혼을 돈의 문제나 자존심의 문제로 만들면 안 된다. 이 문제는 양가의 합의가 필요한 일이니 충분한 대화로 풀어나가야 할 것이다.

왜 결혼자금이 그렇게 많이 필요한가? 〈표 3-4〉는 여성가족부 자료와 여러 결혼 관련 사이트의 정보를 종합하여 대략적으로 계산한 것이다. 평균적 수치라서 개인별로 차이가 있을 것이다. 우리나라의 결혼비용은 미국의 5배, 일본의 3배가 넘는다고 한다. 일단 일부의 호화로운 결혼풍속에 대해서는 말을 아끼겠다. 흔한 말로 돈 자랑을 하고 싶거나 하객 동원 능력을 과시하고 싶어 하는 사람들은 어

표 3-4 **2011년 대한민국 결혼비용 통계**

(단위: 만 원)

주택 마련	6,968	남성	93%	6,456				
		여성	7%	512				
예식, 혼수	4,055	혼수	47%	1,906	가구		20%	381
					가전		30%	572
					주방용품		5%	95
					침구		5%	95
남성	여성				한복		15%	286
1,636	2,424				예물		25%	476
40%	60%	예단	27%	1,095	예단현금		70%	766
					예단현물		30%	328
		예식	10%	406	예식비(식비)		100%	406
		여행 예복	16%	649	신혼여행		40%	260
					신랑예복잡화		30%	195
					신부예복잡화		30%	195
			100%	4,055				4,055
총비용	11,023	남성	73%	8,087				
		여성	27%	2,936				

느 나라에나 존재하게 마련이다. 여기서는 평범한 중산층 가정의 경우를 예로 들겠다. 앞서 남자와 여자의 부담이 다를 이유가 없다고 말했는데, 그런 전제에서 과연 어떤 비용이 필수적이고 어떤 비용이 전혀 의미 없는 항목일까.

우선 이 통계자료는 개인별 특성과 요즘의 변화되는 흐름을 충분히 반영하고 있지 못하다. 예전에는 반지, 목걸이, 팔찌 등으로 구성된 호화예물 세트를 준비했지만 요즘은 실용적으로 커플링 세트만 준비하는 경우가 대부분이다. 빌트인아파트나 오피스텔의 영향으로 가전제품을 세트로 구매하는 풍경도 사라졌으며, 필수품만 구입하고 살면서 채워가는 것이 트렌드이다. 신혼여행도 천편일률적인 신혼 패키지가 아닌 배낭여행 등 다양한 여행 형태를 보여준다. 한복은 대여하거나 아예 폐백을 생략하는 경우도 많다. 호텔에서 예식을 치르는 경우도 있지만 공공기관을 이용하는 경우도 많다. 선진국의 경우 신혼부부들이 월세 주택에 살며 대부분의 물건들을 중고로 준비하는 것이 일반적이다.

일생에 한 번 하는 결혼이라는 이유로 의미 없는 과소비가 아무렇지 않게 이루어지는 곳이 결혼식이다. 생각해보자. 공장에서 찍어내는 듯 아무 특징도 없는 1시간짜리 이벤트에 그렇게 온 신경과 자금을 투자할 필요가 있는가? 결혼식만 일생에 한 번인가? 지난번 생일도 일생에 한 번이고 오늘이란 날도 일생에 한 번뿐이다. 요즘은 이혼이 흔해서 결혼식을 두 번하는 경우도 많다. 결혼식이라는 행사가 중요한 게 아니라 두 사람이 인생의 파트너이자 공동운명체로서 새로운 부부의 삶을 시작한다는 것이 중요하지 않겠는가?

의외로 지금의 청소년들은 보다 깨어 있는 의식 수준을 보인다. 2010년 여성가족부의 조사 자료에 따르면 부모가 필요한 모든 비용을 부담해야 한다고 생각하는 비율이 남자는 2.5%, 여자는 1.2%에 지나지 않았다. 전혀 부담할 필요가 없다는 의견이 60%가 넘는다는 사실은 결국 왜곡된 결혼 문화 조성에 대한 책임이 기성세대에 있음을 반증한다. 중국이나 일본의 경우는 70% 이상이 부모가 전혀

표 3-5 **결혼비용 예산잡기(예)**

(단위: 만 원)

주택마련 (월세보증금)	3,000	남성	50%	1,500				
		여성	50%	1,500				
예식·혼수	1,251	혼수	58%	724	가구 1/2		26%	191
					가전 1/2		39%	286
					주방용품 1/2		7%	48
					침구 1/2		7%	48
남성	여성				한복 1/5		8%	57
626	626				예물 1/5		13%	95
50%	50%	예단	0%	0	예단현금			0
					예단현물			0
		예식	16%	203	예식비 1/2		100%	203
		여행 예복	26%	324	신혼여행 1/2		40%	130
					신랑예복잡화 1/2		30%	97
					신부예복잡화 1/2		30%	97
			100%	1,251				1,251
총비용	4,251	남성	50%	2,126				
		여성	50%	2,126				

부담할 필요가 없다고 답해 우리보다 높은 결과를 보였다.

무엇보다 사고의 전환이 필요하다. 아직 사회경험이 부족한 신랑, 신부보다 부모들의 생각이 바뀌어야 한다. 〈표 3-5〉는 결혼비용을 대폭 절감한 형태의 예산 수립 사례이다. 그냥 가볍게 참고자료로 보아주기 바란다. 모든 비용을 남녀가 동등하게 부담하는 형태이다. 주택은 월세로 시작한다(오피스텔도 좋다). 혼수품의 상당 부분을 생략하거나 중고로 준비해서 비용을 반으로 줄이고, 한복은 대여하고, 예물은 20%의 금액 수준으로 준비한다. 예식비용, 예복, 신혼여행 경비도 50% 수준으로 줄인다.

　가족과 가장 친한 친인척 몇 명만 불러 조용하지만 의미 있는 결혼식을 치르자. 축의금이란 것은 일종의 부채증서이고 받은 돈 대부분이 그날 식비로 나가게 되어 있으며 결국 두고두고 갚아나가야 하는 돈이다. 지인들에게 청첩장 대신 결혼했음을 알리는 카드로 대신할 수도 있다. 물론 이런 일들은 실천하기 쉽지 않고 양가가 의견 일치를 보기도 힘들 것이다. 그러나 불가능한 것은 아니다. 그렇게 하는 사람들이 의외로 많다. 어쨌든 이런 방식으로 준비하면 4,200만 원이 드니 각자 2,100만 원씩 준비하면 된다. 대학을 졸업하고 나서 4년 후에 결혼한다면 취업해서 매월 40만 원씩만 적금을 들면 가능한 금액이다.

　어떤가? 돈이 남을 것 같은가? 부모 입장에서 더 해주고 싶은가? 그럴 돈이 있다면 신랑신부의 경쟁력을 높이는 곳에 투자해주자. 대학원 진학이나 유학을 독려하고 비용의 일부를 지원해주면 자녀의 미래가 달라질 것이다.

신혼부터 내 집과 새 차가 꼭 필요한가.　주택 가격이 매년 임금인상률이나 물가상승률을 초과하여 상승하던 시기에는 내 집 마련이 가장 중요한 재무 목표였다. 특히 우리나라 사람들은 집에 대한 애착이 강해 결혼 후 최대의 관심사가 얼마나 빠른 기간 내에 내 집을 마련할 수 있는가였다. 결국 그런 풍토가 가계빚 1,000조 원 시대를 만드는 데 큰 기여를 했다.

남녀가 평등한 세상이 되었지만 앞서 결혼비용 통계 자료에서 본 것처럼 결혼에 있어서만큼은 남녀 간 불평등이 심한데 그 주된 원인은 집 때문이다. 물론 여자 입장에서는 결혼의 기본조건으로 아파트와 내 차 정도는 갖춰야 한다고 생각할 수도 있다. 하지만 남자가 대학교 졸업하고 몇 년 만에 그 정도를 갖춘다는 것은 현실적으로 불가능하다. 결국 이는 부유한 부모를 둔 남자들에게만 해당되는 이야기이다.

이제는 상황이 많이 바뀌었다는 것을 자각해야 한다. 집값 상승률이 둔화되었고, 주택 경기가 시들해졌다. 더 이상 집이 투자수단이 되어서는 안 된다. 집은 진정한 의미의 사는 곳으로 인식되어야 한다. 또 하나의 큰 변화는 이사가 잦아질 수밖에 없다는 점이다. 과거와는 달리 요즘 세대는 고향의 의미가 희박하고, 평생직장 개념도 없어져 직업도 자주 바뀌니 이사를 다닐 수밖에 없다. 게다가 자녀교육 때문에도 이사를 다닌다. 이러저런 이유로 집을 옮기는 과정이 과거에는 재테크를 겸한 행동이었지만 이제는 취등록세와 중개수수료, 이사 비용, 양도세 등 각종 비용을 떠안아야 하는 부담스러운 거래가 되었다. 게다가 집을 구입하느라 얻은 대출은 가계 재정을 꼬이게 만드는 주된 원인이다. 그리고 집을 소유하면 그 집에 채워 넣을 가구, 가전제품과 인테리어에 돈을 쓰면서 여유자금을 축적할 기회를 잃게 된다. 자칫 너무 일찍 넓은 집을 소유했던 사람은 집 때문에라도 작은 집으로 이사를 가지 못하는 상황에 직면하기도 한다.

부부는 경제 공동체이다. 소박하게 출발하고 서로의 수입을 축적해가면서 집을 마련하고 가구를 준비하는 과정에서 공동의 목표와 성취감을 맛볼 수 있다. 그런 과정을 생략한 채 결혼이란 이벤트와 함께 대부분의 재정적 목표를 달성해놓으면 두 사람은 무엇을 향해 나아가야 하는가? 결혼생활이 마라톤이라면 두 사람을 차에 태워 중간지점에 내려놓고 달리게 하는 것과 같다.

결혼 필수품에 자동차를 포함시키는 것은 또 무슨 일인가? 직장에 들어가면 차부터 구입하는 시대이고 결혼해서 자녀가 생기기 전에 맘껏 놀러 다니려면 차 한 대는 있어야 한다고 생각하기 때문일까?

차의 소유 여부가 어느 정도의 경제효과를 가져오는지부터 생각해보자. 예를 들어 2000cc급 중형차를 구입했을 경우 총비용을 대략 계산해보면 다음과 같다.

- 구입 비용 3,000만 원: 신차 가격 2,800만 원, 취·등록 비용 200만 원
- 연간 유지 비용 연 700만 원: 유류비 500만 원, 보험료 100만, 정비 비용 100만 원

5년간 사용했을 경우 총 6,500만 원이 든다. 여기다 차 값의 감가상각비 50%를 감안하면 1,500만 원, 5년간 저축과 투자를 하지 못

한 기회 손실 비용과 자동차 소유로 인한 과소비까지 포함하면 5년간 1억 이상의 비용을 쓰게 된다. 5년에 1억 원을 모으려면 얼마나 힘들겠는가? 체면 때문에 큰 차를 사고, 자주 차를 바꾸는 습관이 결국 자산 축적에 큰 독이 된다. 게다가 터무니없이 높은 이자의 할부수수료를 물어가며 차를 소유하는 것은 어떤가? 물론 꼭 업무상 필요 때문에 차를 구입해야 하는 경우도 있다. 그런 때에도 소형차를 선택하거나 중고차를 구입하는 지혜가 필요하다.

거듭 강조하지만 결혼은 새로운 삶의 영역을 만들어가는 시기이다. 긴 인생에 있어 매우 중요한 시기이고, 어떻게 보내는가가 앞으로의 삶의 형태를 좌우한다. 물질이나 외형이 아닌 기초와 내실을 다져야 하는 때이고 평생 활용할 경쟁력을 갖추는 시기이다. 자녀를 올바른 자세로 출발시키는 시금석이 결혼이고, 결혼자금이다. 결혼자금에 대한 새로운 원칙과 철학은 바로 부모로부터 시작된다.

사후 정리자금

삶을 마무리하는 문제는 중요하다. 삶이 가치가 있듯 죽음도 가치가 있다. 사람은 누구나 존엄하게 죽을 권리가 있으며 평안 속에 눈을 감기를 희망한다. 그러나 그것이 거창한 장례의식을 의미하는 것은 아니다. 아무리 성대한 장례식도 죽은 자에게는 아무 의미가 없다. 삶을 마무리하는 시점에 있는 사람은 평안하게 떠날 수 있기만을 희망하는 것이다. 그렇기 때문에 약간의 준비가 필요하다.

사고든 질병이든 사망하게 되면 경제적 부담이 남는다. 병원비와 치료에 소요된 비용이 있다. 장기간의 간병을 받으면 그 규모가 적지 않을 것이다. 그리고 장례비도 필요하다. 각종 미지불금이 있다면 그것도 해결해야 한다. 금융기관은 동정심이 없다. 사람이 죽으면 채무가 있었던 사람은 입을 다물지만 채권자는 가장 먼저 달려오는 법이다. 이러저런 이유로 사후 정리에 드는 비용이 만만치 않다. 그런 사실이 마음에 걸리면 편안하게 눈을 감지 못할 수 있다. 편안하게 감는다 해도 남은 유족들에게 경제적 짐이 되는 문제는 피할 수 없다.

그러나 너무 걱정할 필요는 없다. 후반부의 삶에서 부채를 없애는 데 성공하고 신용카드를 쓰지 않는다면 일단 채무 문제는 발생하지 않을 것이다. 그리고 국민건강보험과 실비보험을 들어두었다면 치료비의 대부분을 해결할 수 있다. 또한 긴급예비자금을 준비해두면 그것도 요긴하게 도움이 된다. 그럼에도 현금이 필요할 수 있다. 장례를 치르기 위한 현금이 준비되어 있지 않으면 당황할 수 있다.

사후 정리자금을 준비하는 가장 좋은 방법은 종신보험을 들어두는 것이다. 종신보험은 언제 사망하더라도 정해진 보험금을 지급한다. 문제는 보험금인데 너무 과하게 들 필요는 없다. 장례를 치르는 비용은 사람마다 차이가 있겠지만 보통 2,000만~3,000만 원이면 충분하고 1,000만 원 수준으로도 감당할 수 있다. 종신보험은 보험료가 비싸기 때문에 가입금액을 너무 높게 잡으면 재정적 부담이 크다. 경제적 여유가 많거나 상속세 재원을 마련할 목적이라면 모를까 빠

듯한 가계재정에서 종신보험 가입에 너무 과한 보험료를 책정하는 것은 문제가 있다.

자금관리 전략에서 깊이 다룰 문제는 아니지만 존엄사 문제에 대해서도 원칙을 세워둘 필요가 있다. 의학, 법률, 윤리, 종교 문제가 복잡하게 얽힌 문제지만, 최선의 의학적 치료를 다했음에도 회복이 불가능하여 거의 사망의 단계에 이르렀을 때, 단지 그 상태를 유지할 목적으로 행해지는 무의미한 연명치료에 대해 어떻게 생각하는가? 존엄사란 그러한 치료를 중단하고 자연적 죽음을 받아들임으로써 인간으로서 지녀야 할 최소한의 품위를 지키면서 죽을 수 있도록 하는 것이다.

안락사는 인위적 행위에 의한 죽음이라는 점에서 존엄사와 약간 다르다. 고통을 받고 있는 환자의 요청에 따라 약제 등을 투입하여 죽음을 앞당기는 것을 '적극적 안락사', 환자나 가족의 요청에 따라 생명 유지에 필수적인 영양 공급이나 약물 투여 등을 중단함으로써 환자를 죽음에 이르게 하는 행위를 '소극적 안락사'라고 한다. 소극적 안락사를 존엄사와 동일시하는 견해도 있다. 선진국들은 존엄사와 안락사를 대체로 허용하는 편이다. 한국에서도 2009년 5월 대법원이 무의미한 연명 치료 장치 제거 등을 인정하는 판결을 내려 식물인간 상태인 고령의 환자를 인공호흡기로 연명하는 치료를 중단하는 것을 인정하였다. 연명치료는 병원비 부담도 문제지만 존엄한 죽음이란 측면에서 우리에게 가치판단을 요구한다. 당신이라면 어떻게 하겠는가?

인생 후반 재무관리의 핵심은 지출 관리다

　　후반부의 삶은 재정적으로 상당한 수준의 안정성이 확보되어야 한다. 앞으로의 세상은 과거보다 더욱 빠르게 변할 것이고, 더욱 위험해지고, 개인들의 소외는 더 심해질 것이다. 오직 본인의 힘으로만 감당해야 하는 시대를 살게 될 것이다. 많은 변화와 도전이 기다리고 있을 것이고 자칫 실수라도 하면 복구하는 데 더 많은 노력이 필요할 것이다.

　전반부의 삶에서는 커다란 재정 위기에 처했을 때 부모나 형제 혹은 친구가 도움을 주었지만 후반부의 삶에서는 다른 사람의 도움을 기대하기 어렵다. 결국 스스로 해결해야 한다. 그래서 지출 관리에 대한 부분은 깊은 관심과 세심한 주의가 필요하다. 현금흐름 계획을 토대로 어떤 원칙과 방법이 필요한지 살펴보자.

가계부채를 '0'으로 만들어라

안정된 현금흐름의 핵심은 빚을 지지 않는 것이다. 여기서 빚이란 주택대출, 신용대출, 자동차 할부구입 대금 등을 포함한다. 기업이 부채비율로써 그 기업의 재무 건전성을 판단하듯 개인 역시 마찬가지이다. 주택의 규모를 줄여 대출금을 전액 상환하거나 현금으로만 구입하는 등 부채 자체를 만들지 않으면 가장 바람직한 지출 구조가 만들어진다.

현재의 가계대출이 안고 있는 문제는 개인들이 저금리 시기에 대출 받을 때는 문제가 없지만 금리가 오르는 반면 수입은 제자리라서 그 고통을 감내할 수 없다는 데 있다. 후반부의 삶이 그러하다. 금리는 경제 상황의 변화에 따라 언제든 오르내릴 것이지만, 수입은 쉽게 오르지 않을 것이다. 그래서 인생의 전반부에 가졌던 부채에 대한 생각을 이어간다면 문제가 될 수 있다. 최고의 자산관리 비법은 빚을 만들지 않는 것이고 돈이 생길 때마다 빚을 갚는 것이다. 이는 그 어떤 세금혜택이 있는 상품에 가입하는 것보다 낫다. 무조건 빚을 갚을 것! 이것이야말로 후반 지출 관리의 핵심이다. 그 이유 3가지를 들어보겠다.

첫째, 금융기관의 예대마진 구조상 어떤 예금상품의 이자도 대출 이자보다 높을 수 없다. 금융기관이 먹고살기 위해서는 어쩔 수 없다. 따라서 대출은 개인에게 절대적으로 불리한 금융 행위다. 결국 예금보다 빚을 먼저 없애는 게 순서이다. 게다가 대부분 예금 이자에서는 세금을 떼지만 대출 이자를 납입할 때는 세금 혜택이 없다. 대출을 받으면 이자율과 세금 양쪽에서 손해를 보는 것이다.

표 3-6 **수입과 지출 예상액**
(단위: 원)

구분		전국평균 240만 원	제시안 360만 원	인생 후반부 나의 계획은?
수입	급여·사업소득	1,200,000	1,800,000	
	개인연금 소득	500,000	600,000	
	국민연금 소득	500,000	600,000	
	투자·임대 소득, 주택연금	200,000	600,000	
	수입 계	2,400,000	3,600,000	
지출	의식주, 가사 서비스	750,000	1,150,000	
	보건 의료	150,000	230,000	
	교통, 통신, 숙박	400,000	610,000	
	오락, 문화	100,000	150,000	
	교육	50,000	80,000	
	기타 상품·서비스, 이미용	100,000	150,000	
	비소비지출 (조세, 수수료)	450,000	690,000	
	지출 계	2,000,000	3,060,000	
수입-지출(저축, 투자)		400,000	540,000	

둘째, 숨어 있는 이자율 손해가 존재한다는 점이다. 예금이자는 만기에 몰아서 지급하지만 대출이자는 매월 납입해야 한다. 즉 예금 이자는 세금 떼는 단리 상품이지만 대출 이자는 월복리 상품이라는 것을 알아야 한다. 실효수익률 차이가 연간 2.5% 이상이다. 연간 복리로 2.5% 차이는 대단한 차이이다. 1억 원을 20년간 대출받았다면 약 6,386만 원의 차이가 생긴다.

셋째, 재무적, 심리적 안정감이다. 부채가 없으면 재무적 안정성이 향상되며 부채로 인한 추가적 비용지출(설정 비용, 인지세, 교통비 등)이나 시간 소비가 없어진다. 어떤 형태의 빚도 정신적 부담감을 준다. '빚지고는 못 산다'라는 말도 있지 않은가? 본인과 배우자 외에도 가족까지 그 부담을 안고 살게 된다. 한 번이라도 연체로 인한 독촉장을 받아본 사람은 그 부담감이 얼마나 큰지 알 것이다. 이는 돈으로 계산할 수 없지만 매우 큰 부분이다.

신용카드, 사용하지 마라

카드사에는 미안한 말이지만 신용카드는 가계 경제의 가장 큰 적이다. 미래에 존재하는 가상의 현금으로 현재의 욕망을 충족시키는 신용카드야말로 가장 무서운 암이고 괴물이다. 우리나라의 1인당 신용카드 발급 건수는 미국에 이어 세계 두 번째다.

2011년 1분기에 우리나라에서 배포된 신용카드는 모두 1억 2,000만 장이다. 취업자와 구직자를 포함한 경제활동인구가 2,400만 명이니 1명당 평균 5장 정도의 신용카드를 가지고 있는 셈이다. 0.6장에 불과했던 20년 전보다 무려 8배나 증가한 것이다. 카드 이용금액도 2011년 5월 한 달 동안에만 47조 원이 넘었다. 2003년 카드 대란 이후 가장 많았다. 신용카드 돌려막기, 카드 불법할인(카드깡) 등으로 신용불량자가 끊임없이 양산되는 현실에도 매달 100만 장 이상의 신용카드가 새로 발급된다. 소득이 없어도 신용불량이어도 카드를 발급해준다는 광고가 거리에 넘쳐나지만 단속의 손길은 어디에도 없다.

현대인은 신용카드에 중독되어 있음을 스스로 깨닫지 못하고 있다. 우리나라 신용카드의 수수료율은 세계 최고 수준이다. 쉼 없는 광고와 마케팅 활동과 다양한 할인 혜택 그리고 대규모 이벤트를 위한 막대한 비용을 감당하며 대규모 이익을 남겨야 하니 수수료가 높아질 수밖에 없다. 그 돈을 생산자가 부담할 이유는 없다. 소비자가 느끼지 못하는 사이에 높은 수수료가 포함된 가격을 치르게 되는 것이다. 영세한 자영업자들은 높은 신용카드 수수료율에 대해 원성이 높다. 영세할수록 수수료율도 높아서 3%가 넘으니 견딜 재간이 없다는 것이다. 대형 가맹점이나 카드사들만 이익을 보는 현실이다.

카드와 이별하자. 처음에는 힘들 것이다. 카드를 안 쓰면 손해 보는 기분일 것이다. 다양한 할인혜택 안내문을 보면 마음이 흔들리고 포인트를 안 쌓으면 돈을 낭비한 느낌이 들 수도 있다. 그러나 과감히 포기하고 현금으로 지불하자. 현금이 정 불편하면 체크카드를 쓰자. 카드를 쓰지 않으면 소비가 깜짝 놀랄 만큼 줄어들 것이다. 경험자들 의견을 종합하면 대략 70% 수준으로 줄어들지만 별 불편함을 못 느낀다고 한다. 50% 이상 소비가 줄었다는 사람들도 적지 않다. 무엇보다도 월말에 날아오는 카드대금 명세서를 보지 않으면 삶의 평화를 얻을 수 있다. 인생 후반부의 안정적 현금흐름을 만들기 위해서는 신용카드와 완전히 결별해야 한다.

세금은 최대한 적게 낸다

세금을 내고 싶어서 내는 사람은 없다. 또 공연히 꾸물대다가는 높은 이자율이 적용된 연체료를 물어야 하고 자칫 실수라도 하면 무시무시한 과태료 폭탄을 맞게 되므로 매우 조심해야 한다. 재미있는 사실은 부자들일수록 탈세 사례가 많고 다양한 절세기법을 활용한다는 점이다. 세금 액수의 크기와 상관없이 세금에 대한 지식과 적절한 대처방법을 안다는 것은 매우 중요하다. 어렵게 모은 돈을 맥없이 세금으로 날리는 것만큼 허무한 일은 없다. 후반부의 삶에 큰 영향을 미치는 세금을 중심으로 세금을 줄이는 방법을 알아보자. 꼭 알아두어야 할 세금은 소득세, 재산세, 상속증여세, 취등록 및 양도세 등이다.

소득세 세금을 많이 낸다고 표창 받을 일은 없을 테니 가능한 한 소득세율이 낮은 직업을 찾거나 세금을 적게 내는 급여 형태를 만들자. 자녀나 부모공제를 받을 일도 없고 연금보험료나 건강보험료 부담이 없을 것이므로 꼭 근로소득자가 될 필요는 없다. 유연하게 생각하자. 2011년 현재 종합소득세율은 연간 과세표준 1,200만 원 이하는 6%이고, 4,600만 원 이하 15%, 8,800만 원 이하이면 24%이며, 8,800만의 초과 시는 35%이다. 소득이 높은 사람은 혼자 해결하려 하지 말고 믿을 만한 세무 전문가를 만나야 한다. 절세 규모를 미리 파악하고 수수료를 협의하자. 한발 앞서 준비해야 막판에 허둥대지 않게 된다.

금융소득종합과세 금융소득(이자소득, 배당소득)이 연 4,000만 원이 넘으면 다른 종합소득과 합산하여 과세된다. 절세방법을 활용해야 한다.

첫째, 금융상품을 활용한다. 분리과세 상품에 가입하면 원천징수만으로 납세의무가 종결되어 금융소득종합과세에서 제외된다. 비과세 상품에는 이자소득세가 없다. 10년 이상의 연금보험, 변액보험 등과 생계형 비과세저축, 세금우대저축, 장기주택마련저축 등이 비과세 상품이다. 금융소득이 발생하는 시기(예·적금 만기일)를 조정한다. 예를 들어 10억 원을 3년짜리 정기예금에 들면 3년 후에 찾을 때 3년치 이자 중 4,000만 원 초과분이 과세대상이 된다. 이 경우는 1년짜리 정기예금으로 하여 매년 이자를 수령하면 과세대상에서 제외된다. 그리고 주식과 펀드를 활용한다. 주식의 매매차익과 평가차익은 비과세이다. 비과세 채권도 비과세 상품이다. 부자들이 주식과 펀드를 구입하는 이유는 수익률과 함께 세금 혜택을 볼 수 있기 때문이다.

상속, 증여세 상속보다 증여가 낫고 증여할 생각이면 빨리 할수록 좋다. 증여세 공제한도를 적극 활용하되 자금출처 조사에 대비해야 한다. 현금보다 부동산이나 주식 등을 활용하라. 부동산은 실**거래가**가 아닌 기준시가로 산정되므로 기준시가가 낮고 실거래가는 높은 물건이면 좋다. 상장주식은 주식증여계약서의 증여 일자를 기준으로 전후 2개월간의 종가를 기준으로 하므로 시점에 따라 세금 액수에 큰 차이가 난다. 건물은 기준시가가 변경되는 5월 31일 이전에, 주식은 배당락 이후에 증여하면 좋을 것이다.

증여세를 부모가 내주면 그 금액만큼도 증여가 되어 다시 세금을 내야 한다. 자산과 부채를 함께 이전시키는 방법을 활용하면 효과적이다. 채무가 포함된 재산을 물려주는 것을 말하는데 이 경우 재산가액에서 해당 채무액이 공제되어 과세표준이 감소된다.

기타 재산세 취·등록세, 양도세 등의 절세방법은 간단하다. 소유를 줄이고 거래를 하지 않으면 된다. 같은 돈이라도 부동산으로 가지고 있는 것보다 주식이나 채권으로 가지고 있는 것이 세금이 적다. 일찍부터 증여를 했다면 자식이 세금을 내고 있을 것이다. 자동차 크기를 줄이면 자동차세가 줄어들고 집을 줄이면 재산세가 줄어들고 관련된 세금과 비용 모두가 절감된다. 소박한 소유를 즐기고 무리한 투자활동과 멀어지면 세금과 비용도 줄고 마음은 더욱 가벼워질 것이다

생활비를 절감한다

위에서 참고한 월간 현금흐름표 통계치의 지출 항목에서 의식주 외에 가장 큰 비중을 차지하는 것이 교통, 통신, 음식, 숙박(평균 40만 원)과 비소비지출(조세, 이자, 수수료: 평균 45만 원)이다. 일단 의식주에 따른 비용과 보건, 문화, 교육, 서비스 항목의 지출은 삶의 질과 관계된 것이므로 절감하려 너무 애쓰지 않는 것이 좋다.

다만 신용카드를 사용하지 않으면 전체적인 지출이 30% 이상 줄어들게 됨은 분명하다. 교통비는 대중교통 이용과 65세 이상 경로우대로 큰 부담은 되지 않을 것이다. 특히 자가용을 좀 더 작은 차로 바꾸고 대중교통을 적극적으로 이용하면 대폭 절감될 것이다. 통신비는 지금도 문제지만 앞으로 스마트폰이 일반화되면 지출 부담이 더 늘어날 것이다. 더 큰 비용은 2년마다 수십만 원짜리 휴대폰을 할부로 교체하면서 낭비되는 돈이다. 튼튼하고 저렴한 일반 휴대폰으로 걸고 받기만 하자. 통신비 지출이 대폭 줄어들 것이다.

비소비 지출은 상당히 줄일 수 있다. 가계부채 제로의 재무 상태와 빚을 지지 않는 구조를 만들면 비소비 지출의 많은 부분이 자동적으로 사라질 것이다.

가치관에 따라 소비한다

아낀 돈과 저축으로 모은 돈은 자신이 좋아하며 가치를 느끼는 영역에 소비하자. 일상적인 일, 기간이 필요한 일 혹은 불필요한 지출을 줄여 만들어진 돈으로 가치 있는 영역에 돈을 쓰는 것이 가장 큰 보람이 아니겠는가? 저축의 액수를 늘려 꿈꿔왔던 일들을 이루어나가게 될 것이다. 그런 성취감과 기쁨은 무의미한 소비가 주는 순간의 만족감과는 비교할 수 없이 큰 것이다.

오늘날 많은 사람들이 참된 소비의 의미를 잊고 살아간다. 찰나적인 욕구 충족, 체면이나 비교 대상에 좌우되는 소비, 유행에 휩쓸린 소모적 낭비, 기업의 마케팅에 현혹된 무의식적 지출이 주를 이룬다. 그러다 보니 정작 내가 가치 있게 생각하는 영역에 쓸 돈이 없다. 아니 그 가치를 생각할 겨를도 없이 내 돈이 사라지는 모습을 지켜보게 된다.

풍요로움이 가득하고 아낄 필요도 없는 무한 소비를 즐기는 삶을 동경하고 있는가? 세상에는 그런 욕구를 충족시켜줄 대상이 무수히 많다. 집 몇 채 값의 자동차도 있고, 중형차보다 비싼 액세서리도 있다. 하룻밤 자는 데 보통 사람 몇 달치 월급을 지불해야 하는 호텔방도 있다. 욕심은 끝이 없고 그 욕망을 채워주기 위한 마케팅도 한계를 모른다.

소유의 욕망은 결코 끝이 없다. 그러나 소유를 채움으로써 얻을 수 있는 만족은 없다. 오히려 비움으로써 얻어지는 것이 더 크다는 것을 빨리 깨달아야 한다. 가치관에 따라 소비한다는 것은 나의 꿈과 삶의 철학을 돌아본다는 의미이다. 소비를 함에 있어서 진정으로 필요한 것인지, 의미가 있는 것인지 생각해보는 것이다. 힘들게 저축해서 모은 돈을 다시 의미 없는 소비로 날려 보내는 것이 아니고 나의 소중한 꿈과 목표를 하나씩 이루는 것이다. 인생 후반부뿐만 아니라 삶에서 돈이란 그렇게 쓰여야 한다. 소비가 미덕이 아니라 절약이 미덕이고 그렇게 모은 자산이 올바로 쓰이는 것이 참된 가치이다.

돈, 어떻게 다루고 쓸 것인가

지금까지 인생 후반부의 삶을 살아가는 데 그렇게 많은 자산과 현금흐름이 필요한 것이 아님을 살펴보았다. 만약 작은 소유가 주는 자유를 느끼고 소박한 소비에서 참된 만족을 느끼는 삶을 살게 된다면 잉여 자산과 잉여 현금흐름이 생길 것이다. 또 지속적인 저축을 통해 목돈이 생길 것이다. 평생 쓰고도 남을 만큼의 자산을 이미 갖춘 사람도 있을 것이다. 그런 자산을 꼭 움켜쥐고 영원토록 소유하려는 욕망을 가질 수도 있고 고스란히 자녀에게 물려주고 싶을 수도 있다. 그러나 좀 더 가치 있게 사용하고 싶은 마음을 가진 사람도 많을 것이다. 과연 어떻게 사용하는 것이 가장 올바르게 사용하는 것일까?

하버드 대학교의 연구 결과 돈은 남을 위해서 쓸 때 행복감이 가장 높아진다고 한다. 그리고 물질에 쓰는 것보다 기억에 남는 경험에 쓰는 것이 만족도가 높다고 한다. 생각해보면 돈은 제대로 돌아야만 참된 가치를 갖는다. 돈을 무가치하게 소비하는 것도 문제지만 지나치게 꼭 움켜쥐고 안 쓰면서 전전긍긍하는 태도도 결코 바람직하지 않다. 그런 의미에서 가장 가치 있게 돈을 쓰는 방법을 알아보자.

먼저 나를 위해 투자하라

가치 없는 소비가 아니라 나의 정신을 고양시키고 경쟁력을 높이는 일에 투자하는 것이다. 후반에도 여전히 참된 삶의 의미를 찾아가는 여행은 계속될 것이다. 후반부의 삶에도 무엇인가 일과 활동을 하고 있으며 세상에 더 많은 가치를 남기려 노력하게 될 것이다. 당신은 늙지 않을 것이며 계속 살아 있는 느낌 속에 살아갈 것이다. 또한 사회의 흐름에서 소외되지 않고 나의 능력을 지속적으로 발휘하며 존재가치를 보여주려면 자신에 대한 재투자가 필요하다.

그러한 삶을 가능하게 하는 요소가 바로 배움을 멈추지 않는 것이다. 좋은 책을 읽고, 유익한 강연을 듣자. 시간을 내어 무엇이든지 배우자. 배우는 순간 우리는 학생이 되고 겸손해지며 젊어진다. 새로운 학문이나 악기 연주, 예술 활동 혹은 난해한 취미나 힘든 어학 공부에 도전하는 것일 수도 있다. 어떤 것이든 배움은 소중하고 유익하다. 대학 입학에 연령 제한이 없으니 대학에 다시 입학할 수도 있다. 독학으로 특정 분야에서 일가견을 이룰 수도 있다. 그런 투자를 계속하는 한 죽을 때까지 현역이며, 존경받는 선배이며, 영원한 멘토라 불릴 수 있다.

기억에 남는 경험에 쓰자

사랑하는 가족과 함께이거나 또 혼자라도 상관없다. 기억에 남는 경험에 돈을 쓰는 것은 큰 행복감을 준다. 가족과 함께 크루즈 여행을 다녀오고 싶은가? 적당한 규모의 돈이 모이면 과감하게 떠나자. 친구와 오지탐험을 하고 싶은가? 준비해보자. 여행만이 아니고 산속 텐트에서 보내는 아들과의 하룻밤일 수도 있고, 딸과 함께하는 힘든 농사체험일 수도 있다. 손자와 번지점프에 도전하는 것은 어떤가? 앞에서 꿈에 대해 말했지만 그런 꿈들을 하나씩 실천해가는 과정이 기억에 남는 과정이기도 하다. 그 모든 경험들이 값비싼 물건이나 과한 소비가 주는 만족감을 크게 뛰어넘는 소중한 기억이 될 것이다.

남을 위해 쓰자

우리는 부모나 가족, 사회에서 많은 것을 받아왔다. 그동안 열심히 일하며 사회에 기여한다고 했지만 어떻게 보면 가족을 위해 기여했다고 보는 것이 맞다. 인생 후반부는 사회에 기여하자. 꼭 돈뿐만 아니라 내 땀과 시간을 투자할 수 있다. 타인을 위한 봉사는 쉽지 않은 일이지만 가장 가치 있는 행위이다. 일주일에 한두 시간 소요되는 일도 있고 매일 참여해야 하는 일도 있다. 자신의 조건에 맞는 것부터 시작하면 된다.

주변의 관공서나 사회단체를 찾아가면 도움의 손길을 필요로 하는 일이 엄청나게 많다. 특히 금전적인 지원에 목마른 시설이나 기구가 너무나 많다. 이것은 가치관의 문제나 시간이 많고 적고의 문제는 아니다. 우리의 마음속에는 남을 돕고 싶어 하는 선함이 들어 있다. 어떤 계기를 통해 그 마음을 행동으로 옮기는가 하는 문제일 뿐이다.

우리의 마지막 소망은 마지막 날에 인생을 돌아보면서 후회보다는 보람을, 원망보다는 감사를, 미련보다는 궁극적 자유로움을 느끼는 것이다. 자신 스스로에게 부끄럽지 않은 삶이 되었기를 바랄 것이고 사회에 좋은 영향을 끼쳤음을 느끼고 싶을 것이다. 다 쓰고 떠나기의 마지막 실천은 남은 재산 중 일부를 사회에 기부하는 것이다. 기부는 사회로부터 받았던 도움을 사회로 돌려주는 숭고한 행위다. 자녀에게 불로소득으로 안겨주는 것과는 비교할 수 없는 가치를 가진다. 물론 삶의 철학이 다르므로 기부를 강요할 수는 없다. 그러나 사회에 대단히 긍정적인 영향을 줄 수 있으며, 애써 모은 재산의 상당 부분을 세금으로 날리는 것에 비하면 매우 경제적인 자산관리 방법이기도 하다.

자선 신탁이나 재단에 출연하는 방식은 부자들의 절세 방법으로 활용되기도 한다. 만약 100억 원의 재산을 상속하면 40억 원 정도의 세금을 내야 한다. 그러나 재단에 출연하면 세금이 면제된다. 공익법인에 출연한 재산에는 소득세와 증여세가 완전 면세되기 때문이다. 또 임대소득에 대한 소득공제도 되므로 이중으로 이익이다. 재단에 출연된 재산을 통한 수익에 대해서는 법인세 혜택도 주어진다. 재단에 임원으로 등재 후 보수를 받을 수도 있다.

기부를 세금 회피수단이란 눈으로 볼 필요는 없다. 부자들이 그런 목적만으로 기부 행위를 하는 것은 아니다. 세금상의 혜택을 주는 이유는 그렇게라도 해서 자산의 사회 환원을 촉진시키려는 의도이고, 상속재산의 일부를 기부한다는 것은 대단한 결단이기도 하다. 기부는 참된 박애주의의 실천이고 존경받는 마무리가 될 것이다.

새로운 사업에 투자하자

기업가는 무에서 유를 창조하는 사람이다. 피터 드러커는 "기업가란 대부분의 사람들이 환경의 변화 속에서 위협을 느끼고 있을 때, 그 변화 속에서 기회를 식별하며, 훌륭한 매일을 창조하기 위해 오늘의 안정된 상태를 의도적으로 파괴하는 '창조적 파괴'를 실천하는 사람이다"라고 말했다. 풍요 속에 안주하는 것은 도태되는 것을 의미한다. 사업은 일종의 도박이다. 불안하지만 신념과 용기를 가지고 작은 가능성의 성취를 위해 암흑 속으로 자신의 미래를 던져넣는 것이다. 나이가 들었다는 것은 사업가에게 필요한 많은 자질들을 체득했다는 뜻이다.

잉여 자산을 새로운 사업에 투자하자. 새로운 에너지의 분출과 심장의 고동소리를 느낄 것이다. 스스로에게도 좋은 일이고 그 사업을 통해서 세상에 새로운 부가가치를 만들고, 고용을 창출하는 일은 엄청난 가치를 지닌 것이다. 과감히 사업에 투자하는 것은 나를 위해 쓰는 것이 아니고 사회를 위해서 혹은 후대를 위해 쓰는 것이다. 너무 무리하지 않는 범위 내에서라면 실패해도 좋다. 소중한 경험이 될 것이고 배움이 있을 것이다. 그 토대가 더 큰 성과를 만들어줄 것이다. 청년 창업보다 노년 창업이 더 성공 확률도 높고 더 큰 의미를 가진다. 불굴의 도전정신을 가진 사업가에게 노년이란 단어는 존재하지 않는다.

4장

은퇴는 없다

어떤 일에 있어서도 위대함과 평범함
혹은 불쾌함의 차이는 바로 자기 자신을 매일 재창조할 수 있는
상상력과 열망을 갖고 있느냐 하는 것이다.
— 톰 피터스

평생 일하기는
단순히 돈 문제가 아니다

'꼭 일을 해야 하는가'라는 문제를 생각해보자. 오랫동안 일을 했으니 이제는 편히 쉬면서 살아도 좋지 않을까? 아침에 늦게 일어나고 아침 겸 점심을 먹고 소파에서 빈둥대다가 오후에 가까운 산이라도 다녀오거나 낚시터에서 세월을 낚다가 어둑어둑해지면 친구들과 만나 술 한잔 기울이며 하루를 마감하는 삶은 그 자체로 신선의 삶이 아니겠는가. 평소에는 좋아하는 취미에 빠져 살다가 1년에 서너 번 국내든 해외든 여행도 다녀오면 더 이상 바랄 것이 없지 않겠는가. 혹은 실버타운에 입주해서 마음 맞는 노인들과 아침부터 밤까지 즐거운 유희와 산책으로 하루를 보내며 조용히 죽음을 기다리는 것도 아름다운 삶이 아닐까? 정말 그렇게 생각하는가?

헤밍웨이의 걸작 『노인과 바다』에서 삶과 죽음의 문제를 어떻게 다루었는지 살펴보자. 노인은 상어로 상징되는 죽음 혹은 운명에 맞서면서 지독한 고통과 외로움을 겪지만 끝내는 극복해낸다. 그 과정에서 인간이 가진 진정한 존엄성의 가치를 절절하게 증명해낸다. 마지막에 뼈만 남은 고기만 끌고 돌아온들 어떠랴. 결과가 어떠하든 그 과정이 아름답고 값어치가 있기에 우리는 숙연해지고 삶의 소중함을 느끼게 되는 것이다. 책의 마지막은 이렇게 쓰여 있다.

"노인은 사자 꿈을 꾸고 있었다."

노인 산티아고는 아마도 다음날 아침이 밝으면 다시 그물을 손질하고 배를 띄울 것이다. 언제나 그랬던 것처럼.

우리의 삶이 가치 있는 이유는 운명을 기다리지 않고 매일매일 고군분투하며 새날을 개척하기 때문이다. 고통에 힘들어도 절대 굽히지 않기 때문이다. 운명에게 길을 내주지 않고 마지막 순간까지 당당하게 걸음을 멈추지 않기 때문이다. 어떤 동물도 노후라는 개념이 없다. 죽는 순간까지 자신의 소임을 다하는 것이다. 왜 이렇게 진화한 인간이, 무한한 잠재력을 가진 존재가 무기력하게 동굴 속으로 숨어들어가야 하는가?

평생 일하기는 돈에 대한 문제가 아니다. 인간으로서의 존재가치와 존엄성을 나타내기 위해서는 사회 속에서 어떠한 역할을 계속해 나가야만 하는 것이다. 과거의 농경사회, 혹은 유목사회에서 노인은 가장 풍부한 경험을 가진 자로, 최종 판단을 내리는 자로 최고의 존재로 자리매김했다. 그때도 노인들은 일을 하고 있었던 것이다. 지금은 과거처럼 늙지도 않았으며, 더욱 깊은 지식과 풍부한 경험을 가지게 되었는데 왜 떠나려 하는가?

마케팅 천재들이 창조한 노후 신기루

아름다운 은퇴 후 생활을 상징하는 다양한 이미지가 있다. 그러나 노을 진 해변가에 놓여진 편안한 의자는 마케팅 천재들이 창조한 신기루에 불과하다. 당신은 그 의자에 세 시간 이상을 가만히 앉아 있지 못할 것이다. 하물며 평생 앉아 있을 수 있겠는가? 당신이 아무리 존경받는 위치에 있었다 해도 은퇴하고 실버타운에 들어앉는 순간부터 잊히는 존재이며 뒷방 늙은이이며 운명을 기다리는 노인에 불과할 뿐이다. 자녀들이 당신에게 관심을 보인다면 아마도 유산 때문이기 십상이다. 소소한 취미에서 얻을 것이라고는 지루한 삶이 남긴 씁쓸한 흔적들밖에 없을 것이다.

그러니 은퇴하지 말고 평생 일하자. 일을 하면서도 취미생활은 얼마든지 할 수 있고, 해변가 의자에 앉을 시간도 만들 수 있으며 주말을 이용해 충분히 여가생활을 즐길 수 있다. 무엇보다도 살아 있음을 느낄 수 있다. 인간에게 노동이란 가장 소중한 가치다. 일을 하면서 얻게 되는 건강과 인간관계는 덤으로 주어지는 선물이다. 일을 하면 오던 병도 도망갈 것이고 소외감을 느낄 시간도 없을 것이다.

자녀가 떠난 자리를 무엇으로 메울 것인가? 일과 동료들로 충분히 채울 수 있다. 그리고 정기적인 수입이 있다. 후반의 인생에 필요한 현금흐름을 위해서 우리는 약간의 연금을 준비했고 나머지를 일을 통해 만들기로 했다. 당신의 능력이면 충분히 가능하다. 체력에 대해 너무 걱정하지 마라. 요즘 직업들은 대부분 큰 체력을 필요로 하지 않는다. 고소득이 아니어도 된다. 터무니없는 저임금이면 곤란

하겠지만 당신이 그간의 직업생활에서 보인 능력과 열의를 보이면 곧 급여인상을 경험하거나 스카우트될 것이다.

   3D 업종이란 없다. 많은 경험을 쌓고 인격을 다져온 당신이 못할 일이란 이 세상에 아무것도 없다. 자녀를 독립시킨 부부라면 둘 다 일을 하자. 두 사람의 생활 형태가 비슷해지면서 관계도 돈독해지고 수입은 두 배가 될 것이다. 주어진 일에 최선을 다하고 주말에 휴식과 취미를 즐기고 때때로 여행도 다니는 삶이 진정한 삶이다. 당신이 직업을 통해 일정 정도의 수입을 만들어내는 것이 후반의 자산관리 전략에서 매우 핵심적인 요소라는 사실을 잊지 마라.

지속적인 수입을
창출할 수 있는 일을 하라

평생 일을 통해 수입을 만들기 위해서는 직업관에 대해 다시금 생각을 정리해봐야 한다. 앞으로는 좋아하는 일만 하고 싶은가? 젊은 시절 다양한 경험으로 어떤 사실들을 알 수 있었는가? 우선 누구나 아는 사실은 그 직업을 위해 태어난 사람은 없다는 것이다. 정치인으로 혹은 사업가로 태어난 사람이 있는 것이 아니고 그 분야를 선택해서 매진한 사람들이 있을 뿐이다. 예를 들어 '나는 영업은 못해'라는 말은 잘못된 표현이다. 잘할 수 있을 만큼 노력하기가 싫다는 의미일 테니까.

배움에는 끝이 없다

어떤 직업이 되었든 2년 혹은 3년 정도 몰입하면 그 분야의 상위 수준에 도달할 수 있다. 텔레비전에서 흔히 보는 생활의 달인들도 원래부터 잘했던 것이 아니다. 그저 남보다 조금 더 노력했고 경험이 쌓이다 보니까 그런 수준에 이르게 된 것이다. 당신이 평생 일하기로 마음을 먹었다면 좋아하는 일만 하려는 생각을 버려야 한다. 세상에는 좋은 일 나쁜 일이 있는 것이 아니다. 하찮게 보이는 일도 그 속에 철학이 있고, 놀라운 성공의 씨앗이 숨어 있는 법이다.

당신이 잘할 수 있는 일을 선택하는 것은 중요하다. 적응도 빠르고 남들보다 더 높은 소득을 올릴 확률이 높으니까. 그러나 인간은 자신이 가진 능력의 10%도 못 쓰고 떠난다지 않는가? 어떤 일이든 노력하면 잘할 수 있는 경지에 이르게 된다. 좀 더 적극적이고 창의적일 필요가 있다. 너무 단순하고 쉬운 일만 선택하면 보람도 적고 수입도 만족스럽지 않을 것이다.

당신이 직업을 통하여 생활에 필요한 자금의 50% 수준이라도 지속적으로 창출해낼 수 있다면 그것으로 충분하다. 그 일이 현직에서 은퇴하지 않는 것일 수도 있고, 새로운 전문직이나 프리랜서에 도전하는 것일 수도 있지만 비육체적, 비노동집약형 직업으로 승부하면 충분히 가능성이 있다.

귀농도 지나친 노동이 전제되지 않도록 구상한다면 삶의 질과 소득이라는 두 마리 토끼를 잡을 수 있다. 일정 규모 이상의 사업이나 소규모 자영업도 적절하게 사전 준비만 잘한다면 큰 성과를 낼 수 있다. 그렇다. 중요한 것은 미리부터 준비하는 것이다. 준비에는 그 일에 필요한 지식과 기술을 익히는 것뿐 아니라 트렌드를 놓치지 않으려는 노력과 창의성을 유지하는 태도가 필요하다.

어떤 지식도 1년이 지나면 50%가 폐기되는 시대이다. 어떤 분야의 전문가도 노력하지 않으면 순식간에 도태되는 시대다. 이는 노력하는 자는 누구라도 나이에 관계없이 경쟁력을 유지할 수 있다는 뜻이기도 하다. 그러므로 후반부의 삶에도 스스로를 갈고 닦아야 한다.

좋아하는 일을 찾지 말고 내게 주어진 일을 좋아하라

평생 일을 하면서 지루하지도 힘들지도 않기 위한 필요충분조건은 "내게 주어진 일을 좋아해야 한다"는 것이다. 후반부의 삶에서는 그다지 큰 소득이 필요치 않다. 그러므로 돈 때문에 싫은 일을 억지로 할 필요는 없다. 후반부의 삶에서는 좋아하는 일을 하며 남은 삶을 살고 싶을 것이다. 그러나 긴 세월을 살아오면서 당신을 가슴 뛰게 했던 일이 얼마나 있었는가? 그리고 설렘으로 시작한 일이 얼마 만에 시들해졌는가?

직접 경험해보지 않은 일들은 대부분 좋은 면만 보이게 마련이다. 정작 그 일에 대해 깊이 알게 되면 많은 어려움과 고통이 숨어 있음을 알게 된다. 아무리 좋아 보였던 일이라도 몇 년 못 가 매너리즘에 빠지고 슬럼프가 찾아온다. 가슴 뛰는 일을 찾는 것도 쉽지 않다.

좋아하는 일만 하려 들면 기회를 얻기가 쉽지 않을 것이다. 후반부의 삶은 나의 편견과 아집을 내려놓는 삶이고, 나의 내면을 수양하는 여행길이기도 하다. 하찮아 보이는 일도 애착을 가지고 전념하면 큰 보람이 생기고 직업적 안정도 얻을 수 있다. 그러므로 어떤 일이든 할 수 있다고 생각하고 어떤 직업이든 그 일을 사랑하고 소중하게 대할 필요가 있다.

그렇기는 해도 좋아하는 일을 하며 후반부의 삶을 보내는 것은 매우 행복한 일이다. 그런 일을 찾기 위해 노력하면 불가능한 일도 아니다. 너무 서두르지는 말자. 전반의 삶을 돌아보며 내게 설렘을 주었던 일 혹은 꼭 한번 해보고 싶었던 일에 도전하는 것은 큰 의미가 있다. 죽기 전에 한 번은 해봐야 할 것이 아닌가? 그런데 아무리 내가 좋아하는 일이라도 지나치게 서투르다면 일하는 즐거움이 반감될 것이고 원하는 수입을 얻기도 어려울 것이다. 하지만 평소에 짬을 내서 조금씩 익혀두거나, 아니면 그 분야에 직접 뛰어들어 바닥부터 배우면 언젠가는 그 분야에서 남들만큼 해내는 자신을 발견하게 될 것이다. 보통 2~3년 정도의 노력이면 훌륭한 결과를 얻을 수 있다.

어디서 누구와 어떤 일을 할 것인가보다 진정으로 중요한 것은 내가 그 일에 어떤 가치를 부여하는가이다. 후반부의 삶을 준비한다는 것은 직업에 대한 관점을 새로이 하는 것이기도 하다. 일이란 단순히 살아가기 위해 하는 행위가 아님을 느끼게 될 것이다. 일을 통해서 나 스스로를 돌아보게 되고 인생의 참 의미를 깨닫게 될 것이다.

나의 가치와
직업을 재평가하라

멀고 먼 옛날, 어떤 성의 높은 망루에 라푼젤이라는 공주가 갇혀 있었다. 마녀는 날마다 공주에게 이렇게 말했다. "너는 못생겼어." "너무 못생겨서 사람들이 너를 보게 되면 다 도망갈 거야." 어느 날 왕자가 그 망루를 지나가게 되었다. 공주를 본 왕자가 한눈에 반해서 그녀의 아름다움을 칭송하자 공주는 부끄러워하며 긴 머리칼을 풀어서 왕자를 올라오게 했고 왕자는 마녀를 물리치고 공주를 구해내 둘이 행복하게 살았다고 한다. 이 동화에서 라푼젤을 가둔 것은 마녀도 아니고, 육중한 성문도 아니었다. 바로 스스로 못생겼다고 믿는 마음이었다. 왕자를 통해 비로소 자신의 아름다움을 깨달은 공주가 스스로를 구해낸 것이다.

내 안에 있는 금맥을 찾아라

사람들은 스스로가 가진 능력을 잘 모른다. 많은 좌절을 경험했고, 세상에 큰 성공을 거둔 사람과 비교하면 작아짐을 느끼기 때문일 것이다. 하지만 수많은 결점을 가지고도 성공에 이른 사람들은 이렇게 말한다. "인간은 성공하도록 설계되고 만들어졌으며 바로 그 위대함의 씨앗을 부여받았다." 우리는 모두 엄청난 잠재력을 지닌 금광이다. 아직 숨은 광맥의 1%도 찾아내지 못했을 뿐이다. 사람들은 실패의 원인을 밖에서 찾는다. 좋은 부모를 못 만나서, 좋은 학교를 안 나와서, 키가 작거나 커서, 나이가 많거나 적어서, 뚱뚱하거나 말라서……. 그러나 아직 성공에 이르지 못한 이유는 본인에게 있다. 즉 내 안에 있는 금맥을 찾지 못했다는 것뿐이다. 그리고 노력하면 언제든 찾을 수 있다.

후반부의 삶에도 일을 지속하기 위해서는 자신이 가진 가치를 재평가하는 작업이 필요하다. 나의 어떤 면이 사람들에게 인정을 받았는지, 내가 어떠한 일에서 성과를 냈는지, 무슨 일을 할 때 능숙하게 해내는지를 생각해보자. 약점을 찾을 필요는 없다. 강점만 가지고도 얼마든지 성과를 낼 수 있다. 다만 약점은 지나치게 부각되지 않을 만큼만 관리하면 된다. 훈련을 통해 약점을 강점으로 바꿀 수는 없다. 이는 쓸데없는 시간 낭비일 뿐이다.

이미 자신의 강점과 약점에 대해 잘 알고 있는 사람이 많겠지만 새롭게 확인해보고 싶은 사람도 있을 것이다. 자신의 잠재적 적성을 알아보기 위해 점집을 찾아갈 필요는 없다. 워크넷(www.work.go.kr)

이나 커리어넷(www.career.go.kr)에서 무료로 해볼 수 있다.

그러나 적성 검사보다 더 중요한 것은 자신의 가치에 대해 확신을 갖는 것이다. 특정한 성과만을 중시하는 조직문화가 사람들의 잠재력을 사장시키고 있으며, 잘못된 은퇴 문화와 나이 든 사람을 경시하는 풍토가 경력자들의 자신감을 더욱 떨어뜨리고 있다. 결코 스스로의 가치를 낮게 평가하지 말자. 자만심을 보일 것까지는 없지만 필요 이상으로 문 뒤로 숨지는 말자. 아직 몇 십 년은 충분히 쓸 만한 에너지와 능력이 당신 안에 잠자고 있음을 느껴야 한다. 후반부의 삶을 얼마나 가치 있게 살아갈지는 바로 당신 안에 있다.

직업이란 무엇일까? 생계유지 수단? 개인 능력 발휘의 장(場)? 사회 속에서의 본인의 역할을 수행하는 활동? 이 모든 것이 포함된 개념일까? 인간 욕구를 단계별로 구분한 매슬로의 욕구 5단계설 이론에 따라 먹고사는 문제인 생존의 욕구에서 시작해서 마지막으로 자아실현의 욕구를 충족하는 수단으로서 일이 필요한 것일까? 우리는 그동안 일을 해왔고 앞으로도 할 것이기에 이는 생각해볼 주제이다.

과거 직업의 종류도 많지 않고 부모의 직업이 자연스럽게 자녀에게 이어지던 시기에는 직업 선택에 대한 고민이 필요 없었다. 여성의 경우는 특별한 경우를 제외하고 살림과 자녀 양육이 직업으로 주어졌기에 더욱더 그러했다. 오늘날처럼 자유 의지로 어떤 직업이라도 선택할 수 있고 환경에 따라 욕구도 계속 바뀌는 현실에서, 직업 선택의 진정한 문제는 너무 기회가 많다는 데 있다. 자신의 적성을 찾는 것도 좋은 직업을 찾는 것도 어려운 문제이고 그 직업을 유지하는 것조차도 쉽지 않은 문제가 되었다.

사람들은 대개 직업이 아닌 직장으로 그 사람을 판단하려 한다. 무슨 일을 하고 있는가는 관심이 없고 어느 회사에 다니는가만 궁금해 한다. 그래서 사람들은 오늘도 현재의 직업에 만족을 못하고 끊임없이 고민하고 어디엔가 있을 천직 혹은 꿈의 일터를 찾고 있는지 모르겠다. 당신은 몇 번의 직업을 경험했는가? 어떤 순간에 만족했고 어느 시기에 힘들었는가? 꿈의 일터라는 것이 실제로 존재하는가?

본인의 강점을 극대화하라

직업을 선택할 때 우리는 자신이 누구인지, 어떤 가치를 중시하는지, 무엇이 되고 싶은지, 무엇을 투자하고 어떤 것을 얻고 싶은지를 묻는다. 이는 매우 실리적인 문제이면서 매우 실존적인 질문이다. 살아오면서 우리는 모르는 사이에 이에 대한 답을 하며 직업을 선택해 왔다. 지금의 당신은 그러한 선택의 결과이다. 그리고 그 선택들은 당신의 가치관에 의하면 최선의 선택이었을 것이다. 사람들의 직업에 대한 고민을 두 요소로 압축하면 그것은 명분과 실리일 것이다. 명분이란 그 직업에 내재된 가치 체계이다. 회사의 경영 이념이나 그 직업이 가진 사명감일 수도 있다. 또는 단순히 누군가와의 '의리'일 수도 있다.

실리는 수입이다. 드물게는 명예도 포함되지만 적절한 수입이 따라주어야 한다. 사람들은 그때그때 명분과 실리를 오가며 판단을 내린다. 성격에 따라 명분을 중시하기도 하고 실리에 따르기도 한다. 가족부양 등 수입에 대한 욕구가 클 때는 명분을 내세우기가 쉽지 않다. 앞으로의 직업을 선택할 때는 어떠해야 할까? 가치관과 철학을 되새기고 투자에 따른 효과를 저울질해봐야 할까? 명분과 실리 중 어느 것을 따라야 할까?

직·간접적으로 많은 직업을 경험한 당신은 이제 꿈의 일터란 없다는 사실에 동의할 것이다. 밖에서 보기에 훌륭한 직업도 실제로 겪어보면 나름의 고충과 좌절의 강도가 비슷하다는 것을 알게 된다. 누구에게나 매일의 삶이 도전이고 역경이 가득하며 그 속에서 느껴지는 소소한 행복감과 좌절이 버무려진 일상을 살고 있는 것이다. 세상에는 공짜가 없고, 뿌린 만큼 거두며, 얻는 만큼 잃는 법이다.

의사나 판사가 되면 매일의 삶이 행복할까? 농부는 매일 비참함을 느낄까? 그렇지 않다. 수입이라는 것도 잘 생각해보면 그 직업에 가해지는 책임감이나 스트레스와 비례해서 주어지는 대가다. 물론 우리는 본인이 지닌 잠재력을 찾아내고 최대한 발휘해야 한다. 그러나 그것은 직업 선택에 해당되는 이야기가 아니다. 어떤 직업에서든 본인의 강점과 재능을 극대화하면 인정을 받고 성취감을 가질 수 있다.

후반부의 삶에서 직업을 선택하는 문제는 그래서 어렵지 않은 문제이다. 직업이 중요한 문제가 아니며, 특히 직장이란 결코 고민할 문제가 아니다. 앞으로 가치관이나 명분 혹은 투자효과, 실리는 참고사항일 뿐 판단 지표가 아니다. 적성이란 없다. 직업이 내 잠재력을 끌어내는 것이 아니고 그 일에 대하는 내 마음자세가 탁월함을 만들어낸다. 인간의 능력은 무한해서 어떤 일이든지 3개월만 몰입하면 남들만큼 해낼 수 있으며, 3년만 집중하면 탁월한 수준에 오를 수 있다. 지금 내가 하는 일을 기꺼이 받아들이고 즐기면 그 일이 꿈의 직업이 되는 것이다. 이미 평생직장이 없다는 사실은 알고 있지 않은가? 그러므로 그 직장과 결혼하지 말자. 내가 맡은 일과 결혼하자.

인생의 후반부를 설계하면서 다음 3가지 중의 하나의 방법을 활용할 수 있을 것이다.

첫째, 현재의 직장 혹은 업무에서의 수명을 연장한다. 계약조건 변경이나 좀 더 낮은 직위 혹은 적은 보수를 감수하면서 익숙한 것을 해나가는 것이다. 유사한 직종으로 이동하는 것도 포함한다. 나쁘지 않은 선택이지만 지나치게 안전한 방법이며 정서적인 위축감이 올 수도 있다. 무엇보다도 새로움의 요소가 없어 만족감이 덜할 수 있다.

둘째, 병행 경력을 개발한다. 현재의 일이 차지하는 비중을 줄이고 다른 분야의 일도 동시에 해나가는 것이다. 다른 분야는 그동안 꼭 해보고 싶었던 일이나 사회단체와 관련된 일일 수도 있다. 병행직업을 평생 유지할 수도 있고 적절한 순간에 바꿔 탈 수도 있다. 이 경우는 현재의 직업에서 필요한 시간을 확보하는 것이 관건이다. 그것이 가능하다면 더욱 다이내믹한 삶을 경험할 수 있을 것이고 삶의 만족도가 높아질 것이다.

셋째, 완전히 새로운 일을 시작한다. 전혀 다른 영역의 직장이나 직업을 선택하는 것이다. 전반부의 삶에서 성공적인 경력을 쌓은 후 새로운 직무나 사업 분야에 도전해서 훌륭하게 해내는 경우가 많다. 사회사업가로 변신해서 의미 있는 기여를 하기도 한다. 이 방법은 쉽지 않다. 실패에 대한 두려움과 수입의 감소나 중단을 감수해야 하기 때문이다. 새로운 사업에서 일정 궤도에 오르기까지는 많은 노력과 자원이 투입되어야 한다. 그러나 세 번째 방법을 통해 얻게 되는 열매는 다른 것과 비교할 수 없을 만큼 크다. 충분히 시도해볼 만한 가치가 있다. 그리고 우리에게는 개발되지 않은 99%의 잠재력이 잠들어 있음을 기억한다면 불가능한 도전은 없다.

경험이
최고의 무기다

후반부의 삶에 대해 고민할 때 어떤 기준으로 적합한 일을 찾아야 할까? 체력이나 보유한 기능 면에서 개인별 차이가 존재하지만 인생 전반부와는 근본적인 조건이 다르다는 사실에 주목해야 한다. 전반부와는 달리 더욱 종합적인 사고가 가능하고 풍부한 인적 네트워크가 있으며 다양한 분야의 업무 경험 등 많은 장점이 있다. 이런 장점은 체력이 부족하다는 약점을 충분히 보완할 수 있는 큰 능력이다. 어떤 분야에서 경력을 쌓았는가와 상관없이 후반부의 삶을 앞둔 대부분의 사람들은 본인도 모르게 대단한 내공을 보유하고 있다.

불합리하기 짝이 없는 은퇴제도만 아니라면 더 큰 능력을 발휘할 수 있는 아까운 잠재력이 존재하고 있다는 점을 잊어서는 안 된다. 그러나 문제는 그런 능력을 발휘할 기회가 주어지지 않는다는 것이다. 전반부와는 달리 대기업, 공공기관, 중소기업 등 제도권에서 더 이상 울타리가 되어주지 않기 때문이다. 그러한 환경에 변화가 오기를 막연히 기다릴 수는 없다. 스스로 현재 주어진 조건에서 최선의 길을 모색해야 한다.

이론이 아닌 실제 경험이 중요하다

시대에 뒤떨어진 사회제도나 얄궂은 타성 때문에 나이가 많다는 조건이 불리함으로 작용하지만 그것을 인정할 이유는 없다. 왜냐하면 당신은 나이 들어가면서 더 많은 경쟁력을 갖추게 되었고, 특히 몇 가지 점에서는 결정적으로 유리하다는 사실을 주목해야 한다.

삶에서 쌓아온 다양한 경험은 어떤 직업분야에서든 강력한 경쟁력이다. 예를 들어 누군가의 고민을 상담하는 직업을 생각해보면 얕은 인생 경험을 가진 사람과 그보다 몇 십 년간 더 살아오며 수많은 삶을 체험한 사람과는 깊이가 다를 수밖에 없다. 나이 많은 연기자가 단순히 연습을 많이 해서 연기력이 좋은 것이 아니다. 모두 경험에서 나오는 것이다.

의사든 세일즈맨이든 거의 대부분의 직무 분야에서 이론이 아닌 실제 경험이 중요하다. 사람과 관계되는 업무는 경험이 최고의 무기이며, 특히 사업 분야는 매우 종합적인 사고와 신중한 판단력이 필요한 경우가 대부분이라서 경험이 힘이 되는 순간이 많다.

일례로 컴퓨터 등 IT기술의 급속한 발전이 기성세대의 생존을 위협하는 요소일까? 물론 젊은 세대들의 IT기기 활용능력과 비교하면 나이 든 사람들이 많이 뒤떨어져 있고, 기능도 부족하다. 기업체에서 채용할 때도 IT에 대한 숙련도를 따지고, 거의 대부분의 업무가 컴퓨터로 수행하는 일이니 주눅이 들 수도 있다. 그러나 약간의 노력을 기울이면 충분히 실력을 갖출 수 있고, 오히려 IT기술의 특성상 나이가 든 사람에게 유리한 면도 많다. 육체적인 힘을 필요로 하지 않는 비노동집약형 일이 대부분이고 지식산업이기 때문이다. 나이가 들어 체력이 다소 부족해진 세대에게는 최적의 조건이라 할 수 있다.

컴퓨터는 판단을 하지 못한다. 인간이 판단을 내려주어야 한다. 정보의 양이 중요한 것이 아니고 그것을 취합하고 엮어내고 사용할 수 있게 만드는 힘이 더욱 중요하다. 이러한 것이 종합적 사고이고 응용력이다. 당연히 경험 많은 사람이 유리할 수밖에 없다. 특히 집중력은 나이가 들수록 강해진다. 요즘의 어린이들이 얼마나 산만한지를 생각해보면 당신의 집중력은 때로 지나칠 정도가 아닌가? 그런 집중력이 어떤 분야의 일을 맡게 되면 강점으로 발휘될 것이다. 지금부터라도 IT 활용 능력을 향상시키기 위한 노력을 기울이자.

인생 후반에 적합한 일

후반부에 적합한 일은 다양한 경험과 지식이 큰 경쟁력이 되는 직업들이다. 문학, 예술분야 혹은 요리나 특별한 기능 분야에서 연장자가 대접을 받는 이유는 단순히 경험이 많기 때문이 아니다. 그 경험이 녹아들어 초심자들이 도저히 따를 수 없는 경지의 결과물들을 만들어내기 때문이다. 수많은 실험과 실패를 경험한 나이 많은 과학자의 내공을 어떻게 측정할 수 있겠는가? 전문직이 가진 가장 큰 장점은 해를 거듭할수록 직업적 경험이 쌓이게 되고 그것이 경쟁력이 된다는 점이다. 또한 좁고 깊게만 보던 단계를 지나 넓고 깊게 보는 경지에 이르게 됨으로써 직업에서의 판단력에 권위와 영향력이 더해지기 때문이다. 결국 후반부의 삶에서 좋은 직업이란 삶에서 쌓아온 경험들이 시간이 지날수록 더욱 보탬이 되는 그런 일들이라 할 수 있다.

일반적인 기업에서 하는 일들이란 대부분 기계적이고 매뉴얼에 따라 움직이는 일이 대부분이라서 그런 요소가 매우 적다. 정년이 존재하는 직업의 상당수가 자세히 보면 단순 반복적인 일이며 누가 그 자리에 있어도 큰 어려움 없이 해낼 수 있는 일들이 대부분이라는 사실을 알 수 있다(기업들의 창의성 부족 때문일 수도 있겠지만, 풍부한 경력을 가진 50대 이상을 제대로 활용하지 못한다는 사실은 안타까운 일이다).

그래서 단순 반복적인 일보다는 보다 종합적 사고가 필요하거나 삶의 경험을 녹여낼 수 있는 일들이 후반부의 직업으로 더 적합하다. 전문직, 프리랜서, 자영업자, 예술가, 작가, 연구원, 교육자 등이 이런 직업들이다. 2007년에 교육인적자원부가 설문 조사한 자료를 보면 그런 사실을 알 수 있다. 〈표 4-1〉의 왼쪽 부분은 적합한 직업 순위이고 오른쪽 부분은 적합하지 않은 직업 순위이다. 그러나 2007년 자료이고 앞으로의 시대 변화를 알 수 없으니 고정관념을 가질

표 4-1 평생직업으로 적당한 직업 순위

순위	적당한 직업	점수	순위	적당하지 않은 직업	점수
1	상담전문가	4.63	1	프로게이머	2.24
2	인문사회 계열 교수	4.48	2	컴퓨터 프로그래머	2.38
3	항공기조종사	4.41	3	가수	2.40
4	성직자	4.38	4	데이터베이스 관리자	2.44
5	사회과학연구원	4.32	5	컴퓨터공학기술자	2.48
6	이공학 계열 교수	4.28	6	IT컨설턴트	2.50
7	플로리스트	4.25	7	웹디자이너	2.64
8	인문과학 연구원	4.20	8	건축공학 기술자	2.67
9	인문계 중등학교 교사	4.20	9	애완동물 미용사	2.68
10	약사·한약사	4.20	10	운동선수	2.68

※ 1점 : 전혀 적당하지 않다 / 2점 : 적당하지 않다 / 3점 : 보통 / 4점 : 적당하다 / 5점 : 매우 적당하다
자료: 교육인적자원부(2007)

필요는 없다

의사, 약사, 변호사 등의 전문직이 가진 가장 큰 이점이 고소득과 정년이 없다는 점이다. 그러나 진입장벽이 너무 높고 엄청난 시간과 노력을 투자해야만 가능하다. 하지만 눈을 돌려보면 퇴근 후와 토요일, 일요일만 잘 활용해도 준비하고 도전할 수 있는 전문직이 꽤 있다. 미국 같은 경우도 40대 후반에 법률 공부를 하여 고향 근처에서 조그만 법률사무소를 운영하는 주부들의 사례가 심심치 않게 보인다. 또한 전문직은 우리가 아는 것보다 훨씬 다양한 종류가 있다. 바리스타, 파티셰, 플로리스트, 브루마스터 등의 전문가도 도전할 수 있다. 사회복지사, 보육교사, 직업상담사, 프랜차이즈 컨설턴트, 서비스 컨설턴트, 실버 플래너, 특용작물재배 전문가, 커리어 코

치, 스포츠 에이전트, 이미지 컨설턴트 등 장기적 시야를 가지고 경험을 쌓으면 평생 일할 수 있는 다양한 전문직이 있다.

요리사도 매우 유망한 직업이다. 퇴직 후 요식업을 계획하고 있다면 일찍부터 배우고 실전적인 훈련을 해두면 좋을 것이다. 부동산 분야나 법률·세무 분야 등도 도전하면 충분히 자리를 잡고 평생 일할 수 있는 기반을 만들 수 있다. 아기를 돌보는 일도 수명이 긴 직업이다.

일반 직장에도 당신의 경력을 필요로 하는 업무는 많이 있다. 구인구직을 위한 행사에도 적극적으로 참석하도록 하자. 인터넷 구인구직 사이트에 이력서도 올려놓자. 인사 담당자가 마음에 들 만한 인상적인 이력서를 작성하고 면접에 대비하여 연습을 해두자. 나의 약점을 장점으로 보이게 할 수 있어야 하며, 왜 내가 회사에서 기대하는 업무성과를 위한 최적의 선택인가를 증명해야 한다. 이력서 작성 요령과 면접 요령에 관한 책을 읽어 보면 요령을 터득할 수 있다. 부지런한 사람이 한 가지라도 더 얻는다. 손품, 발품을 팔아야 한다.

사업에 도전하는 것도 매우 훌륭한 방법이다. 사업에 대해 너무 부정적인 관점을 갖지 말기 바란다. 사업이 위험한 것이 아니라 준비 없는 실행이 무모한 것이다. 어느 정도 연륜이 쌓인 시기에 도전하는 사업은 더 신중할 것이고 깊이가 있기 때문에 특히 무모함과는 거리가 멀다. 완벽하지는 않더라도 적절한 준비와 과감한 실행, 그리고 성실한 노력이면 좋은 결과를 만들어낼 수 있을 것이다. 스스로 고용주가 되면 더 이상 정년이란 단어는 없다. 적절한 시기에 삶에서의 일이 차지하는 비중을 조정하는 일만 필요할 뿐이다.

자신의 재능과 흥미를 바탕으로 도전할 수 있는 분야를 찾아보면 많은 가능성이 있다. 고정관념을 깨고 열정을 흔들어 깨워야 한다. 우리의 목표는 큰돈을 버는 것도 명예를 드높이는 것도 아니다. 즐겁게 오래 일하는 것이다. 그러니 보수에 실망할 필요가 없다. 숙달이 되고나면 수입은 저절로 높아지게 마련이다. 지식과 경험을 활용할 수 있는 분야에 집중해야 한다. 노동집약형 분야나 투입하는 시간과 결과가 정비례하는 일이 아닌 내가 들인 노력에서 열 배, 백 배의 가치가 만들어지는 분야를 선택해야 한다. 그것이 본인을 위해서는 물론이고 사회를 위해 기여하는 길이다. 스스로의 잠재력을 믿고 끊임없이 도전하는 삶은 그 자체가 가치 있는 삶이며, 그렇게 현역으로 살아가다 꽃처럼 지는 삶이 아름다운 삶이다.

전략만 제대로 세우면
귀농도 멋진 삶이다

앞서 진정한 귀농에 대한 의미에 대해 얘기했다. 귀농이란 사는 곳이나 직업을 선택하는 문제가 아닌 삶의 방식을 바꾸는 문제이다. 귀농에 대한 세 가지 원칙을 정리해보자.

첫째, 어느 정도의 농사 경험이 필요하다. 둘째, 귀농은 돈 문제가 아니고 태도에 대한 문제이며 큰돈 벌겠다는 생각은 접어야 한다. 셋째, 농촌 사람들과 어울려야 한다. 귀농에 대한 꿈을 키운 사람들이라면 충분히 공감할 만한 문제의식일 것이다. 이번에는 그러한 정서적인 주제가 아닌 실제적인 문제를 다뤄보겠다. 농업도 한편으로는 매우 전망이 있는 직업이며 접근 전략과 방식에 따라 매우 의미 있는 분야가 될 가능성이 많다. 농촌에서 후반부의 삶을 일궈나간다는 것은 근사한 일이고 장점도 많은 일이다. 올바로 원칙을 세우고 제대로 실천하면 결과도 좋을 것이다.

귀농의 장점으로 우선 도시생활이 주는 비인간적이고 삭막한 생활에서 탈출하여 자유롭고 여유 있게 살 수 있다는 점을 들 수 있다. 복잡한 도시생활과 계산적인 인간관계가 주는 긴장과 스트레스에서 해방되는 평화로운 삶이 가능하다. 그리고 자연 파괴적이고 반생태적인 삶이 아닌 자연과 더불어 사는 친환경적 삶이 가능하다. 이는 좋은 먹거리와 공기를 의미하며 건강한 삶을 가능하게 한다. 농사는 그 자체가 육체적 활동으로 잃었던 건강을 찾는 최고의 길이기도 하다. 또한 불안한 직장생활의 탈출구가 될 수 있다. 시골에서는 도시와 비교할 수 없을 만큼의 적은 비용으로 생활할 수 있고 열심히만 하면 적절한 수입도 얻을 수 있다. 게다가 정년도 조직도 없고, 지시하는 사람도 없으며, 마감도 서류도 없는 최고의 일터이다.

왜 귀농하려 하는가에 대한 답을 스스로 가지고 있으며 가족과의 상의도 끝났다면 어떻게 해야 성공적인 귀농이 될 것인가에 초점을 맞추고 구체적인 전략을 모색해보자. 귀농 전략은 다음 6단계에 맞춰 세우면 효과적이다.

귀농 교육을 받는다

농사 경험이 거의 없거나 어린 시절의 짧은 경험만 가진 사람이 갑자기 시골에 땅과 집을 마련하고 작업복 갈아입고 밭에 나선다고 농사꾼이 되는 것은 아니다. 이론적인 배움과 실습이 필요하다. 농사 짓는 데 무슨 공부가 필요하냐고 생각하는 사람도 있을 것이다.

과거에는 수십 년 동안 가족과 주변 사람들로부터 들어온 주옥같은 조언들과 그동안 흘린 땀방울이 책이고 선생님이었다. 그 노하우는 강의로 절대 따라잡을 수 없다. 그럼에도 교육은 무지에서 눈을 뜨게 해주므로 반드시 시간을 내서 교육을 받아야 한다. 귀농 교육기관은 전국적으로 산재해 있으니 교육을 받는 데 큰 어려움은 없을 것이다. 다음과 같은 교육기관이 있다. 농촌진흥청이나 농림식품부 홈페이지에서도 귀농·귀촌에 관한 좋은 정보들을 얻을 수 있다.

표 4-2 **귀농 교육 기관**

학교명	지역	전화번호
전국귀농운동본부	경기 군포시	031-408-4080
감리교귀농학교	충북 음성	043-873-0053
거창귀농학교	경남거창	055-944-5646
경남귀농학교	경남 창원	055-252-9009
광주전남귀농학교	광주 서구	062-373-6183
대구귀농학교	대구 달서	053-591-5742
대전귀농학교	대전 중구	042-253-3241~3
부산귀농학교	부산 동래구	051-462-7333
불교귀농학교	서울 종로구	02-733-1884
예산귀농학교	충남 예산	041-332-8228
울산귀농학교	울산 남구	052-265-7003
인천귀농학교	인천 계양	032-556-5100
전주귀농학교	전주 덕진구	063-245-2778
청주귀농학교	충북 청주	043-222-2466
포항귀농학교	경북 포항	054-273-2226
한마음귀농학교	전남 장성	061-393-1925

나의 자금, 성격과 능력에 맞는 농작물을 고른다

농작물과 농사꾼은 궁합이 맞아야 한다. 적성에 맞지 않는 작물을 선택하면 재미도 없으면서 힘만 들고 수확도 변변치 않다. 유독 농사 분야는 적성을 따진다. 동물을 좋아하지 않는 사람이 가축 사육을 할 수 없다. 이것저것 가꾸는 것을 좋아하는 사람은 벼농사보다는 화훼나 채소가 맞다. 근력이 부족한 사람이 버섯농사를 지으면 원목을 옮기다가 다칠 수도 있다. 너무 부지런하면 제대로 자라지 못하는 작물도 있다.

자금 규모도 작물이나 영농 분야 선택에 큰 영향을 준다. 5,000만 원 이하의 자금이라면 시설채소나 특수작물을 시도하기는 어렵다. 대단위 가축 사육도 불가능하다. 농지구입비도 큰 변수인데 수도권이나 근교의 땅값이 너무 올라서 만만치 않을 것이다. 땅을 빌려서 농사를 지으면 또 다른 제약조건이 생길 수 있다. 귀농에 대해 공부하고 다양한 사례를 접하면서 자연스럽게 방향이 잡힐 것이다. 개별 작물에 관한 정보를 충분히 습득해야 한다.

머슴처럼 일을 배우며 기초적인 경험을 축적한다

이론과 실제는 다르다. 특히 농사는 글이나 말로써 배우기엔 한계가 있다. 막상 하려 들면 무엇부터 해야 할지 막막할 수 있다. 가장 빠른 방법은 선배 농사꾼 밑에서 배우는 것이다. 머슴으로 생활하며 밑바닥부터 배우는 것이 최고의 방법이다. 정 내키지 않으면 품을 팔아서 배울 수도 있다. 대부분의 농사가 생각처럼 만만치 않다. 두 해 정도의 경험을 쌓아야 비로소 초보 딱지를 떼었다고 볼 수 있다. 최소한 한 해 정도 해보지 않고는 독립할 생각을 말아야 한다.

땅과 주거지를 내 수준에 맞게 마련한다

귀농을 고려하는 사람들은 대개 처음부터 땅과 주거지를 마련하려 한다. 그래서 힘든 것이다. 어느 정도 농사 경험이 쌓이고 땅을 보는 눈이 생겼을 때 농지와 주거지를 찾아야 한다. 무조건 발품을 팔아야 한다. 자칫 잘못하면 가치 없는 맹지를 사거나 물이 나는 땅, 오후 햇살을 못 보는 땅을 사기도 한다. 그러므로 잘 아는 지역의 땅을 사는 것이 좋고 귀농교육 담당자나 농사 선배의 도움을 받아도 좋다. 턱없이 싸게 나온 땅은 반드시 이유가 있다. 토지정책이나 법률도 잘 체크해야 하며 중개사의 말을 액면 그대로 믿어서도 안 된다. 집을 마련하는 문제도 쉬운 문제가 아니다. 아무렇게 버려진 빈집에서나 살겠다고 생각한다면 큰 낭패를 볼 수 있다. 지나치게 생활이 불편하면 귀농이 고통스러워진다. 그렇다고 처음부터 아름다운 전원주택을 짓겠다고 나서는 것도 앞뒤가 안 맞는다. 자금도 너무 많이 소요되고, 한 번 짓고 나면 바꾸기도 어렵다. 게다가 집짓는 일이 보통 일이 아니라서 본격적인 농사를 짓기도 전에 지칠 수 있다. 너무 서두르지 말아야 한다. 헌집을 고쳐 쓰거나 컨테이너를 이용하거나 틈날 때마다 황토와 목재를 이용해 직접 조금씩 지어나가는 것도 좋은 방법이다.

우선 소규모로 시작하여 단계적으로 확장시킨다

처음에 생각했던 규모보다 작게 시작하자. 보통 채소류가 3~6개월이면 수확할 수 있고 곡물 농사는 1년이 소요된다. 농사일은 자연의 힘에 의지하는 일이므로 예측하기가 어렵고 한 번 실패하면 돌이키기 힘든 경우가 많다. 그래서 처음에는 소규모로 자신 있는 농작물부터 시작하는 것이 좋다. 처음부터 지나치게 무리하지 말고 성공의 경험을 축적해나가도록 한다. 자신이 생기면 그때부터 본격적으로 확장해나가면 된다. 특이한 사실 하나는 귀농 첫해에는 초보자의 행운 때문인지 대부분 성공적인 수확을 거둔다고 한다. 그런데 자신감 있게 두 번째 농사를 벌이면 2년차 징크스로 쓰디쓴 실패를 맛보게 된다. 농사는 원래 많은 실패를 겪고 인내하는 법을 배우면서 차근차근 익혀나가야 하는 직업이다. 그러니 조바심을 버려야 한다.

농촌 생활을 즐긴다

귀농은 직업 선택의 문제가 아니고 살아가는 방식을 바꾸는 것이다. 익숙하지 않아 몸이 고되고, 변화무쌍한 하늘이 원망스럽기도 하지만 그것도 농촌 생활의 한 부분으로 받아들여야 한다. 모든 것이 좋을 수는 없다. 잃는 것이 있고 얻는 것이 있다. 도시 생활의 편리함, 풍요로움을 잃은 대신 스스로 창조하는 삶, 자연과 교감하는 삶, 정직하고 평화로운 삶을 얻는다. 잃은 것에 연연하지 않고 새로 얻은 것은 기쁨으로 받아들이며 충분히 즐기는 삶이 되어야 하지 않을까? 맑은 아침 공기를 음미하고 이름 없는 풀꽃을 사랑하고 서쪽 산을 물들이는 노을을 충분히 즐길 수 있어야 귀농한 보람이 있을 것이다. 그러나 처음부터 생각처럼 안 될 수도 있다. 그래서 귀농은 태도의 문제이다.

새롭게 배우지 못하는 사람이 문맹이다

공자는 "배우고 때로 익히면 또한 기쁘지 아니한가(學而時習之不亦說乎)"라고 말했다. 후반부를 앞둔, 혹은 후반부에 접어든 세대에게 가장 필요한 부분은 재교육이다. 평생 일하기라는 과제가 가능하려면 지속적인 교육은 필수이다. 세상은 지금 이 순간도 예측하기 힘든 방향으로 변하고 있고, 어제 습득한 지식도 내일이 되면 쓸모없어질 수 있다. 변화에서 도태되지 않으려면 배움을 지속해야 한다.

세상은 넓고 배울 것은 많다

평생 일하기 위해서는 자신의 경쟁력을 일정 수준으로 유지해야 하는데 매일매일 소모적인 생활 속에서 쉬운 일이 아니다. 요즘 한 달에 몇 권의 새로운 책을 읽고 있는지 생각해보자. 텔레비전을 보거나 컴퓨터 앞에 앉아 있던 시간이 더 많지 않았을까? 강의실 의자에 앉아본 기억이 언제인가?

앨빈 토플러는 "20세기에는 글을 읽지 못하는 사람이 문맹이었다. 그러나 21세기는 새롭게 배우려고 하지 않는 사람이 바로 문맹이다"라고 말했다. 나이는 중요하지 않다. 오직 새로운 것을 배우고 익히는 자들이 21세기를 리드하게 될 것이다. '지식'이 경쟁력이며 가장 수익성 높은 투자처이다. 배움을 위한 다양한 학습기관 또는 대학, 대학원을 찾아보자. 방송통신대학에는 많은 대졸 사회인들이 새로운 배움을 위해 학생으로 등록하고 있고, 사이버대학, EBS방송 강좌를 들으며 늦깎이 공부에 도전하는 학생들이 많다. 대학 부설 평생교육원과 백화점문화센터, 구청 등의 문화센터, 어학학원, 요리학원, 귀농학교 등에서도 흔한 풍경이다. 의지만 있으면 배울 곳은 넘친다. 핑계를 대지 말자. 자녀들 때문에, 여자라서, 나이가 너무 많아서, 돈이 없어서, 시간이 부족해서 등등 핑계를 찾으면 한이 없다. 세상은 넓고 배울 것은 많다.

배움은 새로운 기회다

배움에 몰두하면 지식 습득 외에 얻어지는 것이 한두 가지가 아니다. 우선 젊고 건강해진다. 수험생처럼 공부하지 않는 한 건강을 해칠 일은 없고, 젊은 선생님이나 학생들과 어울리면 실제 나이가 젊어지게 된다. 그리고 인맥이 만들어진다. 사람의 사귐에는 나이도 국경도 없다. 다양한 삶을 살아온 사람들과 좋은 관계가 만들어질 것이다. 또한 새로운 만남은 그 자체가 설렘이면서 동시에 새로운 기회를 만들어준다. 싱글로 사는 사람이 이성친구나 배우자감을 찾기에 가장 바람직한 장소가 강의실 아니겠는가? 사업상의 동지를 만나기에도 같은 목적을 가진 배움의 장이 적합하다.

부차적으로 돈이 절약된다. 조그만 짬을 내서 배움에 빠져들면 소비 생활을 할 틈이 없을 것이다. 쇼핑할 시간도, 친구들 만나 술 한 잔 기울이거나 수다 떨 시간 내기도 어려울 것이다. 그런 활동이 다 돈이 들어가는 일이며 체력을 소모시키는 일이다. 참고로 대형 백화점 문화센터의 강좌를 살펴보면 그 다양함에 놀라게 될 것이다. 인문학, 미술, 철학, 문학, 어학, 음악, 경제, 건강, 스포츠, 공예, 요리, 교육, 여행 등 수준 있는 강좌가 적당한 수강료로 진행된다. 구청 문화회관에서도 아주 저렴한 비용으로 다양한 강좌를 수강할 수 있다. 조금만 손품, 발품을 팔면 평생 배울 만한 교육이 가득하다는 사실을 알게 될 것이다.

사업에 필요한
유일한 능력은 용기다

'평생 일하기'에서 사업은 매우 중요한 의미를 갖는다. 지속적이고 안정적인 수입과 보람 그리고 정신적 자유의 측면에서 내 사업만큼 매력적인 대상도 별로 없다. 태어나면서부터 유능한 사업가였던 사람은 없으며 사업에 필요한 적성이란 것도 없다. 유일하게 필요한 능력이라면 첫발을 뗄 수 있는 용기이다. 사업은 위험하다. 그러나 기업체에서 임원에 오를 확률보다 사업에서 생존할 확률이 훨씬 높다.

『성공하는 기업들의 8가지 습관』의 저자 짐 콜린스는 오랫동안 살아남은 탁월한 기업들은 BHAG(Big Hairy Audacious Goal, 크고 건방지며 대담한 목표)를 가지고 있다는 공통점이 있다고 했다. 사람도 마찬가지다. 인생 후반부를 준비하는 사람들에게는 단순한 목표 이상의 것이 필요하다. 단순히 현재의 직업군에서 근로를 연장하는 것이 그다지 가슴에 와닿지 않는 이유는 그런 의지를 일깨우는 요소가 없기 때문이다.

사업이야말로 크고 건방지며 대담한 목표를 가지기에 가장 적합하다. 남들이 만들어놓은 길이 아닌 전혀 새로운 길을 개척하는 것이기 때문이다. 성공에 한계가 없고 자신의 모든 자원을 쏟아 부을 수 있기 때문이다. 사업을 꿈꾸는 사람이나 준비를 하고 있는 사람도 많을 것이다. 관련 교육을 틈틈이 들어두고 발품을 팔면서 제대로 준비하면 충분히 성공할 수 있다.

창업의 4요소에 마케팅을 더해서 사업성공의 5가지 요소를 정리해 보았다. 어떤 요소가 준비되어 있고 어떤 요소가 부족한지 잘 생각해보기 바란다.

사람이 자산이다

창업에 있어서 사람은 가장 중요한 요소이다. 사업에 대한 열정과 신뢰로 뭉친 능력 있는 팀이 사업 성공의 가장 강력한 보증수표이다. 사업은 혼자 할 수 없다. 부부가 함께한 창업이 잘 실패하지 않는 이유가 바로 이 때문이다. 사업 파트너는 주의 깊게 선택해야 하며, 한번 신뢰관계가 만들어지면 배신하지 말아야 한다. 개성의 거상 임상옥도 사업은 돈을 남기는 것이 아니고 사람을 남긴다고 했다. 사업을 벌였다가 이런저런 이유로 실패할 수도 있다. 그러나 사람이 남아 있다면 진정한 실패는 아니다. 사람이 경쟁력이고 자산이다. 자신을 포함해 구성원의 강약점을 찾아보자. 그리고 각자의 수행 능력에 따라 업무를 분담하고 지원체계를 구축해야 한다.

지속적인 경쟁력을 가질 수 있는 차별화된 기술, 아이디어

내가 좋아하는 것이 아닌 고객이 사고 싶어 할 아이디어, 특별한 요소가 존재해야 한다. 기존의 경쟁자들이 굳게 자리를 잡고 있는 영역에서 나의 위치를 확보하기 위해서는 남다른 무엇이 필요하다. 열린 사고로 아이디어를 대해야 하고 엉뚱해 보이는 상상력이 있어야 한다. 요즘의 고객들은 평범한 것에는 제대로 눈길조차 주지 않는다. 비슷하거나 조금 나은 정도로는 성공하기 힘들다. 더 좋은 (better) 것으로는 부족하며 전혀 다른(different) 독특함이 있어야 한다. 기존영역의 2위가 아닌 새로운 영역의 최초가 되어야 한다. 차별화를 유지하는 힘이 실력이며 지속적 생존을 보장한다.

성장 중이거나 성장 가능성이 있는 시장

아무리 좋은 아이디어나 기술도 그것을 팔아줄 시장이 너무 작으면 의미가 없다. 그 시장은 적정한 규모가 되어야 한다. 틈새시장이라고 해서 시장이 너무 작으면 계획했던 매출도 원하는 수익도 거둘 수 없다. 무엇보다 아이디어가 제 가치를 인정받지 못하고 사장될 수 있다. 또한 그 시장은 성장하는 시장이어야 한다. 시대에 뒤떨어지고 사양화되고 축소되는 시장인지 면밀하게 검토해야 한다. 시장의 흐름만 제대로 타면 내가 기울인 노력의 수십 배가 돌아올 수도 있다. 그것이 사업이다. 시장을 보는 혜안은 당신 같은 경험자에게 있다.

적절한 상품 포지셔닝과 효율적인 마케팅 활동

잭 트라우트와 알 리스가 쓴 『포지셔닝』에 의하면 포지셔닝이란 잠재고객의 마인드에 해당 상품의 위치를 잡아주는 것이다. 오늘날 커뮤니케이션 과잉시대에 사람들이 가진 인식에 나의 상품이 자리 잡도록 하려면 많은 노력이 필요하다. 우선 소비자의 욕구는 무엇이고 기존 제품에 대해 어떤 불만이 있는지 파악해야 한다. 경쟁사와 제품에 대한 소비자의 인식도 조사해야 한다. 그 이후 비어 있는 위치를 찾아내 내 제품을 위치시키켜야 한다. 사업의 규모와 관계없이 적절한 포지셔닝이 이루어져야만 시장에서 자리 잡을 수 있다.

자금이 사업의 전부는 아니다

자금이 가장 중요한 듯 보이는 요소이지만 가장 뒤에 쓴 이유는 자금이 사업의 전부는 아니기 때문이다. 사람들은 자금이 많을수록 사업이 수월하리라고 생각하지만 전혀 그렇지 않다. 초기에 투입하는 자금 규모가 클수록 인사, 자금관리 등 운영의 부담과 리스크가

그림 4-1 **창업 과정**

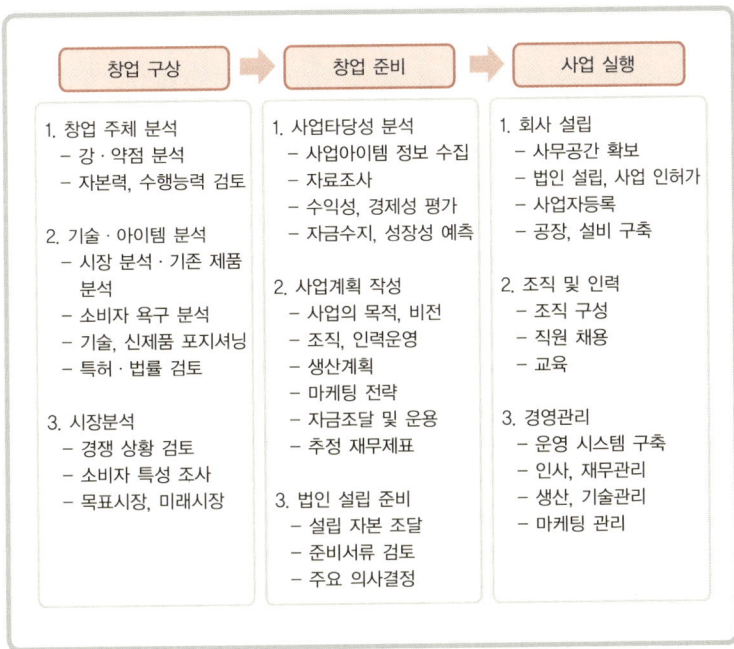

커지게 되기 때문이다. 작게 시작할수록 성공 확률은 커진다. 특히 사업 초심자라면 처음부터 규모 있는 사업으로 시작하는 것은 바람직하지 않다. 게다가 비싼 이자를 물어가면서 대출로 시작하는 것은 절대 피해야 한다. 작은 성공의 경험을 축적해나가야 한다. 정확한 비용 계획과 철저한 자금관리가 필수이다. 사업 경험자들은 보통 예상한 자금의 두 배가 들어간다고 얘기한다. 창업 초기에는 반짝 성공이 보이는 듯하다가 힘들어지는 경우가 대부분이다. 그러니 미리부터 예상해야 한다.

사업 초심자라면 독립사업보다는 안전한 프랜차이즈가 좋다. 자영업자의 창업 대비 폐업 비율은 92%에 달했지만 프랜차이즈 편의점의 경우 창업 후 5년 내 폐업률은 25%에 불과하다. 사업은 개인의 능력보다는 시스템에 의해 경쟁력이 드러난다. 가맹비나 로열티는 스스로 브랜드와 운영 체계를 구축하기 위해 쏟아야 할 노력과 비용에 비하면 아까운 돈이 아니며 사업의 베테랑이 되기까지는 훈련이 필요하다. 경험과 경쟁력을 충분히 쌓은 뒤 독립해도 늦지 않다. 상위권 프랜차이즈 업체들의 성공 요인과 차별성에 대해 연구해보면 감이 잡힐 것이다.

온라인쇼핑몰도 유망한 분야이다. 사이버쇼핑 거래액은 꾸준히 상승세를 이어가고 있다. 점포 없이도 자신의 사업을 할 수 있다는 매력과 출퇴근 시간이 자유롭고 초기 투자비용이 타 사업에 비해 적다는 장점 때문에 많이 한다. 책도 많고 창업 관련 강좌도 쉽게 접할 수 있다. 사업 선배에게도 배울 수 있다. 뜻이 있는 곳에 길이 있다.

어떤 사업이든 사업이 궤도에 오르기 시작하면 시스템에 투자하고 빠른 기간 내에 업무 위임을 준비해야 한다. 전문가 집단에 아웃소싱을 하거나 직원들에게 권한을 위임하여 자유로워져야 한다. 내 시간 전부를 사용해야 수입이 만들어진다면 문제가 있는 것이다. 내가 없으면 일이 안 된다는 것은 내가 일에 종속되었다는 의미이기 때문이다. 평생 일에서 빠져나오지 못한다면 번 돈을 어디에 쓸 것인가? 후반부의 삶을 일만 하며 보낼 수는 없다. 사업을 영위하며 남는 시간은 새로운 사업 가능성을 찾아내거나 내가 좋아하는 것을 하는 데 투자하는 것이 진정으로 사업을 하는 의미이다. 스스로 생존하는

(나를 귀찮게 하지 않는) 회사를 여러 개 만들 수 있다면 더할 나위 없이 좋다.

하지만 사업을 실제로 해본 사람들은 사업은 이론이 아니라는 사실을 잘 안다. 특히 직장생활만 하다가 소규모 판매업을 시작하는 경우에는 생각 이상으로 많은 난관을 겪게 되는데 미리부터 예상하고 처음에 세운 원칙을 잘 지켜나가야 시행착오를 줄일 수 있다. 그래서 사업 시작 전에 충분한 준비과정이 필요하다. 그러나 과유불급(過猶不及, 지나침은 모자람만 못하다)이다. 준비만 하다가 세월을 보낼 것인가? 작게라도 일단 시작해볼 것인가?

나이를 이유로
창의력을 죽이지 마라

인생 후반의 직업적 삶에서 의미 있는 성과를 내려고 당신의 모든 에너지를 쏟을 수는 없다. 강한 열정이 생기기도 어렵고, 그 정도의 에너지를 쏟다가는 삶의 균형이 깨질 수도 있기 때문이다. 우리는 후반부의 삶에서 일만 하면서 살려는 것이 아니다. 일은 재정적 안정을 위한 수단이고, 수입이 포함된 사회활동일 뿐이다. 그러나 일을 너무 단순하고 가볍게 볼 수는 없다. 원하는 성과를 못 내거나 직업 유지가 어려울 수도 있다. 그리고 무엇보다 재미가 없다. 후반부의 삶에도 경쟁이 존재한다. 그러나 전반부와는 경쟁의 양상이 다르다. 전반부가 타인과의 경쟁이었다면 후반부는 나와의 경쟁이고 내가 설정한 기준과의 경쟁이다. 그런 경쟁에서 기준 이상의 결과를 만들어낼 수 있어야 한다. 우리가 쌓아온 지식과 경험 그리고 기술의 도움으로 일정 수준의 성과를 내는 것은 어렵지 않다. 그러나 평범한 수준을 넘는 우수함을 만들려면 무엇인가 달라야 한다. 당신이 그동안의 삶에서 탁월함을 만들어왔듯이 후반부의 삶에서도 만들어낼 수 있을 것이다. 비범한 성과의 비밀은 바로 창의력이다.

창의력이란 남들이 생각하지 못하는 것을 발견하는 능력을 뜻한다. 창의력은 독창적이고 가치 있는 산출물들을 생산해내기 위한 상상적인 활동이다. 생산과잉과 개념 포화의 시대에, 세상에 남다른 가치를 만들어내기 위해서는 창의적 요소가 절대적으로 필요하다. 창의력은 발명가나 예술가에게만 필요한 것이 아니다. 창의력을 생산적 사고(productive thinking)라 부르는 이유는 과거의 경험에 의존하지 않고 새롭고 독창적인 문제해결을 시도한다는 데 있다.

어떤 분야의 일이든 과거와 똑같은 방식으로만 처리하면 결코 나아질 수 없다. 역사가 그러했듯 당신의 삶도 그러해야 한다. 더 작은 노력으로도 눈에 띄는 성과를 내기 위해서는 창의적 문제해결 능력이 필요하다. 모든 기업이 창의력을 강조하는 이유가 여기에 있다. 후반부의 삶에서 창의성의 불꽃을 꺼뜨리지 않고 계속 빛나게 하는 것이 직업적 삶에서 제대로 성과를 내는 일이며 젊게 사는 비결이다. 과거의 경험에만 기대지 않는 창의적 해결책을 만들어내려면 상상력과 문제해결력이 필요하며 이것이 곧 창의력이다. 창의력이 개인의 경쟁력에 주는 영향은 거의 절대적이다. 어떻게 해야 창의력을 유지하고 키울 수 있는지 살펴보자.

창의력은 젊은이의 전유물이 아니다

컨설팅회사 맥킨지가 세계적 장수기업들의 비밀을 푼 『창조적 파괴』에서 밝혀냈듯이 가장 뛰어난 성과를 거두는 기업들의 비결은 엄청난 속도로 시장의 변화무쌍함을 선도하는 능력이었다. 이 힘의 근원이 창조적인 조직 DNA이다. 생명체와 마찬가지로 모든 기업은 본질적으로 창조적 유전자를 지니고 있다. 이 창조DNA가 조직의 능력을 좌우하며 창의력을 어떻게 키우고 활용하는가가 기업의 성패를 결정하는 요소라고 보았다. 창의력에 실행의 요소를 포함시킨 것이 창조력이다(창조력=창의력+실행력). 창조DNA를 키우고 이를 지속적으로 실행에 옮길 수 있는 조직 환경을 구축하여 오늘날 세계 초일류 기업에 오른 애플, 구글 등의 기업문화를 보면 창의력이 얼마나 중요한 요소인지 알 수 있다.

창의력은 조직에만 해당되는 이야기가 아니다. 요즘처럼 변화무쌍한 세상에서 승리를 쟁취하거나 존재감을 드러내기 위해서 가장 필요한 요소가 창의력이다. 창의력은 당신의 경쟁력 혹은 생존력을 보장하며 변화에 도태되지 않고 스스로의 정체성을 지켜갈 수 있는 힘을 주는 본질적 요소이며 당신을 우월한 존재로 만들 수 있는 근본적인 힘이다. 창의력은 청소년기 혹은 젊은이의 전유물이 아니다. 나이가 들면 창의력이 줄어드는가? 그렇지 않다. 나이와 창의력은 아무 상관이 없다. 나이가 들면 창의력이 저하된다는 인식은 근거 없는 추측과 연구방법의 편견에서 비롯되는 경우가 많다. 나이는 경험을 말하며, 결국 인간이 나이를 먹어가면서 쌓아올린 경험과 지적

자산의 기반에서 창의력이 더욱 고도화될 가능성이 크다. 예술 분야나 건축, 혹은 순수학문 분야를 보면 분명하게 알 수 있다. 역사적인 대가들의 빛나는 걸작들은 대개 말년에 나오지 않던가? 피카소의 젊은 시절 그림과 노년의 그림 중 어떤 것이 더 창조적이던가? 80대에도 열정적인 저술활동을 했던 피터 드러커의 노년기 저서들의 번뜩이는 지혜와 창의적 아이디어는 누구도 따를 수 없다. 창조란 것도 따지고 보면 세상에 없는 것을 만들어낸다기보다는 세상에 존재하는 요소를 모방하고 결합하고 응용한 결과물 아닌가? 다양한 경험과 깊은 지식이 큰 자양분일 수밖에 없다. 즉 나이가 많거나 경험이 많은 사람에게 유리한 게임이다.

창의성에 대한 잘못된 믿음

그런데 왜 나이가 많아지면 창의력이 떨어진다는 관념이 일반화되었을까? 그 이유는 첫째 '은퇴 신드롬' 때문이다. 낮은 임금의 젊은 층을 노동시장에 참여시키고 고임금의 숙련층을 은퇴시키려면 근거가 있어야 하는데 가장 쉬운 잣대가 '신선도'가 되는 것이다. 젊고 신선한 연령층이 창의력도 높다는 관념을 일반화시키면 문제가 쉽게 해결될 것이다. 그러나 그것은 창의력의 본질을 잘못 이해한 탓이다. 밑도 끝도 없는 치기, 혹은 방향성 없는 좌충우돌이나 모호함을 창의력과 동일시한 탓이다. 창의력은 모래 위에 쌓은 성이 되어서는 안 된다. 무한한 자원이 존재하는 세상에서는 그런 소모적인 도전이 미덕이 될 수 있다. 그러나 자원이 유한하며 그 자원이 현 세대의 전유물이 아님을 깨닫게 된 인류는 창의력에 대해서도 좀 더 생태학적으로 접근할 필요가 있다. 즉 창의라는 것도 좀 더 넓고 깊은 사고의 토대에서 만들어질 때 더욱 유용함을 알게 된 것이다. 한때 채용 인터뷰에서 엉뚱하고 재기발랄한 태도를 높게 평가하는 시대가 있었으나 큰 유용성이 없음이 드러났다. 창의력의 자양분은 다양한 경험과 정보를 가공하는 능력이고 그렇기 때문에 경험과 연륜이 쌓인 사람들에게 더 큰 창의력이 있었던 것이다. 더 이상 나이를 잣대로 창의력을 평가해서는 안 된다.

창의성에 관한 잘못된 인식에 개인도 책임이 있다. 즉 스스로 노력을 게을리한 탓이다. 학교를 졸업하고 나면 1년에 책 몇 권 안 읽는 습관을 들이면 깊이 있는 지식을 쌓을 계기가 없다. 신문, 잡지로는 결코 깊은 지식을 얻을 수 없으며 텔레비전은 있는 지식마저 태워버린다. 과도한 노동이나 정신과 육체를 소모하는 술자리 혹은 소비적 유희 활동의 토양에서는 창의력이 자라기 어렵다. 특히 지나친 근무시간은 결코 득이 될 수 없다.

톱질만 하루 종일 해댄다고 온 산의 나무를 다 벨 수는 없는 법이다. 이따금 앉아서 숫돌로 톱을 갈아야 하는 것이다. 톱을 가는 시간을 아긴다면 나무를 제대로 벨 수도 없고 무엇보다 있는 체력도 다 소모할 것이다. 조직에서 과도한 근로시간에 대한 맹신이 있더라도 개인 스스로 일에서 한 발짝 물러서는 연습이 필요하다.

창의력을 향상시키기 위한 여섯 가지 방법

창의력은 상상력을 뜻한다. 자유분방함 속에서 만들어지는 독창성을 뜻한다면 우리의 삶을 그런 방식으로 만들어가야 한다. 즉 상상력에 한계를 두어서도, 스스로의 의지에 속박을 주어서도 안 된다. 과거의 경험에 너무 얽매이지 않고 새로운 시각으로 세상을 보려는 자세가 필요하다. 누구에게나 고정관념이 있다. 그러한 관념이 지배할 때 남의 말이나 새로운 사고가 비집고 들어갈 틈은 없다. 나만 옳다는 생각에는 창의성이 깃들 자리가 별로 없다.

그러나 다행스럽게도 사람들은 나이가 들어가면서 이 세상에 유일한 진리란 없다는 사실을 깨닫게 된다. 나이가 들면서 긴 계곡을 체험한 자갈처럼 충분히 둥글게 되고 유연해진다. 그래서 창의력은 나이가 들수록 빛을 발할 수 있는 요소이다. 나이를 이유로 창의력에 대해 주눅 들거나 고민할 이유는 없다. 다만 더욱 키울 수 있는 방법을 찾을 필요는 있다. 다음에 제시하는 방법들을 실천하면 창의력을 키우는 데 도움이 될 것이다.

첫째, 다양한 경험을 한다. 일상적인 경험도 좋고 흥미진진한 여행도 좋다. 생전 처음 해보는 취미일 수도 있다. 서툰 일에도 도전해보자. 앞서 직업 선택에 대해 얘기했지만 못할 일이란 없다. 새로운 사람과의 만남을 즐기고 익숙한 음식이 아닌 전혀 새로운 음식을 맛보자. 좋아하는 음악 말고 싫어했던 장르도 들어보고 잘 안 읽던 분야의 책도 읽어보자. 머리도 염색해보고 튀는 옷도 입어보자. 집으로

갈 때 늘 다니던 길이 아닌 새로운 길을 걸어보자. 느낌이 다를 것이다. 밖으로 나가서 풀과 나무와 사람들을 새로운 눈으로 보자. 세상을 자세히 관찰해보면 그 속에 숨어 있는 놀라운 세계를 발견할 것이다.

둘째, 엉뚱한 상상을 많이 한다. 유별나고 엉뚱한 생각과 행동을 하는 것을 주저하지 않아야 한다. 때로 '내가 왜 나이에 안 어울리게 이런 생각을 하나'라고 생각한 적은 없는가? 앞으로는 나이에 어울리지 않는 생각을 자주하자. 그리고 친구나 배우자 혹은 자녀의 엉뚱한 생각을 지지하자. 선입견을 버리고 자유분방하게 사고하도록 노력해야 한다. 새로운 생각이 떠오르기 위해서는 마음을 비워야 한다. 비워야 채울 수 있다.

셋째, 질문을 한다. 나이가 많다고 모든 것을 알고 있는 것은 아니다. 질문을 부끄러워해서는 안 된다. 질문이란 호기심의 표현이고 학습의 가장 중요한 요소이다. 자녀가 새로운 노래를 흥얼거리면 무슨 노래인지 물어보자. 새로운 사물을 보면 그것에 대해 관심을 기울이자. 아직도 휴대폰을 걸고 받기 용도로만 쓰는가? 새로운 IT 기기가 나왔을 때 외면하는 것보다는 서투르지만 묻고 실행해보는 것이 바람직하다. 그러한 경험들이 새로운 정보들을 조합하는 능력을 키워줄 것이다.

넷째, 자신에게 자유를 준다. 당신 마음속의 소년, 소녀를 풀어주자. 아이처럼 마음껏 상상하고 내키는 대로 철없이 행동하자. 법과 도덕이 허용하는 범위 내에서 자유롭게 말하고 행동해보자. 놀아야 할 때는 눈치 보지 말고 맘껏 놀자. 지나치게 정돈하며 살지 말자. 좀 어질러져 있으면 어떤가? 자유로움에서 창의성이 나온다. 스스로의 위치를 너무 강하게 의식하는 것도 자유로움을 충분히 누리지 못하게 한다. 자녀들의 본보기가 되어야 하는 부모라는 입장, 후배의 귀감이 되어야 한다는 상사의 위치, 나이 많은 사람이 갖추고 있어야 한다는 위엄에 대한 의식 등이 생각의 틀을 깨기 어렵게 만든다. 당신은 자유로운 영혼이다. 이제는 책임감에서 벗어나야 하지 않겠는가? 당신은 자유이다. 그러니 이제 상상의 날개를 활짝 펼쳐보자.

다섯째, 나를 믿고 서두르지 말고 인내심을 갖는다. 나에 대한 신뢰가 긍정적인 자아 계발에 도움이 된다. 서두르면 일을 그르치는 경우가 많다. 즉각적인 해결책이 나올 때도 있고 신중할 때도 있다. 스스로 서두르면 때로 최적의 결과를 놓치게 된다. 너무 스스로를 다그치지 말고 인내심을 가져야 한다. 너무 많은 것을 기억하느라 때로 사소한 것을 망각할 수도 있다. 초조해하지 말고 기다리자. 원하는 결과가 한 번에 안 나올 수도 있다. 다음에 잘될 것이다. 그동안 살아오면서 많은 고통을 이겨낸 그 경험으로 후반의 모든 순간을 인내할 수 있다. 스스로에 대한 강한 믿음을 간직해야 한다.

소통하고 수용하는 삶의 자세

창의력은 '소통과 수용'의 자세에서 나온다. 자연과 예술과 교감하고자 하는 노력이 필요하다. 밤하늘과 들풀, 벌레들과 대화를 해 본 경험이 얼마나 오래되었는가? 남들이 좋다고 인정하는 풍경만 찾으려 하고 내게 익숙한 음악만 골라 듣고 있지는 않은가? 우리는 가끔 틀을 벗어날 필요가 있으며, 후반부의 인생을 마음껏 누리기 위해서는 판에 박힌 삶의 패턴에서 벗어나 마음껏 상상하는 습관이 필요하다. 유별난 생각을 표현하는 것을 주저하지 말자. 때로는 위험도 선택해야 하며, 바쁜 삶에서 여유와 인내심을 갖는 것도 필요하다. 우리의 노력에 따라서 창의력은 자라게 되며 마음은 자유를 얻게 된다. 매일을 새롭게 살아가는 열쇠가 바로 크리에이티브한 정신이고 창의력이고 '일신우일신(日新又日新)'이고 '날마다 새롭게 하소서'란 기도의 응답인 것이다. 후반부에 반드시 지니고 있어야 할 마음의 태도가 아이 같은 호기심이고 적극적이고 창의적인 자세이다.

새로움이 없는 삶, 과거의 반복에 불과한 삶은 그 자체가 정지이고 죽음이다. 창의력을 젊은 사람의 전유물로 생각하거나 창의력 훈련이 청소년기에만 필요하다고 생각하지 말자. 평생 지녀야 하며 키워야 하는 특성이 창의력이다. 인간은 새로운 것에 대한 호기심이 사라지는 순간부터 늙는다. 그런 순간이 왔음은 눈빛으로 알 수 있다. 평생 늙지 않고 후반의 직업적 삶에서 경쟁력을 유지하려면 창의력을 지속적으로 훈련해야 하며 새로운 것에 대한 호기심을 잃지 말아야 한다. 생텍쥐페리의 『어린왕자』에 있는 모자 그림에서 코끼리를 삼킨 보아뱀을 볼 수 있어야 한다. 어린왕자는 이렇게 말한다.

"도대체 어른들이란 스스로는 아무것도 이해하지 못하는 것 같아. 그럴 때마다 어른들에게 이러쿵저러쿵 설명해주어야 하는 것은 참 귀찮고 힘든 일이야."

5장

인생 후반전을 위한
다섯 가지 원칙

제대로 볼 수 있는 건 마음이야.
본질적인 것은 눈에는 보이지 않는 법이지.
— 생텍쥐페리의 『어린왕자』 중에서

은퇴에 대한 미련을 버리자

앞의 글에서 은퇴라는 개념이 매우 전근대적이고 현대를 살아가는 개인들의 라이프 사이클과는 전혀 맞지 않는 제도적 허점임을 얘기했다. 은퇴 이후 멋진 삶을 그려놓은 화려한 광고나 이미지를 믿지 마라. 퇴직에 따른 거액의 보너스를 생각 없이 덥석 물지 마라. 은퇴자의 목돈을 겨냥한 다양한 상품과 서비스에 유혹당하지 마라. 금융권과 기업들 그리고 정치인들이 만든 은퇴에 대한 환상을 깨는 순간 최고의 후반전이 전개될 것이다.

흔히 사람들은 은퇴를 해야 하는 이유로 다음 네 가지를 든다.

1. 나이가 들면 능력이 떨어진다.
2. 후반부의 삶이 전반과는 매우 다를 것이다.
3. 일하는 것보다 노는 것이 좋다.

4. 젊은이를 위해 나이 든 사람이 물러나야 한다.

지금부터 이 네 가지가 왜 거짓말인지 파헤쳐보겠다.

나이가 들면 능력이 떨어진다?

근력을 필요로 하는 육체노동에서는 그럴 수 있다. 그러나 체력관리를 잘한 노인들이 패스트푸드에 중독된 비만한 젊은이들보다 체력이 뛰어난 경우도 흔하기 때문에 반드시 그렇다고 보기는 어렵다. 기계와 도구가 발달한 요즘 시대에 육체노동만 요구하는 일도 흔하지 않다. 세상에 존재하는 대부분의 일은 힘보다는 지식과 경험이 필요한 일이며 그런 분야에서는 당연히 나이 든 사람이 젊은 사람보다 능력이 탁월하다. 나이 든 사람들은 업무 수행에 필요한 성실함, 끈기, 판단력, 집중력에서 월등하며 특히 실수를 적게 하기 때문에 업무 효율성이 매우 높다. 다시 말해 같은 노력으로도 훨씬 높은 생산성을 올릴 수 있다.

흔히 기억력 감퇴를 말하지만 이는 뇌세포가 죽기 때문이 아니라 기억해야 할 일들이 점점 많아지기 때문에 생기는 문제일 뿐이다. 세월과 함께 쌓이는 연륜은 지혜를 의미한다. 성공과 실패의 경험은 어떤 일에서는 최적의 판단을 가능케 하는 자양분이다. 결론적으로 나이가 들면 능력이 떨어진다는 생각은 가장 먼저 버려야 할 대표적인 거짓말이다.

일에서 벗어나면 새로운 인생이 펼쳐진다?

은퇴 후 골프나 치고 여행만 다니면서 유유자적하게 지내는 삶을 꿈꾸고 있는가? 당신이 '은퇴는 없다'라는 개념에 동의하기 힘든 이유는 그런 삶에 대한 막연한 동경 때문일 것이다. 젊은 시절 몰두했던 일들에서 물러나고 내가 하고 싶었으나 미루었던 일들만을 하면서 보내는 삶은 참으로 매력적이다. 그동안의 치열한 삶 때문에 가족과의 관계가 소원했던 사람이라면 이제부터는 일이 아닌 가족에게만 집중하는 삶을 살고 싶을 것이다. 예술이나 종교에 깊은 관심을 보이고 특별한 가치를 부여하는 사람이라면 이제 그 일만 하면서 살고 싶을 것이다.

전원주택을 구입한 사람들은 이사를 가서 맞는 아침부터 새로운 인생이 펼쳐지리라 기대한다. 자신을 구속했던 일상에서 벗어나면 새로운 드라마가 펼쳐질 것이라고 기대하기 때문이다. 그렇지만 현실의 삶에서는 그런 극적인 요소는 찾아보기 힘들다. 환경이 바뀐 후 며칠 혹은 몇 주일은 새로움을 만끽하면서 잠시 다른 삶을 사는 듯한 기분이 들 수 있다. 그러나 그런 시기를 겪었던 대부분의 경험자들에 따르면 그것은 일시적인 착각이라고 한다.

오래지 않아 금세 판에 박힌 일상이 반복되고 나면 다시 예전에 느꼈던 심리적 압박감, 불만, 희로애락, 스트레스가 그대로 반복된다. 후반부의 삶이 기쁨으로 충만하리라 기대했는데 말이다. 그 이유는 외부적 조건이 삶을 바꾸는 요소라고 생각하기 때문이다. 정작 중요한 것은 마음이다. 예술에 뜻이 있다면 노후까지 기다리지 말고 과감하게 시도하면 되는 것이고, 가족에 대한 배려가 꼭 일을 그만 두어야만 가능한 것은 아니다. 후반부의 삶은 전반의 삶 속에서 만들어지기 시작하는 것이다. 충분한 준비가 되어 있다면 후반부의 삶은 충분히 새로울 것이다. 그러나 준비가 부족하거나 외부적 환경의 변화에만 집중한다면 후반부의 삶은 새로움도 없을 뿐 아니라 오히려 더 큰 스트레스를 가져올 것이다.

열심히 일한 당신 떠나라?

일은 수입 외에도 많은 것을 준다. 노력에 따른 열매를 주며, 매일 아침에 일찍 일어나 하루를 시작할 이유가 된다. 일은 이 세상에 자신이 존재하는 이유와 자신의 가치를 증명하는 수단이고, 타인과의 연결고리를 만들어준다. 거기에다 덤으로 당당한 사회 구성원으로서 인정받는 근거가 된다. 또 일을 한 뒤에 갖는 휴식은 말할 수 없이 달콤하다. 그러면 우리는 쉬기 위해 일을 하고 있는 것일까?

어느 팝송 가사처럼 "everybody working for the weekend"인가? 프랑스인처럼 멋진 여름휴가를 위해 1년을 꾹 참고 살아가야 한다는 것일까? 현대사회는 소비를 미덕으로 삼는다. '개처럼 벌어 정승같이 쓴다'라는 속담도 결국 돈을 만드는 것보다 소비하는 과정을 중요시하는 개념일 것이다. '열심히 일한 당신'은 '떠나야만' 정당한 보상을 받게 된다고 말한다.

결국 사회적으로 일하는 이유는 잘 놀기 위해서라는 파괴적이고 소모적인 인식이 뿌리를 내리게 되었다. "일은 나쁜 것이고 노는 것은 좋은 것이다!" 이 또한 대표적인 거짓말이다. 사람들을 소비활동에 빠져 있도록 만들려는 마케팅 전략일 뿐이다. 사람이 일을 하며 느끼는 성취감과 존재감은 여가생활 속에서 얻는 것과는 비교할 수 없이 강렬하다. 놀이 속에서 얻는 충족감은 휘발성이 강하여 여운도 거의 남지 않고 또 다른 비교 대상 앞에서 무기력해진다. 마치 더 자극적인 놀이기구를 찾아나서는 어린이 같다.

은퇴한 사람들의 얘기를 들으면 골프나 낚시도 매일 하면 일하는 것보다 몇 배 더 힘들다고 말한다. 말 그대로 노는 것도 처음에만 즐겁지 나중에는 시들하고 권태로워져서 일거리를 찾게 된다는 것이다. 은퇴하지 않겠다고 다짐한 당신에게는 일어나지 않을 일이고 허용해서는 안 되는 거짓말이다. 일 속에 삶의 보람이 있고, 일하는 과정 속에서의 휴식이 달콤한 것이다. 일하다 쉬게 되는 경우 갑작스레 병이 들거나 시름시름 앓게 되거나 더 빨리 늙고 우울증이나 심장질환에 걸릴 확률이 더 높아진다.

젊은이를 위해 나이 든 사람이 물러나 주어야 한다?

실제 청년실업이 일상화되어 있고 고위직급자 한 명의 보수가 신입직원의 몇 배에 달하기 때문에 나이 든 사람이 은퇴하는 것은 조직의 신진대사를 위해 필요하다고 주장할 수 있다. 그러나 이 또한 근거 없는 거짓말이다. 기업들의 신규 채용이 줄어든 이유는 기업의 해외 이전이나 자동화에 따른 인력 수요 감소나 비정규직 증가 등이 원인이지 은퇴하고는 관계가 없다.

기업의 속성상 고임금자 한 명이 은퇴했다고 저임금의 신규 채용자 수를 늘리는 것은 아니다. 오히려 줄어든 숫자만 고용하고 노동 강도를 강화하면 되는 것이다. 또 하나 요즘같이 상시적으로 구조조정이 이루어지는 시대에 기업에서 정년까지 근무하는 사례는 거의 발견하기 어렵다. 이는 해고가 까다로운 공무원, 공기업 임직원들에게나 해당되는 이야기이다. 공무원들도 스스로 경쟁력을 갖추고 일의 능률을 높이기 위해 노력하여 후배에게 자극을 주는 것이 물러나는 것보다 훨씬 후배들을 돕는 일일 것이다. 실업률이 높은 것이 나이 든 사람들이 책임질 문제는 아니다. 그리고 만약 지금의 베이비붐 세대가 한꺼번에 은퇴를 한다면 우리의 경제는 심각한 침체에 빠질 것이다. 조직에서 매우 중추적인 역할을 하고 있고, 그들의 소비가 경제의 상당 부분을 지탱하고 있기 때문이다.

'박수칠 때 떠나라'라는 말이 있다. 사람은 영광스러운 시기에 떠날 때 박수를 받고 좋은 기억으로 남게 되는 법이다. 선수 생명이 짧은 프로 스포츠 선수들은 전성기가 저물기 전에 화려한 은퇴식과 함께 떠나는 이유가 단지 후배들에 대한 배려이기 때문이라기보다는 또 다른 출발에 도움이 되기 때문이다. 은퇴식이라 말하지만 실제로는 전직을 위한 퇴직기념식인 것이다. 그러한 계획이 없는 은퇴는 결국 기념식에서 받은 꽃다발이 시들 때쯤 무엇인가 잘못되었다는 느낌이 가슴을 채우게 될 것이다.

위에서 살펴본 네 가지 거짓말 때문에 우리는 한창 일할 나이에 의지와는 상관없이 거리로 밀려난다. 혹은 환상을 품고 현역에서 물러난다. 그리고 길고 긴 회한의 날들을 보내게 되는 것이다. 결국 은퇴는 어떤 도움도 되지 않는 의미 없는 단어이다. 특히 엄청나게 늘어난 평균수명 시대에는 하루빨리 버려야 할 유산이다. 어떤 삶을 원하든지 일에서 벗어나는 순간부터 삶의 보람을 잃을 것이다.

은퇴에 대한 미련을 버리는 것은 개인적으로나 사회적으로 매우 의미 있는 행위다. 수명은 비약적으로 길어졌고 우리는 쉽게 늙지 않는다. 은퇴 없이 평생 일을 하겠다고 마음먹어야 한다. 자녀가 독립한 뒤 진정으로 내가 즐거울 수 있는 일을 하기 위해 지금부터 준비해야 한다. 나의 경쟁력을 높이기 위해 시간을 아껴가며 공부를 하거나 사업을 준비하고 실제로 시도해보아야 한다. 시간은 금보다 소중하다. 살아 있는 지식과 소중한 경험들을 쌓기 위해 지금부터 죽을 때까지 최선의 노력을 기울이는 것이 가장 가치 있는 삶이다.

10년 더 젊고
당당하게 산다

'나이란 숫자에 불과하다'라고 사람들은 쉽게 말한다. 하지만 이를 실제로 진심으로 믿고 나이를 초월해서 살아가는 사람은 많지 않다. 오히려 숫자로 표현된 나이 앞에서 주눅 들고 한숨짓고 당황해하는 경우가 대부분이다.

마음의 시계를 10년 전으로 돌리기

그런데 나이라고 하는 것이 그 사람의 노화 정도를 재는 의미 있는 척도가 될 수 있을까? 우리가 믿는 것처럼 나이가 육체의 상태를 정확하게 반영하는 숫자일까? 현재 당신의 나이가 당신 스스로의 정신적·육체적인 실제 상태를 정확하게 말해주고 있을까? 이것은 매우 중요한 문제이다. 우리의 현재 모습은 우리의 생각들이 만들어낸 표상이기 때문이기에 당신 스스로 당신의 나이를 어떻게 받아들이고 있는가가 당신의 모습으로 나타나게 될 것이다. 당신의 현재 모습은 당신이 생각하는 나이를 정확히 반영하고 있다. 믿어지지 않겠지만 이를 증명해낸 실험이 있다.

이 심리실험은 1979년에 이루어졌다. 영국의 어느 한적한 시골마을에 70대 후반에서 80대 초반의 노인들 8명을 모으고 한 집에서 살도록 했다. 이들은 그동안 요리, 청소, 활동 등 일상생활에서 누군가의 도움을 받고 살아왔지만 이 집에서는 아무도 도와주는 사람이 없었다. 모든 일들을 스스로 해야 했다. 몇 십 년 전에 그만두었던 활동들을 반강제로 할 수밖에 없게 된 것이다. 또 하나 특이한 점은 이들이 사는 집과 환경이 20년 전의 삶과 똑같이 재현되어 있었다는 점이다. 즉 20년 전의 음악과 영화를 보고 그 당시 텔레비전 프로그램을 보았다. 말 그대로 시계를 거꾸로 돌려버린 것이다. 그렇게 일주일이 흘렀는데 과연 어떤 일이 벌어졌을까?

그 일주일 만에 놀랍게도 노인들 모두 신체나이가 20년이나 젊어졌다. 시력, 청력, 기억력 등이 눈이 띄게 좋아졌고, 체중이 불고 자세가 꼿꼿해졌으며 지팡이를 던져버리게 되는 등 실제로 '젊어졌다!'

마음의 시계를 거꾸로 돌리면, 육체의 시간도 되돌릴 수 있다는 뜻에서 '시계 거꾸로 돌리기 연구(counterclockwise study)'라 이름 붙은 이 연구는 30대의 젊은 여성 심리학자 엘렌 랭어 박사가 진행했던 실험이다. 이 놀라운 연구결과를 토대로 전 세계 심리학자와 행동 경제학자들 사이에 노화와 육체의 한계에 대한 도전과 우리 몸과 마음을 구속하는 고정관념들을 깨부수는 다양한 심리 실험들이 진행되었다(이 내용은 『마음의 시계』에서 확인할 수 있다).

위의 사례를 보면 육체의 노화가 우리를 늙게 만드는 것이 아니고 우리 육체가 한계를 지녔다고 믿는 사고방식이 실제적인 노화의 원인임을 알 수 있다. 어떻게 생각하는가? 몸이 작년 다르고 올해 다른가? 예전 같지 않은가? 나이가 들었음을 몸으로 느끼고 있는가? 다시 한 번 깊이 생각해보라. 자신이 느끼는 것보다 훨씬 더 젊을 수 있다. 누구라도 적절한 건강관리와 젊게 생각하는 훈련을 통해 실제 10년 이상 젊어질 수 있음을 확신한다.

미얀마의 작은 섬에 사는 '올랑 사키아'라는 부족은 나이를 거꾸로 센다고 한다. 즉 아기가 태어나면 60세라고 정한 뒤 그때부터 한 해가 지날 때마다 나이를 한 살씩 줄여나가는 것이다. 만약 0세보다 더 오래 살면 덤이라고 하여 다시 10세를 더해주고 거기서부터 다시 한 살씩 줄여주게 된다. 우리 나이로 51세는 그곳에서는 10세인 것이다. 그 부족 사람들은 말 그대로 거꾸로 나이를 먹고 있는 것이다. 그 부족의 셈법이라면 당신의 나이는 몇 살인가? 나이를 나타내는 숫자 자체는 큰 의미가 없음을 느끼는가?

일단 지금 당신의 나이에서 10을 빼보라. 그리고 지금보다 '10년만 젊었다면' 해보고 싶은 '그것'들을 지금 과감하게 시도해보라. 당연히 할 수 있다. 나이와 관련한 고정관념들을 깨는 순간 젊음을 찾을 수 있다. 물론 요즘은 그러한 변화들을 쉽게 목격할 수 있다. 이미 우리 주변에는 젊은이를 능가하는 노년층이 상당수 있으며, 나이를 의식하지 않고 사는 사람들도 많다. 당신이라고 예외가 될 이유가 없다. 욕심을 부려 당신의 나이에서 20을 뺄 수도 있다. 지금 50대라면 30대처럼 생각하고 행동하는 것이다. 유치하다고 생각하지 말고 긍정적으로 생각해보았으면 한다. 젊게 살고 싶다면 생각 자체를 새로이 가져야 한다.

고정관념 버리고 젊게 살기

젊어지기로 했다면 고정관념을 버리는 노력이 필요하다. 사람들은 나이가 들어갈수록 자신만의 고유한 가치관이 더욱 강화되며 이러저러한 아집이 생긴다. 세상의 웬만한 일들은 슬쩍 보고도 '이미 다 아는 일'이거나 '해본 일'로 치부해버린다. 사람의 배경과 생김만으로도 성격을 짐작한다거나 세상사물에 대해 자신만의 잣대로 판정을 끝낸다. 한마디로 유연성을 잃어버린 것이다. 마음의 유연성을 잃으면 몸도 유연성을 잃는다. 딱딱하게 굳은 마음과 몸으로 새로운 일을 시작할 수는 없는 법이다. 아무리 똑똑하고 아는 것이 많다 해도 한계가 있다. 우선 세상에 겸손해지고 색안경을 벗고 유연하게 바라볼 것! 긍정적이 될 것! 이것이 마음시계를 되돌리는 출발점이다.

무의미한 고정관념을 버리고 나면 온전한 나 자신이 남는다. 사회구조나 유행에 따라 만들어진 생각이 아닌 내 본래의 순수한 자아로 세상을 바라보고 대처할 때 우리는 비로소 삶에 대한 통제권을 회복할 수 있다. 우리는 그동안 주입된 혹은 강요된 마음의 구속

상태에서 판단하고 행동해왔다. 종종 우리 삶의 통제권을 조직구조, 사회, 돈, 건강, 물질 등이 가졌던 순간이 많았다. 내 삶은 내 의지와 무관하게 흐르기 일쑤였고, 미래는 항상 불안했다.

그러나 이제 당신은 후반부의 삶에서 삶에 대한 통제권을 되찾게 되었다. 어떻게 보면 젊은 시절 세상에 못할 것이 없어 보이던 자신만만하던 나를 되찾는 것이다. 이목과 체면 때문에 망설여왔던 일들을 이제 당신이 주도적으로 해나갈 수 있다는 사실은 얼마나 즐거운 일인가? 당신은 좀 더 젊은 단어를 쓰고 젊은 문화를 접해야 한다. 젊게 보이도록 입고 얼굴을 펴야 한다. 환한 웃음만으로도 순식간에 젊게 보일 수 있다.

당연한 이야기지만 규칙적인 운동과 체력관리는 중요하다. 그러나 지나온 시절들을 되돌이켜보면 건강을 결정적으로 해치는 것은 지나친 무절제, 과음, 과식 등이 아니던가? 균형 있는 식생활과 일정한 활동만으로도 충분히 건강할 수 있다. 건강관리를 한다고 꼭 헬스클럽을 다니거나 골프를 해야 하거나 지역 운동클럽에 가입해야 하는 것은 아니다. 요란한 신체 단련 행위가 아니더라도 절제하고 생활의 리듬을 깨지 않는 생활만 유지해나간다면 육체적 건강뿐 아니라 정신적인 평화로움을 가져다줄 것이다.

철들지 않기

철이 든다는 것은 무엇을 의미할까? 사회의 규범과 통상적 도덕

관념에 어긋나지 않게 올바르게 산다는 것일까? 사물의 선악을 판단할 줄 안다는 것일까? 그렇다면 당신은 언제 철이 들었는가? 군대를 다녀오고 나서? 아이를 낳고 나서? 혹은 자신만의 특별한 경험을 통해? 그렇다면 철들고 나니까 세상살이가 좀 더 나아졌는가? 아니면 솔직하게 아직 철이 덜 들었다고 느끼는가?

'철이 들다'라는 말의 어원은 계절에서 나왔다. 즉 철따라 옷을 입는다 할 때의 철이다. 농업이 중심인 사회에서 적절한 때에 맞추어 씨를 뿌리고 가꾸는 일은 세상일 무엇보다 중요한 문제였다. 각종 절기가 만들어진 이유도 거기에 있고 농사에 있어서 경험과 연륜이 가장 인정받는 덕목인 이유이기도 하다. 철이 든다는 것은 씨뿌리고 김매주는 적절한 '때'를 안다는 것이고 그러한 깨달음은 어느 정도 나이가 들어가면서 얻게 되었을 것이다. 그런데 요즘같이 복잡하고 아리송한 세상에 선과 악조차도 제대로 구분하기 어려운 현실에서 그게 쉬운 일인가? 만물의 이치는커녕 당장 눈앞의 문제에 대해서도 확신이 들지 않는데 말이다. 알다시피 현대의 지식과 정보의 양은 과거와는 비교할 수 없이 거대하다. 세상일들이 수많은 인과관계와 복잡한 환경에서 벌어져서 정확한 예측과 판단이 너무 힘들다.

결국 요즘 시대에 '철들기'는 원천적으로 불가능하다. 그러니 철들지 말자. 세상을 너무 분석하지 말고 있는 그대로 받아들이자. 이목 때문에 감정을 숨기지 말고 가능한 한 내 마음상태를 내보이자. 굳이 어른스러워지기보다는 어린 마음을 유지하자. 피터팬의 마음으로 살자. 연습을 거듭하면 가능한 일이다. 평생 철들지 않고 어린아이의 마음을 유지할 수만 있다면 그 삶이 곧 성공한 삶이고 아름다움 삶 아니겠는가?

새로운 이미지 만들기

자신에 대해 매기는 값어치를 셀프이미지(self-image)라 부른다. 다른 말로는 '자부심'이라 한다. 그동안 삶의 경험을 떠올려보라. 당신이 기억하는 성취를 이루었을 때 당신의 자부심은 하늘을 찔렀을 것이다. 자부심이 강한 사람은 스스로를 다그칠 수 있다. 꿈이 있으며 목표를 구체적으로 세운다. 언제든 도전하는 자세를 가지고 있으며 마침내 이루어낸다. 그러나 자부심이 약한 사람은 삶의 초점과 꿈이 불분명하다. 어려움이 닥치면 쉽게 포기하며, 외부적 조건에 대한 불평이 많다. 당신은 그동안 강한 자부심으로 많은 성공을 이룬 경험이 있을 것이므로 자신에 대해 긍정적이고 진취적인 이미지를 가지는 것이 얼마나 중요한지 잘 알 것이다.

미국의 저명한 심리학자 윌리엄 제임스는 "인간이 가진 욕구 중 가장 강한 것은 남에게 인정받고자 하는 갈망"이라고 했다. 그런데 구성원들에게 그러한 기회를 박탈당하는 것이 얼마나 큰 좌절이겠는가? 나이 드는 것을 무능력의 이미지와 동일시하거나 은퇴라는 해괴한 개념으로 자부심에 상처를 주는 일이 없어야 한다. 그리고 당신 스스로 후반전의 이미지에 그러한 부정적 색깔을 허용해서는 안 된다.

후반전의 삶은 외부적 요인보다 내면적 요인이 더욱 강하게 작용하므로 당신의 삶은 당신이 그린 이미지대로 나타나게 될 것이다. 화려한 이미지를 그리면 화려하게 살 것이고, 초라한 이미지를 상상하면 초라하게 살 것이다. 당신이 스스로의 가치를 인정해준다면 성공은 자연스레 따라올 것이다. 당신을 가장 제대로 알고 인정해줄 수 있는 사람은 바로 당신 자신이다.

긍정적이고 건전한 셀프 이미지를 유지하도록 끊임없이 노력한다면 반드시 당신이 생각하는 삶은 이루어진다. 그런데 긍정적 셀프 이미지를 만드는 것이 그렇게 말처럼 쉬운 것만은 아니다. 사람들은 지나치게 겸손하며, 자기 자신에 대한 평가가 인색하다. 자신의 장점보다는 단점을 먼저 바라보고, 칭찬을 쉽게 받아들이지 않는다. 자신이 원하는 것을 말하는 데 주저하고 스스로 무엇이 필요한지도 모른 채 전혀 불필요한 행동을 한다. 타인과 자신을 너무 자주 비교하며, 주저 없이 남을 비판하면서도 남의 비판에는 쉽게 상처를 받는다. 스스로 건강하지 못하다고 느끼고 미래에 대해 지나치게 걱정한다. 이런 태도들은 부정적 셀프이미지에서 만들어지는 것이다. 그래서 후반전에는 셀프이미지를 제대로 그리는 것이 우선이다. 사회적으로 성공한 많은 사람들이 긍정적인 셀프이미지를 만드는 과정이 가장 우선순위임을 강조한다. 당신은 어떤 이미지를 만들고 싶은가?

외부 이미지 만들기

타인에게 비치는 이미지란 사람들이 당신을 어떻게 보는가를 말한다. 당신이 스스로를 존경하듯 타인에 대하여 존경심을 가지면 좋은 인간관계가 만들어질 것이다. 전반의 삶에 비해 후반에는 좀 더 유연해질 필요가 있다. 지식과 경험이 쌓이다 보면 사람은 자기중심적이 될 소지가 많다. 고집 센 늙은이가 될 것인가 현명한 어른이 될 것인가 생각해보라. 한결 여유로워지고 보다 넓은 마음으로 현상들을 받아들이고, 개인들에 대해 더 깊은 애정으로 대할 때 마음의 평화가 생길 것이다. 내가 대접받고 싶은 대로 남을 대접하는 것이 변치 않는 진실이다. 부인을 왕비처럼 대하면 부인은 나를 왕으로 대할 것이다. 친구를 극진히 생각하면 그 친구도 똑같이 대할 것이다.

그러기 위해서는 내 마음에 잡스러운 쓰레기가 쌓이지 않도록 노력해야 한다. 몸에 안 좋은 음식이 입맛을 자극하듯, 나쁜 습관이 좋은 습관보다 쉽게 익숙해지는 법이다. 마음이란 항상 청소해주지 않으면 금세 이끼와 곰팡이가 생기게 마련이다. 나이가 들었다고 배움을 게을리하면 죽어버린 지식으로 아는 체하고 있는 자신을 발견할 것이다. 사람에 대한 통찰력을 배우려고 노력하고 교양을 쌓기 위해 힘쓸 때 나의 의식이 더욱 고양되고 다른 사람의 눈에 당신의 모습은 은은한 광채로 빛이 날 것이다.

그러므로 후반전에는 더 열심히 살아야 한다. 육체보다는 정신적으로 최선을 다해야 한다. 그만한 지식과 경험이 충분하므로 중요한 순간들을 피해 가서는 안 된다. 물론 여가와 쉼은 필요하다. 하지만 그런 여유로움은 새로운 시도와 활동을 위한 준비일 때만 가치가 있다. 노력을 기울일 아무런 과업을 가지지 않은 사람에게 휴식이 무슨 소용이 있겠는가.

뒤에서 목표에 대해 여러 번 강조했지만 끊임없이 목표를 세우고 도전하는 모습, 순간순간에 최선을 다하려는 모습이 후반전의 당신의 이미지여야 하고 그 속에서 사람들은 당신이 인생의 완성을 향해 나아가는 모습을 볼 것이다.

후반전을 위한 건강관리 원칙

건강한 몸에서 건강한 생각이 만들어진다. 건강은 인간의 가장 기본적인 바람일 것이다. 특히 후반전의 삶에서 더욱 강조되는 요소가 건강이다. 아무리 젊은 이미지를 만들고, 젊게 행동해도 건강이 따라주지 않으면 소용이 없다. 그러므로 후반전을 위한 건강관리 원칙을 세워보는 것도 매우 의미 있는 일이다. 그러나 기억해야 할 사실은 우리는 은퇴하지 않고 계속 일을 하며 활동을 멈추지 않을 것이므로 지나치게 걱정할 필요는 없다. 인간의 몸은 움직이게 되어 있는데 정지 상태로 오래두면 병이 생긴다. 적절하게 운동을 하면 굳이 따로 운동을 할 필요도 없다. 농부들이 별도로 헬스클럽에 다니는 것을 보았는가?

스포츠 스타가 되겠다거나 몸짱이 되고 싶은 것이 아니라면 무리하지 말도록 하자. 너무 과한 운동 때문에 건강을 해치는 사례가 매우 흔한 것을 보면 무엇인가 잘못되어가고 있다는 느낌이다. 그리고 보다 중요하고 가치 있는 일이 적지 않을 텐데 대부분의 시간을 건강관리에 투자하는 것도 어딘가 균형이 맞지 않다.

현대인이 건강에 문제가 생기는 이유는 반(反)건강적인 생활 때문이다. 그 얘기는 생활 습관을 조금만 바꿔도 충분히 건강할 수 있다는 의미다. 건강에 안 좋은 방식으로 생활하다가 일주일에 두세 번 땀을 흘린다고 결코 건강해지지 않는다. 건강문제는 의외의 곳에서 해결책을 찾을 수 있다.

건강한 삶에 영향을 주는 요소는 크게 환경(물, 공기, 햇빛)과 먹는 것, 신체활동, 휴식, 스트레스가 있다. 우리는 각 요소별로 어떤 것이 필요한지 이미 알고 있거나 실천하고 있다. 즉, 우리의 상식에 근거하여 생활해도 충분하다. 건강을 고려한다면 무엇보다 주거지 선택이 가장 중요할 것이다. 전원주택이 아니더라도 도심 근교에 산이 가깝거나 자연친화적인 동네도 많다. 먹는 것은 올바른 식습관만 유지하면 충분한다. 특히 후반의 삶에 술이 과하지 않도록 조심해야 한다. 신체활동, 휴식, 스트레스 관리에 큰 요령이 있겠는가? 자주 웃고, 소박하게 살며 마음의 평온을 유지하면 병이 달아나지 않겠는가? 물론 때로 아플 수도 있고 병원 신세를 질 때도 생기겠지만 전반의 삶에서 그랬던 것처럼 담담하게 받아들이면 된다. 질병과 고통도 삶의 한 부분이다. 아프지 않기를 기대하지 말고 마음의 평정심을 잃는 것을 두려워하자. 건강한 삶이란 병이 전혀 없는 삶이 아니라 질병까지도 삶의 일부로 받아들이고 자연의 순리를 겸손하게 수용하는 삶이다.

나를 중심에 놓고
자립적으로 산다

배우자, 자녀 혹은 정부가 나의 노후를 돌봐줄 수 있을까? 우선 이 주제에 대해 말하기 전에 나는 당신이 훌륭한 가족, 좋은 배우자, 믿을 만한 친구를 가지고 있음을 알고 있다. 사실 지금은 문제가 없다. 그러나 나중에는 현실을 깨닫게 될 것이다. 많은 사람들이 결정적인 순간에 믿어왔던 부모, 배우자, 자녀, 전문가들로부터 도움을 받을 수 없다는 사실을 깨달으며 느끼는 좌절감은 그동안 쌓아온 행복감을 일시에 무너뜨릴 만큼 강력하다.

우선 부모는 당신의 안전판이 아니다. 당신이 스스로를 책임지며 살고 있다면 큰 기대를 안 하고 있겠지만, 어려움이 닥칠 때 재정적 원군이 되리라고 기대하는 것은 매우 위험하다. 부모에게도 긴 삶이 남아 있고 스스로를 지키는 것도 쉽지 않기 때문이다. 그리고 만약 부모에게 심각한 병이라도 생기면 당신도 커다란 재정적 곤란을 경험하게 될 것이다. 자녀 또한 보험이 아니다. 자녀의 성격이 아무리 좋고, 당신과 사이가 좋다고 해도 당신이 어려운 순간에 헌신적인 도움을 줄 것이라고 굳게 믿는 것은 너무 순진한 생각이다. 그들도 스스로 힘든 삶을 헤쳐나가기가 만만치 않다. 배우자도 마찬가지다. 이혼이 흔한 현실에서 지금의 배우자가 평생 안전판이 되리라는 보장은 없다. 부모나 배우자, 자녀는 언젠가는 당신 곁을 떠난다. 그 후에는 스스로 경제적 책임을 떠맡아야 한다.

당연히 당신이 알고 있는 전문가들은 당신의 노후를 책임질 수 없다. 적절한 조언과 훌륭한 투자 상품을 권할 테지만 결코 당신의 노후를 책임지는 것은 아니다. 그들은 생각보다 위험을 가볍게 볼 수 있으며 자칫하면 그 위험을 고스란히 당신이 떠안을 수도 있다.

물가나 인플레이션에 대해 안이하게 생각하는 것도 매우 위험하다. 어떤 정부도 물가나 인플레이션을 잡는 데 성공하지 못했다. 아마도 정치인들은 물가를 잡기보다는 그들이 노력하고 있음을 유권자들이 알아주는 것만을 염두에 두고 있을지도 모른다. 당신이 아무리 큰돈을 모아도 인플레이션이 더 빠르다면 곤란한 상황에 직면할 것이며, 목돈을 모아놓고 은퇴하는 것은 큰 도박이 될 것이다. 정부는 당신을 위해 획기적인 노인 대책을 만들어낼 수 없다. 예산도 부족하겠지만 의지도 크게 없다.

결국 배우자, 자녀, 부모, 전문가 혹은 정부가 당신의 노후를 책임질 것이라는 믿음은 전혀 근거가 없다.

가족과 인간관계

노후 준비가 부실해지는 주된 원인은 자녀 때문이다. 개인의 가용 자원의 거의 대부분을 사교육비에 쏟아 부을 수밖에 없는 사교육 현실과 천만 원대 대학등록금, 거기에 대학교 입학 후 살인적인 의식주 비용까지. 한 명의 자녀를 사회에 진출시킬 때까지의 비용은 노후 준비를 엄두도 낼 수 없을 만큼 큰 부담이다. 게다가 대학 졸업 후에도 제대로 된 직업을 갖지 못해 부모에게 기대는 경우도 많고, 결혼할 때도 엄청난 비용이 필요하다. 뿐만 아니라 자녀가 출산 후 맞벌이를 위해 손자의 양육을 의존하기라도 하면 후반전의 많은 계획들이 어긋나는 결과를 초래하게 된다.

연로한 부모를 병원이나 장기요양시설에 모신 경우 혹은 경제적 능력이 없어 당신의 도움이 필요할 수밖에 없는 경우도 큰 영향을 미친다. 또한 당신이 그동안 맺어온 친구, 친인척, 각종 사회활동과 연계된 다양한 관계들도 후반부의 삶에 중대한 영향을 끼친다.

다양한 인간관계를 유지하는 데에는 적잖은 비용과 시간투자가 필요하다. 통계적으로 친구, 친인척, 회사, 취미, 사회단체로 연결된 지인들의 자녀 결혼과 부모(빙부모)상 등의 행사가 1인당 6회로 총 35만 원 정도 지출된다고 한다(평균 축의금 5만 8,000원으로 계산). 지인이 300명이면 총지출금액은 1억 500만 원이다. 이 돈을 복리로 적금을 들었다면 2억 원이 넘을 것이다! 여기에 더해서 백일, 돌, 환갑, 칠순, 개업식 등의 행사까지 감안하면 그 규모는 상상 이상이 될 것이고, 그런 행사에 참석하기 위해 쓰인 시간과 교통비용까지 감안하면 이만저만 큰 지출이 아닐 수 없다. 더구나 경제력이 부족한 시기에 매월 몇 십만 원 정도의 지출은 보통 문제가 아니다.

꼭 그렇게 계산적으로 살 것까지 없다고 생각하겠지만 이는 엄연한 현실이다. 이런 경조금 지출은 저축도 아니고, 미풍양속도 아니다. 대부분 관습에 따른 행동이거나 인맥관리 혹은 체면치레 등 어쩔 수 없는 경우가 대부분이다. 각종 관계들이 거미줄처럼 복잡하게 얽힌 현실에서 이를 외면하기는 쉽지 않다. 그러나 이런 무의식적 습관이 후반전의 삶에 큰 부담이 된다면 생각을 달리 해보아야 하지 않을까?

자녀에 대한 환상을 접는다

가장 한 명의 경제력으로 자녀 양육과 부모 부양을 책임지는 3세대 동거 모델은 '양육-부양-상속의 상호거래'라는 개념이 포함되어 있다. 즉 자녀에게 제공하는 헌신적인 양육 서비스는 결국 본인의 노후를 위한 보험인 것이다. 자녀가 성년이 되기까지 부모에게서 받은 의식주와 생활, 교육의 혜택은 부모의 경제력과 체력이 떨어지는 시기에 부양이라는 형태로 돌려주는 것이 당연하며, 나중에 상속으로 거래가 완결되는 것이다. 이런 상호 이익이 되는 거래의 이데올로기적 표현이 '효'라는 개념이라 할 수 있다. 결국 자식농사만 잘 지어도 노후 문제는 전혀 걱정할 필요가 없는 문제이다.

그런데 사회 환경의 급속한 변화로 인해 이런 거래가 성립하기 어

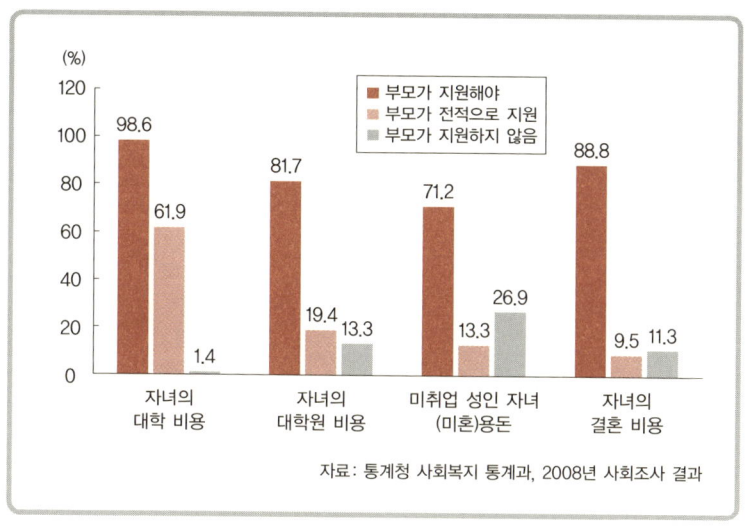

그림 5-1 자녀에 대한 부모의 경제적 지원 설문조사

자료: 통계청 사회복지 통계과, 2008년 사회조사 결과

려운 상태가 되었다. 양육 비용이 지나치게 높아졌고, 동시에 늘어난 수명 때문에 부양 비용이 과다해졌다. 단순히 '효'라는 개념으로 감당할 수 없는 상황에 이르렀으며, 상호 이익 거래가 불평등 거래로 바뀌었다. 거의 30년에 이르는 자녀 양육서비스에 대한 반대급부(노후 부양)를 기대하기 힘든 상황에서 심리적 상실감과 함께 경제적 문제가 따르게 된 것이다.

자녀에 대한 무한투자 때문에 정작 본인의 노후 문제는 전혀 신경 쓰지 못했다고 하면, 자식농사를 아무리 훌륭하게 지었다 해도 그 성공의 열매를 누릴 사람은 본인이 아닌 자식의 자녀들(손자)이 된다. 결국 3세대 동거로 표현되는 '양육-부양'의 관계에 금이 가게 되면서 노후 문제가 본격화된 것이다.

그림 5-2 **부모 부양에 대한 의식 설문조사**

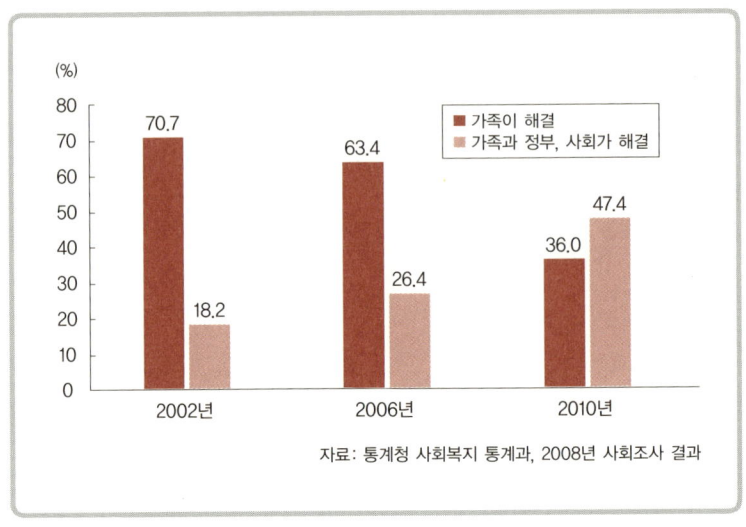

자료: 통계청 사회복지 통계과, 2008년 사회조사 결과

〈그림 5-1〉은 자녀 양육과 부모 부양에 대한 의식조사 결과(2008년)이다. 우리나라 사람들은 자녀의 대학 학비나 미취업 성인 자녀 용돈에서 결혼비용까지 부모가 지원해야 한다고 생각하는 비율이 압도적으로 높다. 즉 부모 입장에서 아낌없이 자녀에게 투자하겠다는 자세를 가지고 있는 것이다. 그러나 자녀들의 부모 부양 의식에 대한 조사결과 〈그림 5-2〉를 보면 2002년에는 70.7%가 가족의 책임으로 생각했으나 2010년에는 36%정도로 급격하게 감소함으로써 모든 것을 투자한 부모의 기대와는 다른 생각을 하고 있다는 것을 알 수 있다.

부모의 자식에 대한 사랑을 금전으로 환산할 수는 없고 거래관계로 묘사하는 것도 거북한 비유라 생각할 것이다. 전적으로 동의

한다. 그러나 자식에게 노후를 의지한다는 것은 자식의 행복한 삶에 큰 그늘을 지게 하는 일이기도 하다.

진정으로 자식을 위하는 길은 노후를 스스로 준비해두는 것이다. 그러기 위해서는 지금부터라도 자녀에 대한 투자의 일부를 본인을 위한 투자로 돌려야 한다. 물론 정치적으로는 과도한 사교육비나 대학 학비 등에 대한 부담을 줄이기 위한 근본적인 정책 전환도 필요하고 자녀의 결혼비용 일체를 부모가 책임지는 사회 풍조도 변해야 한다. 그렇지만 우선 나로부터의 변화가 중요하며, 스스로 미래를 준비하려는 태도를 정립해야 하며 자녀에 대한 관점을 변화시킬 필요가 있다.

자녀와의 관계 조정이 필요하다

당신은 성장하여 독립한 자녀의 삶에서 어느 정도의 비중을 차지하고 싶은가? 자식이 삶의 전부 혹은 대부분이라면 인식을 전환하기가 쉽지 않을 것이다. 물론 삶에서 자녀가 가장 소중하고, 행복의 가장 중요한 부분일 것이다. 그러나 사람은 변한다. 나이 든 당신을 자식들이 어떻게 생각할 것인지는 알 수 없다. 당신의 긴 인생을 생각하면 자녀와의 건강한 관계 설정이 되어 있지 않을 때 벌어질 수 있는 있는 문제는 생각보다 심각할 수 있다.

캥거루족이란 단어를 들어본 적이 있을 것이다. 학교를 졸업하고 자립할 나이가 되었음에도 특별한 직업을 갖지 않거나, 취업을 해도 독립적으로 생활하지 않고 부모에게 경제를 의존하는 20~30대의 젊은이들을 일컫는다. 이런 용어가 생긴 것은 단지 취업이 어렵거나 높은 주거 비용 때문만은 아니다. 굳이 힘들여 일하지 않고도 부모의 경제력으로 충분히 살아갈 수 있기 때문에 가능한 이야기이다. 물론 부모님의 잔소리 정도는 참아낼 각오를 해야 하지만 일하며 받는 스트레스에 비하면 아무것도 아니다. 한편 한 자녀에 대한 집착과 과잉보호 형태를 보이는 부모를 '헬리콥터부모'라 부르기도 한다. 일하지 않고 일할 의지도 없는 청년 무직자를 뜻하는 니트(Neet: Not in Education, Employment or Training)족이나 아르바이트로 먹고사는 프리터(freeter)족이 보편화된 데는 지나치게 길어진 자식에 대한 A/S 기간도 한몫을 한다.

LG경제연구원의 2010년 조사에 따르면 우리나라 부모들의 은퇴 준비 기간은 8.7년에 불과하다. 이 추세대로면 2030년에는 3.4년밖에 안 될 것이라고 한다. 일본과 미국의 수치는 각각 12.4년과 15년인 것에 비해 매우 안타까운 숫자이다. 그 원인이 자녀의 늦은 경제적 독립과 과다한 교육비, 결혼비용 때문이라는 것은 자명하다. 따라서 과감한 생각의 전환이 필요하다.

선진국의 청소년들은 부모에게 경제적으로 의존하지 않고 스스로 독립적으로 삶을 꾸려가려는 태도를 보편적으로 가지고 있다. 잘 갖춰진 사회복지제도 때문이라고 말할 수도 있겠지만 우리보다 후진국에서도 자녀들의 경제적 독립이 조기에 이루어지는 것을 보면 꼭 그런 것만도 아니다. 특히 우리나라 교육비는 세계에서 유례없이 높고 결혼비용 또한 미국의 5배, 일본의 4배, 싱가포르의 7배에 이른다. 실상이 이러니 부모가 은퇴하는 시기에 가장 결정적인 부담을 줄 수밖에 없다.

현재의 30대에서 50대까지의 세대들은 특히 위험하다. 그들에게는 과거의 정신적 유산이 강하게 남아 있기 때문이다. 성장한 자녀가 어려움을 겪을 때 냉정하게 대처할 수 있는 사람들은 많지 않을 것이다. 그러나 부모의 그러한 희생이 훗날 제대로 평가받고 적절한 보답으로 돌아오리라 기대하기는 힘들다. 제대로 준비하지 못하면 자녀들에겐 평생에 걸친 짐이 되거나 철저하게 외면받는 존재로 전락할 것이다. 그러면 어떻게 해야 하는가?

당신에게 가장 필요한 답은 자녀에 대한 기대를 접는 것이다. 오직 당신 스스로 준비해야 한다. 자녀에 의존하지 않으려면 지금부터 자녀에 대한 퍼주기식 지원을 자제해야 한다. 사교육비나 대학 학비, 생활 전반과 결혼까지 책임을 지는 관습은 이제 끝내야 한다. 자녀들에게 마치 현금지급기처럼 경제력을 쏟아 붓는 부모가 자녀의 경제적 자립에 결코 좋은 영향을 미칠 수 없다.

그러므로 대학은 가급적 스스로의 힘으로 다니게 해야 한다. 물론 등록금이 웬만한 아르바이트로는 해결하기 힘든 수준이지만, 스스로의 노동이나 장학금으로 학업을 마친 젊은이는 사회에서 생존하고 성취를 이룰 충분한 자격을 이미 갖추었다고 볼 수 있다. 정 어려우면 당신이 빌려줄 수 있고 금융권의 대출을 받을 수도 있다. 대학 학비가 무상으로 생기는 돈이 아님을 인식시키는 것이 무엇보다 중요하다.

그리고 자녀의 사교육비에 대해서도 심각하게 생각해볼 필요가 있다. 집에서 하지 않는 공부를 학원에 다닌다고 얼마나 열심히 하겠는가? 큰 변별력 없는 대학교에 보내기 위해 막대한 사교육비를 쏟아 붓는 것은 참으로 효율성 떨어지는 투자이다. 차라리 고등학교 때부터 자녀의 특기를 살릴 수 있는 분야에 시간과 돈을 투자하는 것이 훨씬 낫지 않을까.

부모 자식 간에 합의서를 쓴다

가족 간에 문서를 주고받는 문화가 거의 없는 우리 정서에는 다소 생소하겠지만 부모 자식 간에 서면으로 합의서를 만들어둘 필요가 있다. 부모가 자녀와 독립적인 관계를 설정하는 것은 가장 바람직한 형태의 상호 승리하는 윈윈(win-win) 모델이다. 부모가 자녀를 적당한 시기에 자립시키는 것은 자녀의 긴 인생을 헤쳐나갈 힘을 주기 위해서도 필요하고, 노후에 자녀에게 짐이 되지 않기 위해서도 매우 중요한 과제이다. 그에 대한 합의가 필요한 것이다. 그리고 그 합의는 구속력이 없는 말로 하는 것보다 어설프더라도 서면으로 남겨두는 것이 좋다.

합의서는 부모와 자녀가 함께 공동의 목표와 약속을 계약서의 형태로 작성하고 서로 합의하에 실천해나가고자 하는 의지 표현이다. 이를 통해 얻을 수 있는 이점은 매우 많다. 서로의 기대와 목표에 대한 공감대를 충분한 대화를 통해 만들 수 있으며 부모와 자녀가 서로의 욕구를 알고 이해할 수 있으며 장기적 안목으로 미래를 준비할 수 있다. 내용이 지나치게 구체적일 필요는 없다. 부모와 자녀가 각자 생각하는 목표와 서로에게 기대하는 바를 대략적으로 정해서 공유하고 앞으로의 실천계획을 정하면 충분하다.

물론 그러한 합의가 서로에게 주는 이점에 대해서도 공감할 필요가 있다. 자녀의 삶에 어느 정도까지 개입하고 싶은지, 자녀의 학업, 취업, 결혼, 자녀출산 등에 관한 바람과 그 기간의 경제적 지원계획을 밝혀두고 부모는 어떠한 노후를 보내고 싶은지도 알려줄 필요가 있다. 그래서 자녀와 합의서를 쓰기 전에 부부 간 서로의 생각에 대한 공유와 공감이 절대적으로 우선되어야 한다. 자녀의 대학 교육이나 결혼에 어느 정도의 지원을 계획하고 있는지, 은퇴 후 어떠한 생활을 꿈꾸고 있는지 구체적으로 대화를 나누어보면 이러한 과정이 왜 필요한지 깨닫게 될 것이다.

관계에 대한 새로운 원칙을 설정한다

결국 자녀, 부모 등 가족을 비롯하여 인간관계 전반에 대한 태도, 원칙을 새롭게 세워야 할 필요가 있다. 사회의 패러다임이 가족 중심에서 개인 중심으로 변화하면서 혈연, 지연에 기초한 가치관은 많이 희석되고 있다. 개인의 삶의 질이 자녀, 부모, 친인척, 사회적 관계에서 갖는 책임보다 우선시되고 있는 것이다. 또한 실용주의의 영향으로 각종 제도, 의례 등에서 명분이 아닌 실리를 중시하는 경향이 생기고 과거의 격식들이 파괴되고 있다. 가족관계, 부부관계, 친인척과 이웃, 친구, 사회활동 등 인간관계의 패러다임들이 내 삶을 더 가치 있고 행복하게 만들어줄 수 있어야 하고 내 라이프스타일과 자연스럽게 조화되어야 한다.

노년기에는 새로운 인간관계의 원칙이 필요하다. 후반전은 새로운 삶이고, 다른 게임의 룰이 적용되기 때문이다. 그 룰의 기본적 토대는 당신 자신의 조화롭고 가치 있는 삶이다. 모든 관계는 그러한 당신의 삶에 기여하는 혹은 거스르지 않는 한에서만 존재 가치를 갖는다.

부모 우리 세대에게 부모는 마음의 고향이고 언제든 반겨주는 안식처다. 많은 부모들이 지금도 자녀의 삶을 지켜보며 노심초사하고 있고, 도움은 못 줄지언정 짐은 안 되기 위해 고민하고 있을 것이다. 아마도 부모들은 노후설계를 들어본 적도 없고, 노후 문제를 예상도 못했을 것이다. 그러므로 당신이 노후설계를 도와주어야 한다. 노인들이 흔히 하는 '얼른 죽어야지'라고 말은 진심이 아니다. 또 생각보다 오래 살 확률이 높다. 그러니 부모나 형제와 더불어 장기적 관점으로 노후에 대해 논의해보아야 한다.

부모의 현재 자산상태와 수입·지출 구조를 검토하고 안정적인 생활 기반을 만들어줄 필요가 있다. 가장 중요한 것은 부모가 어떤 삶을 원하는지 들어보는 것이다. 판단력이 명료할 때 상속 문제를 정리해놓는 것도 좋고, 가능하다면 대부분의 자산을 사용하고 돌아가시게 조치하는 것도 좋다. 부모가 공연히 자녀나 손자에 대한 지나친 배려심을 보이는 것을 경계해야 하고, 온전히 자신의 삶을 살 수 있도록 도와주어야 한다. 홀몸이면 이성 교제를 권할 수도 있고, 재혼할 수 있도록 응원할 필요도 있다.

그리고 무엇보다 부모에게 의지하지 말자. 된장에서 김치, 참기름, 김장까지 의존하는 한 부모 스스로의 삶은 훼손되는 것이라 할 수 있다. 만약 부모의 손맛이 못내 그리우면 시장가격을 주고 구매하고, 아이들을 맡겼다면 그에 합당한 비용을 지불하자. 부모와의 관계에서 정서적 부분이 무엇보다 중요하고 돈으로 환산할 수 없는 사랑이 깊이 자리 잡고 있지만, 시대의 변화에 맞도록 관계를 조정하는 것은 부모를 위해서 꼭 필요하고, 나와 내 자녀를 위해서도 중요한 일이다. 부모의 노후설계는 미룰 수 없는 중요한 문제임을 명심해야 한다.

배우자 당신이 여성이라면 대부분 남편을 먼저 떠나보낼 것이다. 그러면 보통의 경우 10년에서 20년을 혼자 살게 된다. 그런 준비를 누가 해두어야겠는가? 일본에서 황혼이혼이 급증한 것은 단순한 유행이 아니다. 경제력이 없는 남편을 귀찮은 짐이라고 생각하는 여성은 의외로 많다. 통계청이 발표한 '2010 인구주택총조사'에 따르면 50대 이상의 이혼 인구는 5.2%로 2000년 2.0%(2005년 3.3%)에 비해 10년 만에 2.6배 이상 증가했다. 한 해 3만 쌍 이상이 이혼하고 있는 것이다. 과거에는 가정폭력이 이혼의 주된 원인이었지만 요즘은 새로운 결혼(황혼 결혼)을 위한 이혼이 급격하게 늘고 있다고 한다.

이제 고령화 사회로 접어들면서 긴 노후를 자식 생각해서 참으면서 보내기보다는 개인적 행복을 찾겠다는 의식이 보편화되고 있다. 과거로부터 이어온 책임의식, 순종, 희생, 인내의 덕목으로는 해결하기 어려운 큰 변화가 후반부의 삶에서 펼쳐질 것이다. 부부관계에 대한 관점도 새롭게 가질 필요가 있다.

인맥 많은 인간관계가 평생 당신의 방패막이가 되리라고 믿지 않기 바란다. 당신이 사회적 영향력이나 경제적 능력이 저하되는 순간부터 그 관계의 힘도 현저하게 약해질 것이다. 옛말에 정승집 개가 죽으면 사람이 몰려들어도 정승이 죽으면 개 한 마리 얼씬하지 않는다고 했다. 인간관계의 대부분은 결국 거래관계이고, 내가 줄 것이 충분할 때에나 정상적으로 기능하는 것이다.

평범한 삶을 살아가는 데는 그다지 많은 인간관계가 꼭 필요한 것도 아니다. 어떤 경우는 지나치게 얽힌 인간관계에 치여서 그 인간관계를 피해 산골로 귀농하는 사례도 적지 않은 것을 보면 적정한 인간관계 유지는 후반전의 삶에 꼭 필요하다.

앞에서 경조금에 대해 언급했지만, 만약 단순한 학연, 지연 혹은 친인척에 얽힌 관계라면 안 주고 안 받는다는 원칙을 세우면 어떨까? 계속 주고받아 왔기에 상호 심리적 채무관계의 선을 긋기가 쉽지 않다면 지금 이 순간부터라고 정할 수도 있다. 즉 내가 먼저 안 받겠다고 정하는 것이다. 사실 만난 지 몇 년 된 동창이나 친척에게 부조금을 받으면 고마움보다는 미안함이 앞설 것이다. 그런 문제를 막으려면 초청 인원을 최소한으로 줄이겠다는 다짐이 필요하다. 사실 결혼식이나 장례식의 참석자 규모로 사회적 위치를 가늠하는 사회에서 그런 결단을 내리기는 쉽지 않다. 그러나 지금 이 순간부터 발생하는 당신의 모든 행사에 최소한의 인원만 초대한다는 원칙을 세운다면 당신의 재정적·심리적 부담은 엄청나게 줄어들 것이며 당신이 알고 있는 사람들의 짐도 가벼워질 것이다. 결혼식에 들어가는 비용을 참석자들 주머니에서 나온 돈으로 해결하는 문화는 이제 다시 생각해보아야 한다.

후반부의 삶에 인간관계가 지나치게 개입하지 않도록 만들어야 한다. 진정한 삶의 의미를 찾고 오직 자신의 삶에 집중하기 위해서는 삶이 단순해져야 하며, 삶의 단순화는 인간관계의 가지치기에서 시작된다.

평생 벌고
다 쓰고 떠난다

지금은 재테크 과잉 시대이다. 젊은 세대부터 노년층까지 나누는 주요한 대화가 재테크가 된 지 오래이다. 특히 노후 준비에 대해 초조해하는 중년 세대들은 빠른 시간 내에 원하는 규모의 돈을 만들고 싶은 마음에 다양한 투자수단에 관심을 갖게 마련이다. 그러나 재테크에 뛰어든 사람들은 많으나 성공을 거둔 이는 찾아보기 힘들다. 사람들이 재테크에 숨은 함정을 피하지 못하고 대부분 발을 잘못 헛디뎌 거기에 빠지기 때문이다. 착실한 저축으로 돈을 모으는 데는 성공했지만 더 큰 수익률에 대한 욕심에 무리한 투자에 나섰다가 한순간에 다 날리기도 한다.

사실 수많은 경제기사나 재테크 서적 그리고 전문가들이 우리의 탐욕을 자극하기 때문에 재테크를 외면하고 살기는 쉽지 않다. 책과 기사를 읽거나 좋은 정보를 입수하고 실제로 주식, 부동산 혹은 파생상품에 투자를 시작했다가 단기간에 아까운 돈을 날린 사례는 부지기수다.

돈은 목표가 아니다

재테크가 우리의 생활 기반을 심각하게 위협하고 있다. 고도의 마케팅 기법과 전문가를 자처하는 사람들의 위험한 조언들이 재테크라는 포장을 하고 무방비 상태의 사람들을 현혹시킨다. 수많은 금융상품과 부동산 투자를 권유하는 광고가 당신의 눈길을 끌기 위해 애를 쓰고 있으며, 요즘 같이 저금리 상태와 수익률이 낮은 상황에서는 그런 현상은 더욱 가속화될 것이다. 정신을 똑바로 차리지 않으면 입고 있는 옷도 벗겨가는 세상이다.

쉽게 돈 버는 길이란 애당초 존재하지 않음을 깨닫는다면 재테크가 얼마나 허망한 신기루인지 알 수 있다. 재테크에 집중할수록 돈 문제에서 주도권을 잃게 된다. 돈에 대해 더 많은 지식과 경험을 쌓고 나이를 먹어갈수록 더 큰 상실감과 무력감을 느끼게 된다. 왜 그런가? 바로 수단에 불과한 돈을 목적의 자리에 놓았기 때문이다. 체면이나 마케팅의 유혹에 굴복된 무의식적인 소비, 미래의 소비를 앞당기는 신용카드, 부채에 무감각해지게 만드는 교묘한 금융 마케팅 앞에 삶의 원칙을 잃었기 때문이다.

이제는 돈의 본질을 직시하고, 돈 관리의 철학을 새롭게 세워야 한다. '돈으로부터의 자유'를 찾고 돈 앞에 당당해지기 위해서 우리는 '재테크'란 단어를 무시해야 한다. 재테크라는 개념에 포함된 온갖 탐욕과 공포를 구별해내야 하며 그 속에 감추어진 상술과 위험을 보아야 한다. 돈이 삶을 수단화하고 제 스스로가 목적이 되는 모순을 밝혀내야 한다. 그리고 돈과 나의 관계를 재설정해야 한다. 돈은 '내 삶의 목표를 이루는 데 필요한 수단'이다. 돈은 목표 자체가 아니다. 내 목표와 가치관에 따라 쓰일 때만 의미를 갖는 것이다.

평생 수입 확보하기

은퇴하지 않기로 마음먹은 한 재테크에 지나치게 몰입할 이유가 없다. 물론 어느 정도의 목돈을 마련해두는 것은 필요하지만, 통상적인 범주를 넘어서는 무리한 수익률을 기대하는 투자 행위로 당신의 미래를 위험에 빠뜨릴 필요는 없는 것이다. 단지 당신에게 필요한 것은 평생 동안 끊임없이 이어지는 수입이다. 그리고 일을 하고 있는 상태라면 그런 수입은 충분히 가능하다. 지출만 어느 정도 통제할 수 있다면 적은 수입으로도 크게 불편하지 않은 삶을 살아갈 수 있다. 앞에서도 언급했지만 연금이나 임대료 같은 불로소득에만 의존하려 들 때 상황이 꼬이는 것이다. 당신을 팔아라. 아직 한참을 쓸 수 있고 죽기 전까지 다 쓸 수 없는 잠재력을 가진 사람이 바로 당신이다.

평생 수입을 위해 적정한 연금을 준비하는 것은 좋은 선택이다. 정부가 보증하는 국민연금에 적정한 규모로 납입하고 부담이 가능한 수준까지 개인연금도 넣어둬라. 성향에 따라 공시이율로 적립되는 연금 상품이나 투자형상품인 변액연금을 선택할 수 있다.

우량주식을 매입하여 배당금을 받는 것도 고려해볼 수 있다. 그러나 배당수익률이 통상적인 이자율 수준을 넘는 주식이 거의 없기도 하지만 그 기업이 얼마나 오래 이익을 낼지도 알 수 없는 노릇이라서 쉬운 문제가 아니다. 주의 깊게 골라야 한다. 요즘 시대는 개인의 수명이 조직의 수명을 초과하는 시대라는 사실을 기억하자.

은퇴하지 않으면 삶의 보람이나 관계 등 모든 면에서 얻는 것도 많으며, 무엇보다 중요한 것은 의식주 등 생활에 필요한 수입이 확보된다는 점이다. 삶 속의 대부분의 대형 이벤트를 다 끝낸 후반부의 삶에서는 대규모의 목돈이 필요 없고, 지출규모도 적절하게 통제할 수 있기 때문에 지나치게 많은 보수에 연연할 필요도 없다. 금액이 적더라도 안정적인 수입이 가능한 일을 찾고 그 수입 내에서 삶을 꾸려가는 일은 생각보다 어렵지 않다.

인생 후반의 자산관리 원칙

퇴직금이나 부동산 매각 대금 등 큰 규모의 자금은 매우 주의 깊은 관리가 필요하다. 후반부의 삶에도 저축이나 투자 행위가 있어야 하고 올바른 자산관리 원칙과 적절한 실행이 따라야 한다. 그래서 후반부의 삶에 적용 가능한 자산관리 원칙을 세우는 과정이 필요하다. 특히 후반부의 삶은 좀 더 현명하고 상식에 근거한 자산관리를 통해 재정적인 안정과 함께 마음의 평화를 얻어야 한다. 재테크의 위험성과 무의미함을 이야기했듯이 돈을 키우는 기술이 아닌 삶을 가치 있게 만들기 위한 수단으로서의 돈에 관련한 원칙과 철학을 세우는 일은 매우 중요한 문제이다.

다음 네 가지 자산관리 원칙을 꼭 기억하기 바란다.

첫째, 돈의 세계에서는 아무도 믿지 않아야 한다.
둘째, '수익'을 통제할 수 없다.
셋째, 버는 것보다 쓰는 것과 지키는 것에 집중해야 한다.
넷째, 자신에 대한 투자가 최고의 투자이다.

다 쓰고 떠나라

베이비붐 세대가 누리는 풍요의 바탕에는 근대화 세대가 이룩한 부가 큰 영향을 주었음을 부정할 수 없다. 오늘날 재벌 가문의 토대는 해방과 전쟁의 혼란기를 지나 대한민국 근대화 시기에 부를 쌓은 재벌 1세대가 만들었다는 것은 자명한 사실이다. 중산층에서도 상속을 통해서 큰 부를 물려받은 사람들은 보통 사람들이 평생 걸려도 만들기 어려운 부유함을 만끽했다. 이처럼 상속이라는 제도가 사람들의 재정 상태에 끼치는 영향은 때로는 대단히 크다.

그래서 부모의 유산이 가장 큰 관심사이며, 부모의 상속 플랜이 자녀들의 충성도를 좌우하기도 한다. 부모 부양과 가문의 유지 발전을 조건으로 제시되는 상속의 달콤함이 너무 크기 때문에 아직도 그런 불로소득에 대한 기대와 미련이 사람들의 마음속에 남아 있기도 하다.

그러나 상속은 개인과 사회에는 상당히 해로운 개념이다. 상속재산은 일하고 싶은 욕구를 감퇴시키는 역할을 하고, 가족 불화의 씨앗이 되기도 하며, 사랑보다는 돈에 얽매인 가족 간의 관계가 형성될 소지가 크다. 또 상속을 통한 수입은 대개 비생산적인 소비로 쓰이는 경우가 많으며, 상속재산에는 고율의 세금이 부과되기 때문에 더욱 비효율적이기도 하다. 당신의 재산을 소비하는 행동이 자식에게는 자신의 재산이 줄어드는 느낌을 갖게 할 수 있다. 노후에 당신에게 관심을 보이는 자녀의 저의가 혹시 유산 때문이 아닐까 의심하게 될 수도 있다. 씁쓸한 상상이지만 자식이 부모의 죽음을 기다리는 경우도 생길 수 있다.

상속에 대해서도 관점을 새롭게 가질 필요가 있다. 죽을 때까지도 다 못쓸 만큼의 재산을 모으느라 전전긍긍하는 것보다 생전에 번 돈을 아낌없이 다 쓰고 떠나는 것이 더 훌륭한 삶이 아닐까? 자녀에게 유산을 남기기보다는 사랑을 남기고, 살아 있을 때 더 큰 도움을 주는 것이 좋지 않겠는가? 흙으로 돌아간 뒤에 관에 넣어주는 노잣돈보다 살아 있을 때 쓰는 여행경비가 더 소중하지 않겠는가?

유산을 남기려는 태도만 수정하면 삶은 한결 풍요로워지고 마음은 가벼워질 것이다. 가고 싶었던 곳이 있다면 여행을 떠나자. 먹고 싶은 것은 아낌없이 사먹자. 장례비로 쓸 수 있을 만큼의 금액으로 종신보험만 들어두었다면 가지고 있는 재산을 다 쓰고 떠나는 것은 아무도 탓할 수 없는 멋있고 즐거운 삶이다!

순환식 목표관리가
답이다

후반전의 삶에도 역시 목표는 필요하다. 전반의 삶과 마찬가지로 후반부의 삶도 그럭저럭 대충 살다 보면 저절로 살아지는 게 아니다. 예일 대학교와 하버드 대학교 MBA 졸업생을 대상으로 이루어진 인생에서 목표의 중요성에 대한 연구를 살펴보자.

예일 대학교 졸업생들의 20년 후의 삶을 비교해보았더니 목표를 설정하지 않았던 27%의 사람들은 대부분 빈민층으로 전락했으며, 간단한 목표를 가지고 있던 60%는 평범한 생활을 하고 있었다. 명확하고 구체적인 목표가 있던 10%는 전문직에 종사하고 있거나 상류층이 되어 있었으며, 구체적인 목표를 글로 적은 3%는 나머지 97%가 벌어들이는 수입보다 더 많은 수입을 올리고 사회 지도층이 되어 있었다고 한다. 1979년에 하버드 대학교와 MBA 졸업자를 대상으로 10년 후의 상황을 추적해봤더니 예일 대학교 결과와 비슷한 결과가 나왔다. 목표를 가지고 있는 13%는 목표를 설정하지 않은 84%의 졸업생보다 2배의 수입을 올리고 있었으며, 자신의 목표와 단계별 계획을 수립하고 이를 기록으로 남긴 3%는 나머지 97%의 10배의 수입을 올리고 있었다고 한다.

꼭 수입의 규모가 성공의 척도가 될 수 없겠지만 위의 사례에서 깨달을 수 있는 사실은 인생에서 구체적인 목표를 가지는 것이 매우 중요하며, 그 목표를 반드시 글로 적어야 한다는 점이다. 목표 자체가 없는 사람은 의미 없는 삶을 살아갈 확률이 대단히 높으므로 후반부의 삶에서도 전반과 마찬가지로 목표를 구체적으로 세우고 글로써 적어두는 행동이 필요하다. 오히려 주어진 위치에 따라 분명한 목표가 주어졌던 전반보다도 뚜렷한 이벤트가 없는 후반부의 삶에는 더욱 스스로 목표를 분명히 가지고 있을 필요가 있다. 자칫 그날 그날의 일상에만 대처하는 방식으로 살다가는 바람에 흔들리는 돛단배처럼 이리저리 정처없이 살 수도 있다.

후반전의 목표는 전반전과는 달라야 한다

이미 그동안의 삶에서 목표라는 단어를 지겨울 정도로 들었다면 목표관리란 단어에 대해 거부감이 있을 수 있다. 삶에서 꿈과 목표가 절대적으로 필요하다는 것은 알고 있지만 특히 업무를 통해 목표가 주는 중압감과 좌절감을 충분히 맛본 사람이라면 제2의 삶에서까지 목표에 휘둘리는 삶을 살고 싶은 생각은 없을 것이다. 그러나 목표에 대한 인식과 적용에서 차이가 있기는 해도 후반부의 인생에서도 분명 목표가 필요하다.

그동안 우리는 의지와는 상관없이 자연스럽게 목표 중심적으로 살아갈 수밖에 없었다. 고등학생의 목표는 대학교이고, 대학생활의 가장 중요한 목표는 직업을 구하는 것이다. 성인이 되면 결혼과 자녀출산이라는 목표를 부여받고 직장에서는 승진 등 다양한 성취단계의 목표를 가지게 된다. 특히 가정경제는 정해진 목표자금, 예를 들어 교육자금, 주택자금 등을 계획하고 달성해가는 과정 자체라 할 수 있었다. 자연스럽게 목표는 우리 삶을 움직이는 가장 중요한 동력원이었고 재무 전문가들도 개인의 재무설계에서 가장 중시하는 요소가 바로 목표였다. 우리는 자나 깨나 목표가 삶의 형태를 규정하는 목표 지상주의 세계에서 살아왔던 것이다

그런데 은퇴를 하면 그런 목표들이 갑자기 사라지는 경험을 하게 된다. 열심히 달리기만 했는데 결승선이 사라진 것이다. 이러한 순간 사람들은 당황하고 좌절하고 우울해한다. 사회 속에서 보편적으로 존재했거나 스스로 주체적으로 정했던 목표들을 다 끝내고 나서 느끼는 심리적 공황 상태는 때론 매우 심각한 문제를 일으킨다. 중년 여성에게 흔한 우울증이 대표적인 현상인데 대개 자녀의 양육이나 내 집 마련, 결혼생활 등의 일상적인 꿈과 목표가 어느 순간 성취감을 주지 못하면서 깊은 심리적 침체 상태로 빠지게 되는 것이다.

남성들도 이와 비슷하며, 특히 퇴직 이후 목표를 잃고 경험하는 정서적 방황은 치유하기 힘든 상처로 남기도 한다. 그렇다고 아이

를 다시 낳아 키울 수도 없는 노릇 아닌가? 새 차나 새 집을 사고 싶다는 바람 정도로는 마음이 움직이지 않을 테고 새로운 연애(?)를 시작할 수도 없다. 그래서 더욱 좌절감만 깊어지고 미래보다는 과거를 곱씹는 퇴행적인 삶을 살아가게 되는 것이다. 당신은 그래서는 안 되고 그럴 필요도 없다. 새로운 목표가 있기 때문이다.

어떤 목표가 필요한가

자신의 평생 목표를 설정하기 위해서는 자신이 삶에서 중요하다고 생각되는 가치들을 명확하게 할 필요가 있다. 당신에게는 무엇이 중요한가? 무엇을 할 때 열중하는가? 그동안 무엇을 성취하였는가? 당신이 가진 자산은 어떤 것이 있는가? 당신은 무슨 역할에 강점을 가지고 있는가? 후반부의 삶은 어떤 모습이 되기를 기대하는가? 무엇을 해보고 싶은가? 그것은 새로이 습득하고 싶은 어떤 능력일 수도 있고, 물질적인 부 또는 명예이거나 숭고한 사명일 수도 있다.

철학자인 데카르트의 평생 목표는 수학적인 방법으로 모든 학문을 재구성하는 일이었다. 사람마다 가치 기준은 모두 다른 것이다. 물론 가족의 삶도 중요한 가치가 될 수 있다. 그 가치들을 목표로 만들어라. 몇 가지라도 상관없다. 다소 엉뚱하거나 불가능해 보이더라도 개의치 말고 써보라. 인간의 능력은 때론 불가사의한 잠재력을 가지고 있기도 하다.

리처드 혼이 쓴 책 『죽기 전에 꼭 해야 할 101가지 목록』에 있는 주제를 참고해도 좋다. 그중 대표적인 목표를 몇 개 꼽아보면 다음과 같다.

1. 베스트셀러 작가가 된다.
2. 상어와 함께 수영을 한다.
9. 악기를 배운다.
12. 전시회에 작품을 출품한다.
22. 열기구를 타고 하늘을 난다.
24. 우주선 발사 광경을 지켜본다.
32. 오로라를 본다.
37. 성냥 없이 불을 피운다.
36. 전 세계 모든 나라를 방문한다.
51. 다른 언어를 배운다.
74. 비행기 조종법을 배운다.
82. 자기 집을 직접 짓는다.
86. 마라톤을 완주한다.
96. 영화에 엑스트라로 출연한다.
100. 100세까지 산다.

어떤 느낌이 오는가? 물론 개수나 순서가 중요하지 않으며 자신의 취향대로 무엇을 정하든 자유이다. 후반부의 삶은 말 그대로 당신 자신의 것이므로 어떻게 활용하든 당신의 것이다. 전반부의 삶에서는 처한 역할 때문에 목표 간에도 우선순위나 긴급도를 매겨야 했지만 후반부의 삶에서는 목표 간 중요도에 큰 차이가 없을 것이다. 급한 문제를 우선하기보다는 삶의 가치를 고려하여 멀리 내다보는 자세가 필요하다. 인간관계나 공부, 건강관리 등 긴 시간을 필요로 하는 목표들은 긴급하지는 않으나 꼭 지니고 있어야 할 것들이다. 무엇보다도 머리에 생각했던 목표를 글로써 적어놓는 것이 중요하다.

순환식 목표관리가 답이다

후반부의 삶이 일직선의 선(line)의 구조를 보인다면 후반부의 삶은 회전하는 원(circle)의 형태를 보인다. 다시 말해 전반의 삶은 자녀의 양육이나 재산의 축적 과정처럼 장기적인 자원의 투입에 따라 결과물이 나타나는 그래프를 보이게 된다. 하지만 후반부의 삶은 자원의 투입과 결과물들이 상호 독립적인 경우가 대부분이다. 또한 목표들이 대개 단기적이고 완결성이 분명하다. 그래서 재무적 관점에서 보더라도 전반의 삶에 적용했던 재무목표 관리기법을 적용하기는 적절하지 않다. 목표자금을 정하고 10년이든 20년이든 인내하며 만들어나가던 태도는 전반에는 분명 훌륭한 전략이었다.

그러나 후반부의 삶에서는 그런 장기적 목표도 흔치 않지만 여러 가지 변수가 존재하기 때문에 어려운 것이다. 예를 들어 악기 하나를 제대로 배우고 싶다는 목표를 세웠다고 3년 동안 매일 몇 시간씩 연

그림 5-3 **직선적 목표관리와 순환적 목표관리**

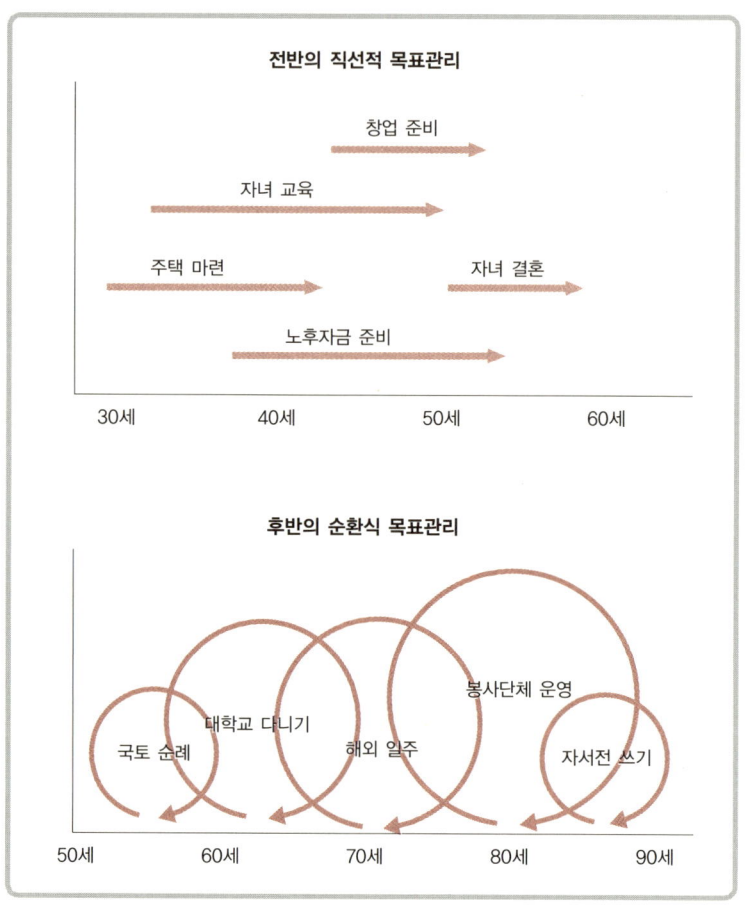

습을 하고 최고의 악기를 구입하기 위해 힘들게 적금을 들어야 하겠는가? 또 작은 목표가 여러 개일 때는 어떻게 하는가? 후반은 특정 목표를 달성하기 위해 직선주로를 달리는 방식으로는 해결하기 어렵다.

그래서 순환식 목표관리가 필요하다. 순환식 목표관리란 하나의 목표를 달성해가면서 동시에 새로운 목표를 진행하는 것이다. 원의 크기는 자금의 규모일 수도 있고, 본인이 해당 목표에 부여하는 가치의 크기일 수도 있다. 목표의 원은 몇 십 개일 수도 있다. 삶이 마무리 되는 날을 알 수 없기에 몇 개의 원을 완결 지을지는 알 수 없다. 그러나 하나하나의 작은 목표들을 이루어나가며 충분히 만족감을 느낄 수 있다. 그러한 삶은 매일이 새롭고 의미 있는 날들이라 할 수 있다.

철학자 에리히 프롬은 『소유냐 존재냐』에서 삶의 보람은 소유보다 존재에 있다고 말했다. 소유 중심이 아닌 존재를 중심으로 살아갈 때 진정한 삶의 의미를 찾게 된다. 무엇인가 끊임없이 성취하고 크게 소유하는 것에 가치기준을 두면 삶은 항상 공허하고 불만족스럽게 된다. 인간의 욕망이란 끝이 없고 소유의 열망을 충족시키기란 불가능하기 때문이다. 그러나 존재에 삶의 가치와 목표를 두면 얘기가 달라진다. 무엇을 이루었느냐가 아니라 어떻게 존재하느냐에 가치를 두기 때문이다. 후반전의 목표란 바로 존재에 가치를 두기 위한 삶을 의미한다. 참된 삶은 미래나 목표지향이 아닌 바로 오늘 지금 이 순간 완전하게 존재하는 것이다.

| 에필로그 |

매일매일이 새날이다

　우리는 미래를 궁금해합니다. 미래를 예측하고, 계획을 세우고 실행하고 결과를 확인하며 만족해하거나 실망을 느낍니다. 그런데 '미래'라는 시간이 실제로 존재할까요? 우리는 보통 시간을 '과거-현재-미래'로 이해하며, 이러한 단어의 나열은 각각 구분된 시간마다 실체가 존재하고 있다는 착각을 불러일으키게 합니다. 그러나 과학적으로 시간은 분할될 수 없으며, 단지 현재가 연속적으로 발생하고 있을 뿐입니다. 과거도 현재도 미래도 모두 무수히 많은 현재일 뿐이지요. 시간의 연속성은 인간의 상상력이 만든 허구이고 인간은 오직 현재에서만 살아갈 수 있습니다. 명심해야 할 사실은 이것입니다. '중요한 시간은 바로 지금 이 순간뿐'이고 '현재를 살아야 한다는 것'입니다!

　아마도 전반의 삶을 살면서 미래라는 단어에서 많은 애증을 느꼈을 것입니다. 미래의 행복을 위해 현재의 욕구를 이겨내며 허리띠를 졸라맸고, 하고 싶은 것도 참고, 할 말이 있어도 삼키고, 오늘 만날 수 있음에도 다음으로 미루며 살아왔을 것입니다. 사랑한다는 말을 할 기회도 놓치고, 용서를 받을 수 있는 순간을 잃어버렸고, 하고 싶었으나 못한 것들을 아쉬워하며 살아왔을 것입니다. 우리의 부모 세대가 그러했고 우리도 비슷하게 살아왔습니다. 그러나 후반부는 달라야 합니다. 더 이상 보이지 않는 미래를 위해 현재를 포기할 수는 없습니다.

물론 꿈과 목표는 소중합니다. 그러나 우리는 등산가가 아닙니다. 오직 정상에 깃발을 꽂기 위해 고통 속에 산을 오르는 것이 아니라 새소리, 물소리와 푸른 풀과 나무를 느끼기 위해 한발 한발을 옮기는 것입니다. 미래라는 단어의 노예가 되어서는 안 됩니다. 미래에 대한 꿈을 간직하면서도 얼마든지 현재의 삶을 즐길 수 있습니다. 특히 후반부의 삶에서는 이런 태도가 매우 중요합니다. 미래는 알 수 없습니다. 그러니 지나치게 미래에 대해 생각하지 말기 바랍니다. 지금 이 순간을 충분히 누려야 합니다. 마시멜로가 상 위에 놓여 있고, 너무 먹고 싶다면 바로 집어 먹을 수도 있습니다. 공연히 괴로워하며 자신을 학대할 필요는 없으며 다시는 그런 기회가 오지 않을 수도 있습니다. 얼른 먹어버리고 밖에 나가서 또 다른 마시멜로를 찾아보는 것은 어떨까요? 우리에게 가장 가치 있는 선물(present)은 바로 현재(present)이니까요. 당신의 현재가 최고의 선물이며, 현재란 지나가버리면 영원히 사라지고 맙니다.

후반부는 전반부처럼 고군분투하는 삶이 아닐 것입니다. 길고 긴 후반을 어떻게 보내고 싶은가요? 하루는 인생 전체의 축소판이라 하니까 어떤 하루를 만들기를 원하시나요? 당신은 답할 수 있습니다. 당신은 하루를 신나게 보내기를 원할 것입니다. 삶의 첫날이자 마지막 날처럼 맘껏 만끽하기를 원할 것입니다. 축제처럼 파티처럼 오늘 하루를 보내고 싶으신가요? 지금부터 그렇게 할 수 있습니다.

먹고, 사랑하고, 기도하는 것입니다!

열심히 먹고, 열정적으로 사랑하고, 진심으로 기도하는 것이 인류의 축제방식이었습니다. 우리는 반복되는 일상에서 벗어나고 싶고, 자신의 본모습을 찾기를 원합니다. 누구나 마음만 먹으면 가능합니다. 물론 용기가 필요한 일입니다. 일상 속에서 꽉 쥐고 있었던 것들을 놓는 용기가 그것입니다.

맛있게 먹기! 먹는 것은 인간 본연의 욕구를 상징합니다. 새로운 것을 발견하고, 마음껏 먹고, 사람들을 사귀고, 신나게 노는 것이 삶 자체이고 현재를 즐기는 방법입니다. 먹는 것은 결코 사소하거나 하찮은 일상이 아닙니다. 먹는 행위를 소중하게 생각하고 맘껏 즐기는 것이 우리가 바라는 삶 자체입니다.

맘껏 사랑하기! 사랑은 인간이 가진 가장 소중한 감정이고 목적입니다. 여기에서 말하는 사랑은 이성 간의 사랑을 의미합니다. 사랑의 마음은 나이가 든다고 사라지는 감정이 아니며 끊임없이 타오르는 불꽃입니다. 불꽃을 누르거나 감추지 말고 당신의 마음에 그 불꽃이 있음을 인정해야 합니다. 가정의 소중함을 훼손하려는 것도 아니고 무분별한 성생활을 의미하는 것도 아닙니다. 그동안 사회적 위치 때문에, 이목 때문에 눈치를 보았다면 이제 진정한 사랑을 할 수 있는 시기가 되었습니다. 태어나서 처음 해보는 것처럼 사랑하세요. 사랑만큼 사람을 젊게 만드는 약이 없고 사랑할 때만큼 생생하게 살아 있음을 느끼게 해주는 시간도 없습니다. 사랑하는 사람이 없다는 것은 불행한 일입니다. 솔직해져야 합니다. 마음속 깊은 사랑의 불꽃을 숨길 필요는 없습니다.

진심으로 기도하기! 기도는 삶에 대한 성찰을 의미합니다. 자신의 삶과 죽음에 대한 가치는 본인이 내릴 수밖에 없습니다. 살아 있는 매순간마다 스스로의 삶을 평가하는 것이 자기성찰이며 기도입니다. 후반은 참된 삶의 의미를 찾는 여행의 종착지입니다. 삶의 고뇌, 즐거움, 기쁨과 슬픔을 온몸과 마음으로 느꼈던 시간들이 한 점으로 수렴되어 삶을 완성하는 마무리의 시간입니다. 나는 어떤 목적으로 여행을 떠나 왔는지, 나의 아픔은 어디에서 비롯되었고 치유는 무엇으로 이루어졌는가를 응시하는 고요의 시간입니다. 후반부의 삶에서 맘껏 먹고 사랑하는 것이 진정 가치 있기 위해서는 자아에 대한 성찰이 동반되어야 합니다.

먹고, 사랑하고, 기도하며 사는 것을 실천하는 데도 용기가 필요할까요? 그렇습니다. 큰 용기가 필요합니다! 우리는 사소한 일상을 즐기는 것조차도 눈치를 봐야만 했기 때문이지요. 음식을 먹는 자세와 취향까지도 일일이 참견을 받아왔습니다. 사랑은 너무나 조심스럽고 두려운 일이었으며, 자신에 대한 진솔한 성찰과 응시는 삶에서 가장 힘든 도전 중의 하나였습니다. 그러나 용기를 내야 합니다. 누구에게 보여주기 위해서가 아닙니다. 내 존재가 바라는 일이고, 삶의 목적이기 때문입니다.

매일매일이 새날입니다. 아침햇살이 부챗살처럼 펼쳐지면 어둠에서 깨어난 세상은 분주한 일상을 시작합니다. 새들은 먹이를 찾아 날고, 차들은 경쾌한 질주를 시작하고, 사람들은 또 하루의 새로운 역사를 만들어나갑니다. 오늘 당신이 만들어가는 역사의 한쪽에 이 책이 자리 잡을 수 있게 되어 큰 영광이었습니다. 이 책이 후반부의 삶을 바라보는 당신에게 좀 더 많은 자신감을 주었기를 또한 현재의 삶에 더 큰 의미와 행복함을 더해주는 소금이 되었기를 소망합니다. 저는 매일의 삶이 투쟁일 필요는 없지만 모험과 열정이 되어야 하며 오늘 하루를 대하는 태도가 곧 인생관이라고 믿습니다.

"하루를 무의미하게 지나가도록 내버려두지 말자. 별로 중요치 않은 일에 신경 쓰다가 정작 중요한 것을 놓치지 말자. 가치 있는 삶을 위해 최선을 다하고 있지 않다면, 오늘 하루를 낭비하고 있는 것이다."

저는 항상 이런 마음가짐을 놓치지 않으려 노력합니다. 운명은 기회의 문제가 아닌 선택과 결정의 문제입니다. 삶은 멋진 선물이자 기회입니다. 그 삶을 어떻게 만들어갈 것인가는 우리의 선택입니다. 후반의 인생에 두려움을 가질 필요는 없습니다. 잘해 낼 수 있고 자신감을 잃지 않으리라 믿습니다. 노후와 은퇴에 대한 실용적인 글을 쓰려다가 욕심이 과해서 다소 철학적이 되었습니다. 삶을 너무 심각하게 사는 것은 좋지 않은 습관일 것입니다. 약간 딱딱했다면 부디 미소로 용서해주셨으면 좋겠습니다.

이제 글을 마무리할 시간입니다.

감사합니다. 앞으로의 삶에 대한 의견을 나누는 참으로 값진 시간을 함께 해서 즐거웠습니다.

축하드립니다. 태양보다 더 빛날 미래를 마주한 당신의 젊음을 축복합니다.

박수를 보냅니다. 전반의 삶처럼 역시 후반에도 당신은 멋진 경기를 펼칠 것이므로 환호를 보냅니다.

이제 긴 여행을 즐기는 일만 남았습니다.